初级工商管理(EBA)系列教材

实用法学

上海市总工会、上海开放大学组织编写
张志京　袁　静　编著

复旦大学出版社

编写说明

《实用法学》为上海市总工会初级工商管理培训系列教材之一，设有法学基础概论、宪法法律制度、民事法律制度、经济法律制度、劳动法律制度、刑事法律制度、诉讼与非诉讼程序法律制度七章，重点介绍了我国法学各基本门类的核心知识。对于提高公民的法律素养，培养知法、守法、运用法律方法解决问题的风尚具有现实意义。

《实用法学》注重实用性、知识性和直观性。在内容上密切关注社会生活中的法律问题，运用大量的中外典型案例和法律现象观察，对相关法学原理和法律规定进行分析，举一反三，引发思考，强调应用；在体例上设置"图例"和"知识网络"，以简单明了的方式，直观地显示出法学知识的内在逻辑，便于理解，易于把握。

本书由张志京、袁静编写，张志京统稿。各章撰稿分工为：张志京撰写第一章、第二章、第三章第五节、第五章；袁静撰写第三章第一节至第四节、第四章、第六章、第七章。

中国政法大学曾尔恕教授对本书的编写给出了重要的指导性意见，同济大学孔林老师、上海行知学院任倩老师和复旦大学出版社张炼编辑也提出了宝贵的修改意见。同时，本书在编写过程中，参考了法学界已有的研究成果，在此一并表示衷心的感谢。

由于笔者水平的局限，本书内容存在的不当之处，敬请读者批评指正。

张志京

2014.1.4

目 录

第一章　法学基础概论 ………………………………………………………… 1

　　第一节　法律概述 …………………………………………………………… 2
　　第二节　法律的创制 ………………………………………………………… 8
　　第三节　法律的实施 ………………………………………………………… 13
　　第四节　法治国家 …………………………………………………………… 18

第二章　宪法法律制度 ………………………………………………………… 24

　　第一节　宪法概述 …………………………………………………………… 25
　　第二节　国家基本制度 ……………………………………………………… 31
　　第三节　公民的基本权利和义务 …………………………………………… 35
　　第四节　国家机关 …………………………………………………………… 38

第三章　民事法律制度 ………………………………………………………… 43

　　第一节　民法总论 …………………………………………………………… 44
　　第二节　物权法律制度 ……………………………………………………… 60
　　第三节　合同制度 …………………………………………………………… 74
　　第四节　继承制度 …………………………………………………………… 84
　　第五节　婚姻制度 …………………………………………………………… 92

第四章　经济法律制度 ………………………………………………………… 104

　　第一节　经济法概述 ………………………………………………………… 105
　　第二节　消费者权益保护制度 ……………………………………………… 109

第三节　个人所得税法律制度 …………………………………………… 114

第五章　劳动法律制度

　　第一节　劳动法概述 ……………………………………………………… 124
　　第二节　劳动合同 ………………………………………………………… 128
　　第三节　劳动基准制度 …………………………………………………… 142
　　第四节　社会保险 ………………………………………………………… 153
　　第五节　劳动关系的保护程序 …………………………………………… 160

第六章　刑事法律制度

　　第一节　刑法概述 ………………………………………………………… 167
　　第二节　犯罪 ……………………………………………………………… 170
　　第三节　刑罚 ……………………………………………………………… 182
　　第四节　犯罪的种类 ……………………………………………………… 187

第七章　诉讼与非诉讼程序法律制度

　　第一节　诉讼法律制度 …………………………………………………… 194
　　第二节　仲裁法和人民调解法 …………………………………………… 210
　　第三节　法律服务与法律援助 …………………………………………… 216

参考书目 …………………………………………………………………………… 220

> 在一个法治的政府之下,善良公民的座右铭是什么?那就是"严格地服从,自由地批判"。
> ——[英国]边沁

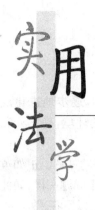

第一章　法学基础概论

内容提示

法律作为调整社会关系的行为规范,与国家的政治生活、人们的日常生活关系密切。本章把法律作为一个抽象的整体,来介绍有关法律的基本理论。具体阐述法律的涵义、法律的创制、法律的实施以及法律实施的理想目标——法治国家的建立,以期学习者对法律有一初步认识,逐步培养自身的法律意识。

学习要求

通过本章的学习,你应理解并掌握以下内容:
1. 法律的概念和特征
2. 法系
3. 法律的作用与局限
4. 法律的创制
5. 当代中国法律体系
6. 实体法与程序法
7. 法律的实施
8. 法律关系的构成要素
9. 法律责任
10. 法治及法治国家的标志

第一节 法律概述

一、法律的涵义

（一）法律的概念

人类社会源远流长，从洪荒远古走来，历经蒙昧时期、远古时期和文明时期，逐步地进化成熟。在这一过程中，人作为群居性的社会性动物，不断寻求相互调节、相互适应的环境，确立人和人相互之间的行为标准，于是形成了人们所说的法律。

法律究竟是什么呢？关于法律的定义，从古至今众说纷纭，不同的学者有不同的见解。正如英国法理学家哈特所说："在与人类社会有关的问题中，没有几个像'什么是法律'这个问题一样，如此反反复复地被提出来并且有严肃的思想家用形形色色的、奇特的甚至反论的方式予以回答。"①

【观察】

神意论：神学法学家托马斯·阿奎那认为，神的智慧是一切法律的渊源。

理性论：古罗马思想家西塞罗指出，法是最高的理性，理性在人类理智中稳定而充分发展之时就是法律。

命令说：英国思想家托马斯·霍布斯认为，法是主权者的命令。

意志论：法国思想家让·卢梭指出，法律是人民自己意志的记录。

利益论：德国法学家鲁道夫·冯耶林认为，所有的法都是为了社会利益的目的而产生的。

正义论：中国启蒙思想家梁启超认为，"法者，天下之公器也"。

……

马克思主义法学则认为，法律是由国家制定或认可的，依靠国家强制力保证实施的，反映统治阶级意志的行为规范的总和。可以说，作为行为规范和评判标准的法律，是由人类自身在社会状态下创造的，始终超越于人类个体的，塑造和控制人类行为的智力成果。

（二）法律的特征

1. 法律是调整社会关系的行为规范

社会关系是社会中人与人之间关系的总称。法律是调整人与人之间交互行为或互动行为的规范。所谓行为规范，就是明确告诉人们，应该做什么，可以做什么，禁止做什么。作为行为规范的法律有严密的逻辑性，一般都包括行为模式和法律后果。

【观察】

《中华人民共和国婚姻法》第3条："禁止包办、买卖婚姻和其他干涉婚姻自由的行为。禁止借婚姻索取财物。禁止重婚。禁止有配偶者与他人同居。禁止家庭暴力。禁止家庭成员间的虐待和遗弃。"

---

① ［英］哈特著：《法律的概念》，张文显等译，中国大百科全书出版社1996年版，第1页。

《中华人民共和国婚姻法》第8条:"要求结婚的男女双方须亲自到婚姻登记机关进行结婚登记。符合本法规定的,予以登记,发给结婚证。取得结婚证,即确立夫妻关系。未办理结婚登记的,应当补办登记。"

《中华人民共和国婚姻法》第22条:"子女可以随父姓,可以随母姓。"

2. 法律由国家制定或认可,具有国家意志性

制定是指特定的国家机关通过一定程序制定、修改、补充和废止法律规范的活动。

认可是指特定国家机关对已经存在的行为规范予以承认并赋予其法律效力的活动。

因为法律是国家制定或认可的,所以具有高度的统一性和规范性。"统一性"是指一个国家只能有一套总的法律体系,所有法律的根本原则是一致的;"规范性"是指一国之内的所有人都适用同一个法律标准。

3. 法律以权利义务为内容

法律通过设定权利和义务来规范人们的行为,权利和义务的统一是法律的内容。权利指法律对相关主体能够做出或者不做出一定行为,以及要求其他人相应做出或者不做出一定行为的许可与保障。即法律认可的合理、正当的需求,就可以称为"权利"。例如,公民有平等权、选举权。义务与"权利"对称,义务指法律对相关主体必须做出或禁止做出一定行为的约束。例如,公民有遵守宪法和法律的义务、依法纳税的义务。

4. 法律由国家强制力保证实施

为了保障法律的实施,除了内心信念、社会舆论之外,最终要依靠国家强制力为后盾,对违反法律的行为予以制裁,否则法律就失去了现实意义。国家强制力是指军队、警察、法庭、监狱等有组织的国家暴力。例如,入狱服刑就是对违法犯罪的制裁,最严厉的法律制裁则是剥夺生命,这也是法律的权威所在。当然,法律的强制力绝不等同于单纯的暴力,需要由专门的国家机关按照法定权限和程序来实施。

5. 法律在国家权力管辖范围内普遍适用

法律在国家主权范围的领空、领海、领土(船舶、飞机、驻外使领馆等领土的延伸)内,对所有社会成员都具有反复适用的约束力。也可以这样说,任何人的任何合法行为都无例外地受法律保护,任何人的违法行为都无例外地受法律制裁。

(三)法律的本质

马克思主义法学认为,统治阶级经过一定程序将本阶级的意志上升为国家意志即表现为法律。所以,法律从本质上来说是一种国家意志。这种国家意志是由统治阶级所处的物质生活条件决定的。

物质生活条件是指一国经济发展程度、地理环境、人口状况等因素,其中主要是指统治阶级赖以建立其统治的经济基础。离开这些物质生活条件,统治阶级的意志便成为空中楼阁,法律当然也无从产生。

【观察】

18世纪法国著名启蒙思想家孟德斯鸠在其著作《论法的精神》中提出"地理因素说",认为自然地理环境特别是气候对一个民族的性格、风俗、道德、精神面貌以及其法律性质和政治制度,具有重要的影响作用。他说,"不同气候的不同需要产生了不同的生活方式,不同的生活方式产生了不同种类的法律","法律应该同国家已建立或将要建立的政体的性

质和原则有关系……和国家的自然状态有关系;和寒、热、温的气候有关系;和土地的质量、形式与面积有关系;和农、猎、牧各种人民的生活方式有关系。法律应该和政制所能容忍的自由程度有关系;和居民的宗教、性癖、财富、人口、贸易、风俗、习惯相适应"。据此,他还告诉我们,在热带尤其是赤道附近国家,法律时常会规定早婚和一夫多妻。温带范围内的国家,法律则出现晚婚和一夫一妻制的规定。

二、法律的发展

（一）法律的起源

原始社会没有法律,对每个氏族成员都具有约束力的行为准则是习惯。法律的产生是一个长期渐进的从无到有的发展过程,法律起源于父系氏族公社时期,完成于奴隶社会建立之初。法律经历了从习惯到习惯法再到成文法的漫长演变,是社会文明发展的产物。

正如恩格斯所指出的：在原始社会发展到一定阶段时,"产生了这样一种需要,把每天重复着的生产分配和交换产品的行为用一个共同规则概括起来,设法使个人服从生产和交换的一般条件。这个规则首先表现为习惯,后来变成了法律"。[①]

法律的起源与人类走向文明的脚步相伴相生,人类从蒙昧、野蛮走向文明的进程必然涵盖了人类对自身行为进行规范调整的过程,而人类对自身行为的规范调整必然促进人类从蒙昧、野蛮向文明的迈进。进入文明时期,国家一经确立便开始有意识地认可已经存在的习惯使之具有法律效力,同时根据统治需要不断创制新的法律。于是,法律产生并逐步发展成熟,形成了一整套的规范体系。

（二）法律的历史类型

法律的历史类型,是指按照法律的阶级本质和所依赖的经济基础而进行的分类。人类历史上先后存在四种类型的法律制度。

1. 奴隶制法

奴隶制法是人类历史上最早出现的法,世界上大多数地区都存在奴隶制法。奴隶制法的主要特点：严格保护奴隶主所有制,公开维护奴隶主的等级特权,刑罚手段野蛮残酷,长期保留某些原始习俗的残余。著名法典有：古巴比伦的《汉摩拉比法典》、古罗马的《十二铜表法》等。

2. 封建制法

封建制法存在历史悠久,西欧封建制法从公元476年西罗马帝国灭亡到1640年英国资产阶级革命大约存续1 200年,中国封建制法从公元前475年战国时期到1912年辛亥革命推翻帝制存续近2 400年。封建制法的主要特点：严格保护封建地主的所有权,维护封建等级特权,刑罚残酷、罪名繁多。著名法典有：中国的《唐律疏议》、阿拉伯帝国的《古兰经》、法兰西王国的《诺曼底大习惯法》等。

【观察】

《唐律疏议》是中国现存最早最完整的封建法典,也是东亚地区最早的成文法之一。它"承先朝之大成,启后世之开端",以礼法结合为指导思想,以律疏结合为法典形式,被誉为是中华法系的楷模。《唐律疏议》对古代日本、朝鲜、越南等国家的法典具有重大影响。

[①] 《马克思恩格斯选集》第2卷,第538页。

3. 资本主义法

资本主义法律萌芽于封建社会中后期，经历了自由资本主义、垄断资本主义和当代资本主义阶段。资本主义法的主要特点：保护资本主义私有制，维护资产阶级代议制政府，维护资产阶级平等自由和人权。著名法典有：《法国民法典》《德国民法典》等。

【观察】

《法国民法典》正文共有3编35章2281条。其内容可以归结为以下三个原则：第一，全体公民民事权利平等；第二，私有财产无限制和不受侵犯；第三，契约自由。

被拿破仑自己誉为"真正的光荣"的《法国民法典》，是资产阶级国家的第一部民法典，对后来其他资本主义国家的立法产生了巨大影响，其内在的价值和思想具有里程碑式的历史意义。

4. 社会主义法

社会主义法是建立在社会主义经济基础之上，推翻旧的法系，反映工人阶级领导的广大人民共同意志的法。社会主义法的主要特点：阶级性与人民性的统一，国家意志性和客观规律性的统一，强制实施与自觉遵守的统一。著名法典有：《俄罗斯苏维埃联邦社会主义共和国宪法（根本法）》《俄罗斯联邦民法典》等。

（三）法系

1. 法系概述

（1）法系的概念

法系是指涉及若干国家和特定地区的，具有某种共性或共同传统的法的总称。通常将世界上的法律划分为五大法系，即中华法系、大陆法系、英美法系、伊斯兰法系、印度法系。其中，中华法系和印度法系已经解体。

（2）法系的发展趋势

五大法系中，现存于世并继续发展着的是大陆法系、英美法系、伊斯兰法系。其中，伊斯兰法系因其强烈的宗教性而具有相对的封闭性，而英美法系和大陆法系的发展趋势则呈现出以下特点：① 在法律的形式渊源上，两大法系相互融合；② 在法律内容上，尊重和保障人权、健全社会保障体系和丰富环境立法成为两大法系共同关注的领域；③ 法律的全球化趋势明显。

2. 英美法系概述

（1）英美法系的概念

英美法系又称英国法系、普通法系和判例法系，是承袭英国中世纪的法律传统而发展起来的各国法律制度的总称。

（2）英美法系的主要特点

① 英美法系的法律渊源包括各种制定法和判例，而判例法在整个法律体系中占据主导地位。② 英美法系在法律结构上是以单行法和判例法为主干而发展起来的。③ 英美法系中法官的地位很高，可以"法官造法"，创制新的判例。④ 英美法系的诉讼程序以原告、被告以及其辩护人和代理人为重心，法官只是双方争辩的仲裁者。与这种对抗式程序同时存在的是陪审团制度，陪审团代表民众参加案件审理，负责做出事实上的结论以及法律上有罪或无罪的基本结论，法官则负责作出法律上的具体结论即判决。⑤ 英美法系的职业教育注重处理案件的实际能力。

【观察】

　　1994年前美式橄榄球黑人运动员辛普森杀妻一案成为当时美国最为轰动的事件。此案的审理一波三折，辛普森在涉嫌杀害前妻及其男友两项一级谋杀罪的指控中，由于警方的重大失误导致证据无效，被陪审团宣判无罪。本案被称为"世纪审判"，也是美国历史上疑罪从无的著名案件。

　　当时检方提供了很多对辛普森不利的证据，但有两个问题使人们怀疑检方的指控：作为罪证之一的手套，辛普森当庭根本无法戴进；负责侦查及搜集证据的警察福尔曼有种族歧视的劣迹。

　　虽然人们都觉得辛普森或许真有问题，但陪审团仍然判其无罪。对于陪审团，人们会有这样一些问题：一是普通百姓不懂法律，让他们来陪审是否浪费资源？西方人这样认为：在确定案情证据的时候，一般人的常识感觉往往更贴近案情的实质。陪审团制度可以在审判中保留民众的声音，避免法律的运作完全被法官这样的精英阶层把持，保持法治与民主的相互联系。二是辛普森案12名陪审员中有9名是黑人，是否有种族偏向？研究陪审团的专家认为，9名黑人中有8位是女性，黑人女性最为痛恨出人头地后离弃黑人妻子另娶白人老婆以及实施家庭暴力的黑人男性，而辛普森恰好就是这类人。三是陪审团认定无罪是否过于从宽？对此，美国法律的态度是：刑事案件人命关天，陪审团在裁决无罪时不一定非要确信被告清白无辜，只要检方呈庭证据破绽较多，没达到"超越合理怀疑"的严格标准，尽管有很多迹象表明被告涉嫌犯罪，但陪审团仍然可以判决被告无罪。

3. 大陆法系概述

（1）大陆法系的概念

大陆法系又称民法法系，是以罗马法为基础而发展起来的，以1804年《法国民法典》和1896年《德国民法典》为代表，以及其他国家或地区仿效这种制度而建立的法律制度的总称。

（2）大陆法系的主要特点

① 大陆法系在法律的历史渊源上不仅继承了罗马法成文法典的传统，而且采纳了罗马法的体系、概念和术语。② 大陆法系国家一般不存在判例法，以制定法为主要渊源。③ 大陆法系法律的基本结构是在公法和私法的分类基础上建立的，传统意义上的公法指宪法、行政法、刑法以及诉讼法，私法主要指民法和商法。④ 大陆法系要求法官遵从法律明文办理案件，法官没有立法权，法官必须严格依据既定的法律判案。⑤ 在司法组织和诉讼程序上，大陆法系一般采用普通法院与行政法院分离的双轨制，重视实体法与程序法的区分。法官经考试后由政府任命，一般采用纠问式诉讼方式。"二战"后，大陆法系国家还普遍建立了宪法法院。

三、法律的作用

　　法律的作用即法律对人的行为、社会生活及社会关系产生的影响。一般来说，根据法律作用的两大对象——行为和社会，法律的作用相应地分为规范作用和社会作用。

（一）规范作用

（1）指引作用。指引作用针对的是人们自身行为，法律规范为人们自身行为提供导向。允许型的法律规范和禁止型的法律规范，从两个不同的角度指引人们可以做什么、不可以做什么。

（2）评价作用。评价作用针对的是本人行为及他人行为，法律规范是评价人们行为的客观标准。法律对重要行为通过法律权利和法律义务的内容进行了具体规定，以此为标准，人们就可以判断某种行为是否合法。

(3) 预测作用。预测作用针对未来的行为。由于法律的存在,人们可以根据法律预测自己行为所引起的法律后果,预见到自己的行为在法律上是合法的还是非法的,是有效的还是无效的,是会受到国家肯定、保护或奖励的,还是应受法律撤销、否定或制裁的,这就为人们的行为提供了选择。

(4) 强制作用。强制作用的对象是违法者。法律依靠国家强制力制裁违法犯罪行为,通过法律制裁给予违法者相应程度的惩罚和警戒。

(5) 教育作用。教育作用针对一般人的行为。法律在指引、评价、预测人们的行为,制裁违法行为的过程中,通过新闻媒体等各种报道宣传,对人们的心理产生赞扬、畏惧、威慑等不同影响,发挥着教育的作用。

(二) 社会作用

(1) 在阶级社会中,法律的目的是维护对统治阶级有利的社会关系和社会秩序。维护统治阶级的阶级统治是法律社会作用的核心。

(2) 任何性质的社会中,法律在执行社会公共事务方面的作用大体相同。如有关科学技术规范的法律、环境保护方面的法律等。

四、法律的局限

(一) 法律不是调整社会关系的唯一手段

法律是调整社会关系的重要手段和最终的手段,但不是唯一的手段。调整社会关系,还有教育、舆论、宗教信仰、道德、纪律、政策等方法。解决社会问题,法律不是第一选择,也不是唯一选择,社会需要综合为治。

【观察】

孔子:"道之以政,齐之以刑,民免而无耻,道之以德,齐之以礼,有耻且格。"

佛教五戒:不杀生、不偷盗、不邪淫、不妄语、不饮酒。

《诸葛亮集》:"勿以恶小而为之,勿以善小而不为。惟贤惟德,能服于人。"

(二) 法律自身特点而产生的局限性

法律自身具有的特性如稳定性、明确性、概括性、滞后性等,与社会生活的具体性和复杂性之间存在必然的矛盾。因此,法律常常会出现僵化、保守的一面,也不可避免地存在漏洞和空白。

【观察】

假设法律规定盗窃500元,监禁15天。甲游手好闲,好吃懒做而偷钱;乙母亲病重无钱医治,偷钱是为买药;丙家境贫寒特别好学,为学习而偷书价值500元。同样对待是否不公平?是的,所以应该把法律规定得再细一些。日常行为不良的处罚重一点,动机良好的处罚轻一点。可是当你作出新的规定后,发现还有问题。如动机良好,一个是偶犯,一个是屡犯,怎么处理?同是品行不良,一个偷穷人的钱(痛苦不堪),一个偷富人的钱(毫无所谓),怎样处理?你会发现不同的情况无法穷尽,法律不可能包罗万象,必然会存在空白和漏洞。[①]

---

① 一正著:《西窗法语》,花城出版社1998年版,第100页。

(三) 法律的制定和实施易受多种因素影响

法律并非在真空中运行,其制定和实施都要依赖外部条件。法律作用的发挥,面临各种各样的障碍,易受经济体制、政治体制、法律从业人员素质、公民的法律观念等社会因素的制约。

法律有这么多的缺点和局限,不能超越人的智慧,人们为什么还要选择法律?因为人的自觉自律是不恒常的,正如亚里士多德所说,"欲望是一头野兽,激情在败坏统治者的头脑,即使他们是人群中最杰出者也是如此;法律是不受欲望影响的理智"。① 因此,法律的治理比人类的激情要可靠。古往今来的无数事例,都证明了这一点。认识法律的局限性,有助于我们把握法律的特性,遵循法律的规律,充分考虑法律治理的代价,在推进法治国家的建设过程中,扬长避短。

第二节 法律的创制

一、法律的创制

(一) 法律创制的概念和形式

1. 法律创制的概念

法律创制,是指国家机关在法定职权范围内,依照法定程序,制定、修改、补充和废止法律规范以及认可法律的一项专门活动。法律创制有广义狭义之分。广义的法律创制,泛指一切有法律创制权的国家机关或经授权的国家机关依照法定职权和程序,制定、修改、补充和废止法律规范的活动。狭义的法律创制,仅指国家最高权力机关全国人大及其常委会依照法定职权和程序,制定、修改、补充和废止宪法和法律的活动。

2. 法律创制的形式

法律创制的形式包括制定和认可两大类。

(1) 法律的制定,指国家机关在法定职权范围内,依照法定程序,制定、修改、补充和废止法律规范的活动。

(2) 法律的认可,指国家机关对业已存在的行为规范承认并赋予其法律效力的活动。

(二) 法律创制的主体

根据我国《宪法》《立法法》的规定,我国具有法律创制权的国家机关为:全国人民代表大会及其常务委员会、国务院、国务院各部门、省、自治区、直辖市和较大的市的人民代表大会及其常务委员会,省、自治区、直辖市和较大的市的人民政府,民族自治地方的人民代表大会,特别行政区的立法机关。

(三) 法律创制的程序

法律创制的程序,是指有法律创制权的国家机关在制定、修改、补充和废止法律规范的活动过程中的法定步骤和方法。

【图例】

---

① 转引自布雷恩·Z·塔玛纳哈著:《论法治》,李桂林译,武汉大学出版社2010年版,第11页。

(1) 法律案的提出。提出法律案是创制法律的第一个环节,是指依法享有专门权限的国家机关和个人向立法机关提出有关制定、修改、补充和废止某项法律的建议。根据我国《宪法》的规定,全国人民代表大会主席团、全国人民代表大会常务委员会、国务院等有关国家机关有提出法律案的权力。

(2) 法律案的审议。审议法律案是创制法律的核心环节,是指立法机关对已列入立法议程的法律案进行审查和讨论,包括专门委员会的审议和立法机关全体会议的审议。

(3) 法律案的通过。通过法律案是创制法律的决定性环节,是指立法机关对经过审议的法律案进行表决,正式表示同意或不同意的活动。

(4) 法律的公布。公布法律是创制法律的最后一个环节,是指立法机关将获得通过的法律公布于社会的法定程序。全国人大及其常委会通过的法律均由国家主席签署主席令予以公布。

二、法律体系

(一) 法律体系的概念及特征

1. 法律体系的概念

法律体系指一国现行的全部法律规范按照一定的标准和原则划分成不同的法律部门,并由这些法律部门所构成的具有内在联系的统一整体。法律体系最核心的含义,应当是指一国现存的法律整体。

2. 法律体系的特征

(1) 法律体系是一国全部现行法律构成的整体。法律体系既不包括本国历史上已经宣布废止的法律,也不包括本国将要制定的法律或者尚未生效的法律,只反映本国现行的国内法和被本国承认的国际法,是一国国家主权的象征和体现。

(2) 法律体系是一国既相互独立又有内在联系的不同类别法律部门构成的有机统一体。法律体系具有贯穿于各部门法之中的共同的法律精神、指导思想和法律原则以及立法技术标准。较低效力层次的法律是较高效力层次的法律规则或原则的具体化和制度化,法律规范之间既有纵向的等级从属关系又有横向的联系和制约。

(3) 法律体系是具有主观属性的客观存在。法律体系归根结底是客观经济规律和经济关系决定的,但又受人们的意识、文化、主观能动性的直接影响。因而,不论现代国家的类型和法律体系的性质如何,总有对所有国家都通用的法律部门如宪法、民法、刑法等,同时各国的法律体系又呈现不同的模式和形态。

(二) 法律部门的概念及划分标准

法律部门是依据一定的标准和原则所划分的同类法律规范的总称。一般来说,凡是调整同一种类社会关系的法律规范的总和即构成一个独立的法律部门。

划分法律部门的标准有两个:一是法律调整的对象,也就是说,法律调整的社会关系是划分法律部门的首要标准;二是法律调整的方法,这是划分法律部门的补充标准。

(三) 当代中国法律体系的构成

法律部门是法律体系的基本组成部分,以下法律部门构成了我国现行的法律体系。

1. 宪法

宪法是调整公民和国家之间的根本社会关系,以规范控制政府权力和保障公民权利为最高目的的国家根本大法。其在法律体系中占据主导地位,是其他法律的立法依据,具有最高的法律权威和最大的法律效力,既是国家治国安邦的总章程,也是公民立身行事的总依据。现行宪法是1982年《中华人民共和国宪法》及其1988年、1993年、1999年、2004年的修正案。

2. 行政法

行政法是有关国家行政管理活动的法律规范的总称。行政法法律部门由多部单行的法律、法规及规范性文件组成，分为一般行政法和专门行政法两类。前者主要包括行政主体和组织法、行政行为和程序法、行政救济和诉讼法，如《公务员法》、《行政处罚法》、《行政许可法》、《行政复议法》、《行政诉讼法》等。后者是各类专门行政职能部门管理活动的法律规范，包括公安行政法、卫生行政法、工商行政法、教育行政法等，如《治安管理处罚法》、《食品卫生法》等。

3. 民法和商法

民法是平等主体之间的财产关系和人身关系的法律规范的总和。由基本法律和单行法律组成。《民法通则》是基本法律，民事单行法包括《合同法》、《婚姻法》、《继承法》、《专利法》等。商法是民法的特别法，以维护自然人和企业的盈利为宗旨，包括《公司法》、《证券法》、《保险法》等。

4. 经济法

经济法是调整国家在经济管理活动中所发生的经济关系的法律规范的总和。我国现行经济法包括《公司法》、《证券法》、《反不正当竞争法》、《税法》等。

5. 社会法

我国官方文件中第一次出现社会法的概念，是在2001年3月9日李鹏委员长向第九届全国人大第四次会议上所作的《全国人大常委会工作报告》中。报告指出："初步将有中国特色社会主义法律体系划分为七个法律部门，即宪法及宪法相关法、民法商法、行政法、经济法、社会法、刑法、诉讼与非诉讼程序法。"来自最高立法部门的对社会法地位的认定，表明我国法律体系的完善和进步。社会法实质上是国家为解决各种社会问题而制定的，以维护社会利益尤其是保护弱势群体利益为宗旨的新的法律门类。具体包括《劳动法》、《社会保障法》、《环境法》、《未成年人保护法》、《妇女权益保障法》、《老年人权益保障法》等，其中劳动立法是社会法的核心组成部分。

6. 刑法

刑法是规定犯罪、刑事责任和刑罚的法律规范的总称。我国现行刑法是1992年《中华人民共和国刑法》及8个刑法修正案。刑法采用的是最严厉的刑罚制裁方法，是其他法律部门的保障法。

7. 诉讼法和非诉讼程序法

诉讼法是有关各种诉讼活动的法律规范的总称，包括刑事诉讼法、民事诉讼法、行政诉讼法三大诉讼法。我国现行诉讼法主要有《刑事诉讼法》、《民事诉讼法》、《行政诉讼法》，另外还有《监狱法》、《律师法》等。

非诉讼程序法主要包括与仲裁、公证、人民调解等非诉讼程序有关的法律法规，如《仲裁法》、《人民调解法》、《公证法》等。

【图例】

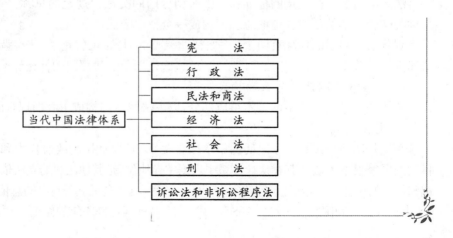

三、法律渊源

法律的渊源是指那些来源于不同的制定机关,因而具有不同效力意义的法的外在表现形式。具体而言,我国法律的渊源包括以下内容。

(一) 宪法

宪法作为根本大法,在我国法律体系中具有最高的法律地位和法律效力,是我国最重要和最主要的法律渊源。其创制程序非常严格,全国人民代表大会是唯一的制定和修改机关。我国现行宪法是 1982 年制定的《中华人民共和国宪法》及其修正案。

(二) 法律

法律是全国人民代表大会及其常务委员会制定颁布的规范性文件的总称。其法律地位仅次于宪法,包括基本法律和其他法律。

1. 基本法律

基本法律是指由全国人民代表大会制定和修改的,规定和调整国家与社会生活中某一方面带有基本性和全面性的关系的法律,如《中华人民共和国刑法》、《中华人民共和国民法通则》。

2. 其他法律

其他法律是指由全国人大常委会制定或修改的,规定和调整除由基本法律调整以外的,涉及国家和社会生活某一方面关系的法律,其调整范围小于基本法律,规范内容较为具体,如《中华人民共和国劳动法》、《中华人民共和国劳动合同法》、《中华人民共和国公司法》。

(三) 国务院制定和颁布的行政法规和其他规范性文件

行政法规是由国务院依法制定的有关国家行政管理的规范性文件的总称,其地位和效力低于宪法和法律,不得与宪法和法律相抵触,须以"条例"、"规定"、"办法"相称,不得以"法"为名称,如《婚姻登记条例》、《工伤保险条例》。

国务院还有权发布命令和决定,凡属于规范性的命令与决定,其地位与行政法规相同。同时,国务院所属各部委有权在本部门的权限内发布规范性的命令、指示和规章,但其地位和效力低于国务院颁布的规范性文件,如卫生部颁布的《灾害事故医疗救援工作管理办法》、司法部颁布的《公证程序规则》。

(四) 地方性法规和其他规范性文件

根据宪法和法律规定,省一级人民代表大会及其常委会有权制定或批准地方性法规,省一级人民政府也可以制定规章,但地方性法规只在本辖区内有效,不得与宪法、法律、行政法规相抵触,如《浙江省海域使用管理条例》、《贵州省水土保持条例》、《广东省行政审批事项目录管理办法》。

(五) 民族自治地方的自治条例和单行条例

民族自治地方的自治机关依法行使自治权,有权制定颁布适合于本民族自治地方的规范性文件,包括自治条例和单行条例,报全国人大常委会批准或备案后生效,如《玉树藏族自治州社会治安综合治理条例》、《西宁市清真食品管理办法》。

(六) 特别行政区法律

特别行政区法律是指根据宪法授权和特别行政区基本法的规定,适用于特别行政区的法律,包括特别行政区原有的与基本法不相抵触的法律,以及特别行政区立法机关制定的新的法律。如:香港颁布的《公证人(执业)规则》、《简易处理申诉(律师)规则》;澳门颁布的《工业产权法律制度》、《修改邮政局组织规章》。

（七）国际条约

国际条约是指两国或多国间就政治、经济、法律、科研、文化、军事等方面问题确定其相互间权利和义务关系的协议。

我国同外国缔结或参加的国际条约，经我国最高权力机关批准或者由我国政府声明承认参加后，成为我国法律的一种形式，在国内具有法律效力，如《经济、社会、文化权利国际公约》《就业政策公约》《世界版权公约》。

【图例】

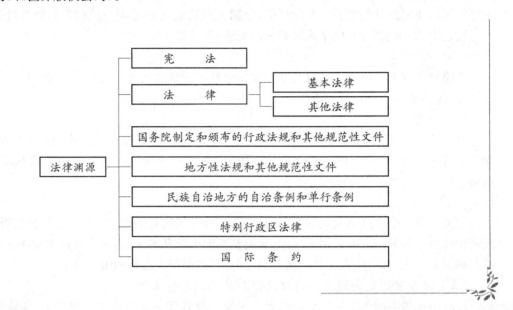

四、法律分类

法律分类就是按照不同的标准，将法律规范划分为若干不同的种类。对法律进行分类，目的在于准确理解法律的精神，把握法律运行的规律。

（一）国内法与国际法

根据法律的适用主体和适用范围可分为国内法与国际法。

（1）国内法。国内法是指在一主权国家内，由特定国家机关创制的，调整国内法律关系并于该国领域内生效的法律规范的总和。国内法的法律关系主体一般为自然人和组织。

（2）国际法。国际法是指参与国际交往的国家通过协议制定或认可，用以调整国际关系，具有法律约束力的原则、规则和制度的总称，一般表现为国际条约和国际惯例。国际法的法律关系主体主要是国家。

（二）根本法与普通法

根据法律的地位、效力、内容和制定主体、修订程序，可分为根本法和普通法。这种分类通常适用于成文宪法国家，对于适用不成文宪法的国家并不特别重要。

（1）根本法。在成文宪法国家，根本法就是宪法，规定国家制度和社会制度的基本原则，在一国享有最高的法律地位和法律效力，其制定和修改一般需要经过较为严格的程序。

（2）普通法。普通法是指宪法以外的其他法律，以根本法为依据并服从于根本法，法律地位和法律效力均低于宪法，内容一般涉及调整某一类社会关系，是宪法规定事项的具体化。

（三）实体法与程序法

根据法律的内容和功能可分为实体法与程序法。

(1) 实体法。实体法是指规定、确认权利和义务以及相应法律后果的法律,刑法、民法、劳动法等都是实体法。实体法与程序法并非绝对界限分明,在内容上存在交叉,实体法中会涉及程序性的规定,如民法中规定签订合同的程序。

(2) 程序法。程序法是指以保证权利和义务得以实现的步骤、方法和手续的有关法律,如刑事诉讼法、民事诉讼法、立法程序法、仲裁法等。程序法中也会有权利义务的规定,如刑事诉讼法中规定的犯罪嫌疑人、被告人的辩护权利。

实体法和程序法是法律体系中的两大组成部分,二者相辅相成缺一不可。简而言之,实体法是解决矛盾争议的标准,程序法是解决矛盾争议的方法,法律的实施就是实体法和程序法的统一适用过程。

(四) 一般法与特别法

根据法律的效力范围可分为一般法和特别法。

(1) 一般法。一般法是指在一个国家的任何地方、对任何人、任何事项、一般时间都适用的法律。

(2) 特别法。特别法是指在一个国家内对特定的区域、特定的人、特定事项、特定时间适用的法律。

一般法与特别法的法律适用原则是"特别法优于一般法"。值得注意的是,一般法与特别法的划分具有相对性。例如,相对于《中华人民共和国劳动法》而言,《中华人民共和国劳动合同法》是特别法;而相对于《上海市劳动合同条例》来说,《中华人民共和国劳动合同法》又是一般法。

(五) 成文法与不成文法

根据法律的制定方式和表达形式可分为成文法与不成文法。

(1) 成文法。成文法是指由国家特定机关制定和公布,以规范化的条文形式出现的法律。成文法的法律文本通常采取法典形式。

(2) 不成文法。不成文法是指不具有成文形式,但国家特定机关认可其法律效力的法律,如判例法。不成文法包括习惯法和判例法两种。

法 律 分 类	
分 类 标 准	法 律 种 类
适用主体和适用范围	国内法与国际法
地位、效力、内容和制定主体、修订程序	根本法和普通法
内容和功能	实体法与程序法
效力范围	一般法和特别法
制定方式和表达形式	成文法与不成文法

第三节 法律的实施

一、法律的实施

法律的实施是指国家机关及其公职人员、社会组织和公民实现法律规范的活动,具体包括法律的遵守、法律的执行和法律的适用。

（一）法律的遵守

法律的遵守是法律实施的基本实现方式,指一国或一地区的国家机关、社会组织和公民做法律允许的行为,不做法律禁止的行为。

（二）法律的执行

法律的执行是法律实施的重要方式之一,指国家行政机关在法定职权范围内,依照法定程序,在行使行政管理权的过程中贯彻实施法律的专门活动。国家行政机关执行法律,要求依法进行,要求合理进行。

（三）法律的适用

1. 法律适用的概念

法律的适用又称司法,是法律实施的重要组成部分,是指国家司法机关依照法定职权和法定程序,以公正为价值目标,具体应用法律处理案件的专门活动。

2. 法律适用的基本原则

（1）以事实为根据,以法律为准绳；（2）公民在适用法律上一律平等；（3）司法机关依法独立行使职权；（4）有错必纠,依法赔偿。

【观察】

19世纪德国皇帝威廉一世在波茨坦建造了一座行宫,当他兴致勃勃登高观景时发现不远处一座磨坊影响了视线,于是派人前去与磨坊主人协商,希望买下这座磨坊。不料,磨坊主说祖上传下来的家业卖不得。威廉一世很生气,派出军队强行拆除了磨坊。

磨坊主极为愤慨,一纸诉状就把皇帝告上了法庭。令人吃惊的是,地方法院的判决居然是威廉一世败诉:不但要把那磨坊"恢复原状",还必须赔偿由于拆毁房子造成的磨坊主的一切损失。威廉一世虽然很是难堪,但最终还是服从了法院的判决。

斗转星移,威廉一世和老磨坊主都已经去世。小磨坊主由于经营不善,面临破产,于是便给威廉二世写信表达了卖掉磨坊的意愿。威廉二世回了一封言辞恳切的信:"我亲爱的邻居,来信已阅。得知你现在手头紧张,作为邻居我深表同情。你说你要把磨坊卖掉,朕以为万万不可。毕竟这间磨坊已经成为我德国司法独立之象征,理当世世代代保留在你家的名下。至于你的经济困难,我派人送三千马克,请务必收下。如果你不好意思的话,就算是我借给你的,解决你一时之急。你的邻居威廉二世。"

作为司法独立的象征,那座磨坊至今仍完好无损地矗立在波茨坦行宫的一侧。

二、法律关系

（一）法律关系的概念

所谓法律关系是指法律规范调整社会关系过程中所形成的主体之间的权利义务关系。

简而言之,法律关系就是权利义务关系,这种权利义务关系是基于法律规范而形成的,因而受国家强制力的保障。社会关系是一个种类丰富的庞大体系,林林总总,不可胜数,只有经过法律规范调整的社会关系才能形成法律关系。如果法律对某些领域的社会关系不进行调整,人们就无法形成法律上的权利义务,法律关系也就无从形成。因此,法律关系是一种特殊的社会关系,法律规范是法律关系产生的前提。

【观察】

朋友关系是一种非常普遍的社会关系,有损友有益友,有肝胆相照也有反目为仇……法律对这种社会关系不予调整,朋友双方也就不能因为彼此亲疏远近或者义断情绝的问题而诉诸法律,除非他们之间发生财产纠纷如借贷或人身方面的纠纷如伤害等,才能形成相应的法律关系,得到法律的救济。

(二)法律关系的构成要素

法律关系的构成要素主要包括法律关系的主体、法律关系的内容、法律关系的客体。它们相互依存,不可或缺。

1. 法律关系的主体

法律关系的主体是指法律关系的参加者,即法律关系中权利的享有者和义务的承担者,一般称为权利主体和义务主体。我国法律关系的主体主要包括自然人、法人、其他组织,特殊情况下国家也可以成为法律关系主体。

主体参加任何法律关系都要具备权利能力,参加特定类型法律关系还需要同时具备行为能力。所谓权利能力,是指由法律所确认的,法律主体享有权利或承担义务的资格。所谓行为能力,是由法律所承认的,法律关系主体通过自己的行为行使权利和履行义务的能力。因此,能否成为法律关系主体,取决于是否符合法律规定。

【观察】

我国《劳动合同法》规定最低就业年龄为16周岁,意即自然人的劳动权利能力和劳动行为能力开始于16周岁。那么,16周岁以下的自然人就不能成为劳动法律关系的主体。使用16周岁以下的童工是违法的,用人单位要承担法律责任。

2. 法律关系的内容

法律关系的内容是指法律关系主体依照法律规定或者约定所享有的权利和依法承担的义务,是主体之间利益付出或获取的状态。

法律规范的内容丰富多彩、包罗万象,权利和义务作为法律规范的呈现形式,是现代法律调整的特有机制,也是法律关系内容的核心。一般认为,法律权利是法律规定或确认的,主体以作为或不作为的方式进行要求的利益。法律义务则是法律规定或确认的,主体以作为或不作为的方式予以承担的负担。法律权利与法律义务是一组相对的概念,既对立统一又相互依存。没有无义务的权利,也没有无权利的义务。

【观察】
　　房屋租赁法律关系主体是出租人与承租人,房屋租赁法律关系的内容就是双方主体的权利义务。例如,出租人的权利是收取租金,义务是提供房屋。与之相对应,承租人的权利是使用房屋,义务是给付租金。

　　3. 法律关系的客体
　　法律关系的客体是法律关系主体的权利义务所共同指向的对象。法律关系客体把法律关系主体之间的权利义务联系在了一起。
　　我国法律关系的客体一般包括四种。一是物,这是最基本的客体,就是可以为人们利用控制的物质财富,如房屋、汽车、金银珠宝等。二是行为,包括作为和不作为,如刑法所惩罚的放火、遗弃等行为。三是智力成果,如著作、商标、专利等。四是人身利益,包括人格利益和身份利益,如生命权、配偶间的身份利益等。

　　(三)法律关系的产生、变更与消灭
　　社会生活的千变万化,使得法律关系处于动态之中。动态的法律关系表现为一个产生、变更与消灭的过程。法律关系并不会因为仅仅存在法律规范就出现发生、变更和消灭的效果,而是基于一定事实因素的介入。引起法律关系产生、变更与消灭的直接原因,就是法律所规定的法律事实的出现。
　　1. 法律事实的概念
　　法律事实是指被法律或法理所确认的,能够引起法律关系产生、变更与消灭的各种事实(客观情况)的总称。
　　2. 法律事实的分类
　　根据是否以当事人的意志为转移,法律事实可分为行为和事件两大类,这是最重要最基本的分类。
　　(1)法律行为。法律行为是指由法律规定或调整的,能够引起法律关系产生、变更和消灭的人的有意识的作为与不作为,如婚姻登记、订立合同。
　　(2)法律事件。法律事件是指法律规定的,人的意志之外的能够引起法律关系产生、变更和消灭的客观事实。法律事件包括自然事件和人为事件,前者指不以人的意志为转移而出现的客观事实,如自然灾害、人的自然死亡;后者是指当事人以外的人所引起的客观事实,如社会动荡、起义、战争。

三、法律责任

　　(一)法律责任的概念
　　法律责任是指法律关系主体因违反法定义务或约定义务,或不当行使法律权利、权力所产生的,由行为人承担的不利后果。
　　作为社会责任的一种,法律责任与其他社会责任包括政治责任、道义责任等有原则性的区别。法律责任以法律义务的存在为前提,以制裁与补偿为责任方式,其构成具有因果逻辑性,其责任追究由国家强制力实施或者予以潜在保证。

（二）法律责任的构成要件

法律责任的构成要件是指构成法律责任必须具备的各种条件或必须符合的标准。一般认为，构成法律责任的要件包括主体、过错、违法行为、损害事实、因果关系五个方面。

1. 主体

承担法律责任的主体必须是具有行为能力和责任能力的自然人和法人。就自然人来说，法律责任的主体必须是达到责任年龄和具备正常精神状态的人。

2. 过错

承担法律责任的主观故意或者过失，就是法律所要求的违法者的主观恶性，即过错。一般来说，主观过错越大，法律责任越重。如《刑法》规定："故意犯罪，应当负刑事责任；过失犯罪，法律有规定的才负刑事责任。"对于没有过错和不以人的意志为转移的不可抗力或意外事件，法律通常不要求人们承担法律责任，但这不是绝对的。如用人单位对于劳动者的工伤，即使没有过错也要承担赔偿责任。

3. 违法行为

违法行为是违反法律规定的义务、越界行使权利以及侵权行为的总称。没有违法行为，一般就没有法律责任。刑法上承担刑事责任的犯罪行为必须是严重的违法行为，包括作为和不作为，前者如盗窃、抢劫、重婚等，后者如玩忽职守、逃税等。但这并不是绝对的，如民法上的公平责任并不以违法行为为构成要件。

4. 损害事实

损害事实包括人身、财产、精神或三者兼有的损失和伤害。损害事实必须是客观存在，符合通常的社会观念和公民意识标准。如盗窃罪导致他人财产受损，故意伤害罪致人身体健康受损，诽谤罪损害他人名誉等。法律责任的承担一般应当以具有损害事实为依据，否则法律予以惩罚的意义不大。

5. 因果关系

法律责任的承担要求违法行为和损害事实之间必须存在确定的因果关系。即行为人的违法行为与损害事实之间是引起和被引起的关系，如果不存在因果关系，行为人就不应当对损害事实承担法律责任。

【案例】

2011年5月21日晚8时，李某逛完超市回家，过骆驼街道某路口时，因行人车辆较少，李某闯了红灯。此时朱某驾车快速通过绿灯，虽采取紧急刹车但还是撞上李某，造成李某肋骨、腿骨等多处骨折。李某因此住院64天，构成十级伤残。经交警部门认定，双方负同等责任。2011年11月，李某向镇海法院起诉要求朱某赔偿残疾赔偿金、医疗费等共计16万元，镇海法院判决朱某承担60%的责任，赔偿李某10万元。如今李某腿部残疾，不能从事重体力劳动，也给日常生活带来了影响。[①]

---

① http://www.cnnb.com.cn，中国宁波网，2013年4月11日访问。

【分析】
　　机动车与行人之间发生交通事故,本应由机动车承担赔偿责任,但本案中李某闯红灯的行为违反了道路交通安全法,对事故的发生存在一定的过错。虽然驾驶员朱某采取了紧急刹车的必要处置措施,但通过路口速度过快,主观上也有过错。李某、朱某均为具有行为能力和责任能力的自然人,二人的违法行为造成了李某的损害结果。因此,机动车驾驶员与行人同负法律责任,法院判决行人李某承担40%责任、朱某承担60%责任是正确的。可见,"中国式过马路"须承担法律责任。

(三) 法律责任的分类

　　法律责任根据不同的标准可以有不同的分类。其中,根据违法行为所违反的法律性质,可以把法律责任分为以下四种。
　　(1) 民事责任。民事责任是指违反民事法律义务、违反约定而承担的不利后果。民事责任主要表现形式为民事补偿或赔偿,在不违反法律的前提下当事人可以协商解决。
　　(2) 刑事责任。刑事责任是指因违反刑事法律而应当承担的不利后果,刑事责任是最严厉的一种惩罚性的法律责任,最主要的表现形式就是刑罚,是对罪犯资格、财产、自由乃至生命的剥夺。
　　(3) 行政责任。行政责任是指违反行政法上的义务而应当承担的不利后果。包括行政主体的行政责任和行政相对人的行政责任,主要体现为行政惩罚、行政赔偿和补偿、行政行为效力否定。
　　(4) 违宪责任。违宪责任是指有关国家机关制定的某种规范性法律文件,或者有关国家机关、社会组织、公民从事的活动,与宪法相抵触而产生的法律责任。

第四节　法治国家

一、法治的涵义

(一) 法治的概念

　　"法治"有多种表达方式,如"法治天下"、"法律的统治"、"通过法律的治理"、"依法治国"等。当今世界,各国政府都在倡导法治。法治受到不同社会、文化、经济和政治制度的国家和政府的推崇,遵循法治是世界范围内政府正统性的公认标尺。1984年美英等七国元首签署的《民主价值宣言》中指出:"我们相信法治,它公正地尊重和保护每个公民的权利和自由,提供使人类精神能够自由而多样发展的条件。"中共中央总书记习近平也特别强调,坚持依法治国、依法执政、依法行政共同推进,坚持法治国家、法治政府、法治社会一体建设,不断开创依法治国新局面。
　　关于法治的阐述起源于古希腊。古希腊哲学家亚里士多德在《政治学》中就曾倡言法治,认为作为理性的法治比作为感情的人治,要理智、公正、高明,"没有什么比服从法律的精神更应该受到小心呵护"。并给法治下了定义:"法治应包含两重意义:已成立的法律获得普遍的服从,而大家所服从的法律又应该本身是制定得良好的法律。"

古希腊对法治的卓越见识穿越时空,具有永久的魅力。在此基础之上,现代社会的法治具有以下涵义:法治是主张执政者严格依照法律来治理国家的一种治国方略或社会调控方式,基本要求是人人平等地依法办事,目标是实现一种良好的法律秩序,价值取向为体现人民主权原则,承认、尊重和保护人民的权利和自由,承认正当利益的多元化并给予无差别的保护。

【观察】

公元前399年的一天,501位雅典公民组成了陪审团,被告席上是一位年近七旬的老人,他就是古希腊的伟大先哲苏格拉底。控方指控苏格拉底的两项罪名是不敬雅典诸神、腐蚀败坏青年。对此,苏格拉底当庭发表了他那著名的《申辩》,但法庭还是以281票赞成、220票反对,判处他死刑。按照雅典法律,如果苏格拉底认罪,可以选择缴纳罚金或者放逐的方式代替死刑。但是苏格拉底拒绝了,他认为坚守良心和真理比生命还重要。

五月时节,苏格拉底的家人、朋友和学生,在死囚牢中陪伴他度过最后的时光。——他们原本计划帮助苏格拉底越狱逃生,甚至准备好了贿赂看守的钱财,成功的希望非常大。但是苏格拉底拒绝了,他坚信法律是神圣的,逃避刑罚是对这种神圣的背叛,那是他作为一个雅典公民万万不能接受的。他对准备营救他的人说:"我在70年间都没有离开雅典,就等于说我以自身的行为与国家签订了契约,表示服从国家的法律。越狱潜逃是蔑视法律的行为,是践踏自己曾经立下的契约,是最下贱的奴才干的勾当。如果我含冤而死,这不是法律的原因,而是由于恶人的蓄意。如果我无耻逃亡,以错还错、以恶报恶,毁伤的不仅是法律,而且是我自己、我的朋友和我的国家。"苏格拉底坐在床上,神色坦然,平静地与大家谈论着灵魂的永生。最后,他打发走了自己的妻子和孩子,并与身边的人们,包括前来执行死刑的刑吏道别,并让他的学生克里托去催促那规定用来杀死他的鸩毒……毒液在他的身体里迅速蔓延,他躺下了;刑吏摸到他的身体开始僵冷,便把一块布盖在他的脸上。苏格拉底拉开了那块布说:"克里托,我还欠医生阿斯科勒皮俄斯一只公鸡,请不要忘记还他。"克里托赶紧回答:"知道了。还有什么别的吗?"没有回音——苏格拉底走了……(参见罗素《西方哲学史·苏格拉底》)

苏格拉底成为遵守法律的高尚典范,对西方法治文明具有重大意义。

(二) 法治与人治

人治是与法治相对立的治国方略,人治是指依靠统治者个人的贤明来治理国家的一种政治主张。法治与人治的区别不在于是否承认法律运行中人的因素,而在于以下方面。

(1) 主体不同。法治是众人之治(民主政治),人治是一人(或几人)之治(君主专制或贵族统治)。

(2) 依据不同。法治依据的是反映人民大众意志的法律,人治则依据领袖个人意志。

(3) 冲突时的选择标准不同。当法律与领袖个人意志发生冲突时,法治强调"人依法",即法律高于个人意志,人治则强调"法依人",即个人意志高于法律。

【观察】
　　古代中国的"人治"强调"为政在人"。儒家认为,国家的治理主要是依靠圣王和君主,君主一身系天下安危治乱。君主必须具备优秀的个人素质,严格用礼仪约束自己,然后再以模范行为感化民众。君主乃至各级官员道德表率的功效远远超过建法立制。因此,在中国古代社会中,圣君清官是百姓的最爱和渴盼,被载入史册受到千百年的传颂。《明史·海瑞传》记载,明代清官海瑞去世时,百姓停止买卖,身披孝服为他送行,白衣白帽的人群在江岸两边绵延百里,当灵船在江中出现时,人们将准备好的祭酒倒入江中,哭声不绝于耳。

(三) 法治与法制

　　法制作为法律制度的简称,是一种正式的、相对稳定的、制度化的社会规范,是一种类似于经济制度、政治制度、文化制度的社会制度。

　　社会主义法制是社会主义国家的法律和制度的简称。社会主义法制以社会主义民主为基础,包括立法、执法、守法三个方面,中心环节是依法办事;基本要求是"有法可依、有法必依、执法必严、违法必究"。

　　1. 法制与法治的区别

　　(1) 法制相对于法治而言,层次较低,处于相对静止状态,要解决的是有法可依的问题;法治则包括立法、执法、守法、法律实施和法律监督的全过程,是法律制度运用和实施的整个动态系统,相对法制而言处于较高层次,要解决的是有法必依、违法必究、执法必严的问题。

　　(2) 法制作为一种社会制度,可以与法治结合,也可以与人治结合。法制与人治结合,法律权威是第二位的,政府权威是第一位的。法制与法治结合,法律权威则是超越政府权威在内的第一位的社会权威。法治则必须体现人民主权的价值取向,讲究"良法之治"。

　　2. 法制与法治的联系

　　法制是法治的前提和基础,法治是法制的立足点和归宿。法制规定的好坏,关系到法治能否真正实现;法治是否实现,也关系到法制是否可以进一步得到发展和完备。

二、法治的原则

(一) 法律至上原则

　　"法律至上"是法治最为基本的要求,它意味着:

　　(1) 在治理国家的规范体系中,法律居于首要地位,具有超越一切的最高权威。

　　(2) 宪法和法律是一切国家职权的来源和依据,法律至上性原则的核心在于宪法至上,宪法的精义在于控制权力以保护权利、自由。

　　(3) 法律高于领导者的个人意志,不论是个人还是政府都必须受到法律的约束,法律是公民行为的最终导向。

　　(4) 执政党必须在法律范围内活动。

(二) 权利保障原则

　　"权利保障"是法治的根本性要求,其内容主要包括尊重和保护人权、法律面前人人平等、权利与义务相一致。通过法治来保障人权,是法治的终极性的价值目标。

(三) 权力制约原则

　　"权利制约"是"权利保障"的必然要求。防止国家权力的专横和滥用,保障公民的权利和自由,法治要求对国家权力进行合理的分工和有效的制约,按照"以权力制约权力"的模式构建政府。具体而言,根据职能的不同,把国家机关分为立法机关、行政机关、司法机关,分别行使国家的立法权、行政权和司法权;强调权力之间的制约,包括立法权、行政权、司法权之间的制约,也包括各项具体职权之间的制约。

(四)正当程序原则

"正当程序"主要体现了对国家权力的制约,要求一定主体从事法律行为的过程、环节、方式应当公开、平等、稳定。法治的中心"依法办事"就是"既定规则被严格执行",法律一旦被制定出来,本身就是一种形式化的规则,要求得到始终如一的有效遵守和运用。因此法治更强调一种形式理性,强调法律程序的意义。

【观察】

1963年3月3日深夜,一位在美国亚利桑那州凤凰城某影院工作的女孩(18岁)下班回家时,被一名男子强行拉入小汽车进行强暴。女孩事后马上报警。根据她的描述,警察于3月13日将嫌疑人米兰达抓获。受害女孩当场指认米兰达就是罪犯,米兰达供认不讳,并写了一份供认书,承认所发生的事情,表明了解自己所享有的权利,还在上面签了名字。法院据此判决米兰达犯有劫持罪、绑架罪和强奸罪。米兰达的律师对于警方的指控证据提出了程序上的质疑,即警方在询问米兰达之前是否履行了告知米兰达宪法权利的义务?警方声称的所谓告知并无文字记录。律师认为,警方侵犯了米兰达的沉默权,违反了不得强迫被追诉人对自己作证的宪法修正案第5条规定。因此,警方从米兰达那里获得的证词不能用作定罪的证据。

米兰达上诉至美国联邦最高法院,1966年美国联邦最高法院最终确定了"米兰达规则"。即,在审讯之前警察必须明确告诉被讯问者:"宪法要求我告知你如下权利:(1)你有权保持沉默;(2)如果你选择回答,那么你所说的一切都可能作为对你不利的证据;(3)你有权在审讯时要求律师在场;(4)如果付不起律师费,只要你愿意,法庭有义务在所有讯问之前免费为你提供一名律师。"

如果警察在审讯时没有预先作出以上4条警告,那么,被讯问人的供词一律不得作为证据进入司法程序。米兰达案的最终裁决虽然使米兰达逃脱了惩罚,但其确立的"米兰达规则"却维护了形式的理性和程序的公正。米兰达案判决50多年来,"米兰达规则"在美国妇孺皆知。

三、法治国家的标志

(一)以宪法为核心的良善而完备的法律体系

宪法的存在是法治的最基本要求。宪法既是人民普遍意志的体现也是政府合法性的依据,是界定国家权力和人们行为的根本标准。

完备的法律体系从形式上看,要求:法律规范具有统一性、稳定性、准确性、公开性、可操作性;制定程序的科学性;结构严谨、内容丰富、彼此之间衔接有序。

完备的法律体系从内容上看,要求:以宪法为核心的各项立法,充分体现民主政治,保障公民权利、制约国家权力,协调多元社会价值之间的冲突,追求公平正义。

(二)法律得到普遍遵守

任何个人和组织都必须在宪法和法律的范围内活动。公民具有较高的法律意识,自觉行使权利、履行义务,构成法治社会的基础;公务员队伍和法律职业群体忠实于法律,构成法治社会的组织保证。特别是行政主体必须严格遵守行政法律规范,不得享有行政法律规范之外的特权,违者依法予以追究并承担相应的法律责任。

(三)有独立公正的司法机构保障法律的实施

司法是政府、法律和个人之间最直接对立的接触点,因而能够充当阻挡违法的政府行为的最佳屏障。因而,司法独立是司法公正的前提,也是维护法律权威,实现法治的基本要求。具有健全的保证司法独立和公正的各项制度,完善的法律监督机制,形成高效的法律运行机制,可以在约束国家权力的同时形成对人权的有力保障。

【观察】

美国现任最高法院大法官史蒂芬·布雷耶专访。

记者:中国已提出"依法治国"的目标,要建立法治国家。根据你的观察,这会是个多长的过程?

布雷耶:很多人问过我这个问题,法治在美国已经有200多年的历史。秘诀是什么?我的回答是:没有秘诀。我随身携带着美国宪法。但是法治绝非颁布一部宪法那么简单。

记者:从确立目标到基本实现,成为法治国家需要哪些基本条件?

布雷耶:非常漫长。在美国,1954年,最高法院在布朗案件中判决不允许种族隔离。但你知道判决之后的一年,在推翻种族隔离制度这件事情上发生了什么吗?什么都没有发生!那接下来一年呢?还是什么也没发生。

1957年,阿肯色州一位法官判决,黑人孩子可以去白人学校上学。阿肯色州州长福布斯说,他区区一个法官又能如何?他只有一纸判决,我有国民卫队!最终,当时的美国总统艾森豪威尔派了101空降师的1000名伞兵,护送黑人学生去了白人学校。那一刻是法治的胜利,也是美国历史上最难忘的时刻之一。

经过很多年,美国最终废除了种族隔离制度。护送黑人孩子上学是这一切的开始。最高法院作出判决,还需要总统来执行。法治在美国也是经历了漫长的过程。

所以,对你的问题,我的答案是:习惯、教育、相互理解等。我看过一部电影,讲的是中国小学五年级的学生选举班长。过程有竞争,互相嫉妒,但是学生们从中也增加了对选举的了解。这与法治相通,要尊重法律,要教会别人尊重法律。这是一个过程。①

1. 谈谈你对下列法律格言的理解。

(1)只要法律不再有力量,一切合法的东西也都不会再有力量。〔法国〕卢梭

(2)在民主的国家里,法律就是国王;在专制的国家里,国王就是法律。〔德国〕马克思

(3)法律需要被信仰,否则它形同虚设。在由意志而不是由法律行使统治的地方没有正义可言。〔美国〕道格拉斯

(4)我们应该注意到邦国虽有良法,要是人民不能全部遵循,仍然不能实现法治。法治应该

---

① 《新世纪》第22期。

包含两重意义:已成立的法律获得普遍的服从,而大家所服从的法律又应该本身是制订得良好的法律。[古希腊]亚里士多德

(5) 法者,天下之公器也。[中国]梁启超

2. 法律的概念和特征是什么?
3. 如何认识英美法系中的陪审团制度?
4. 你怎么看待法律的局限性?
5. 我国法律体系的构成是怎样的?
6. 法律的实施包括哪些内容?
7. 法律责任的构成要素是什么?
8. 你认为我国建设社会主义法治国家的关键是什么?

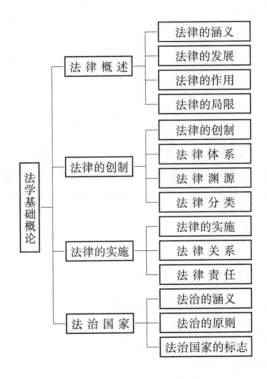

> 人一出生就口含一枚金币,一面写着平等,一面写着自由,这枚金币叫人权。
>
> ——［法］卢梭

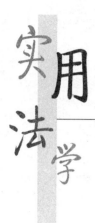

第二章 宪法法律制度

宪法作为国家的根本大法,是治国安邦的总章程,在一国的法律体系中具有最高的法律地位和法律效力。本章具体阐述了宪法的有关理论、国家基本制度、公民基本权利和义务、国家机关等重要内容,以期使学习者树立宪法至上的观念,贯彻实施宪法,促进社会主义法治建设。

学习要求

通过本章的学习,你应理解并掌握以下内容:
1. 宪法的概念及特征
2. 宪法的基本原则
3. 1982年宪法及其修正案
4. 宪法监督的概念及模式
5. 政党制度与政协制度
6. 经济制度
7. 人民代表大会制度
8. 选举制度
9. 国家结构制度
10. 公民的基本权利和义务

第一节 宪法概述

一、宪法的涵义

（一）宪法的概念

宪法是调整公民和政府之间的基本社会关系，规定国家的根本制度和根本任务，以规范控制政府权力和保障公民权利为最高目的的国家根本大法。

【观察】

毛泽东说："一个团体需要有一个章程，一个国家也要有一个章程，宪法就是一个总章程，是根本大法。"

西方学者洛克指出，宪法是人民授权政府进行治理的一份授权书，规定了两方面的基本政治关系：首先是作为主权者的人民与政府之间授权与被授权之间的关系；其次，是在此前提下政府与人民之间统治与被统治的关系。

（二）宪法的特征

1. 宪法是国家的根本法

宪法在内容上规定国家的根本制度，明确国家组成及运作的基本规范，调整人民与政府之间的关系，以确定原则为限，具有高度的概括性。我国现行《宪法》具体规定了国家的任务、国家制度和社会制度的基本原则、公民的基本权利和义务，不仅规定有国家根本制度及人民同政府之间关系的原则，还进一步规定了国家的阶级本质、经济制度和社会主义精神文明等。

2. 宪法具有最高的法律效力

宪法所规范的社会关系最具根本性，因此宪法在国家法律体系中处于最高的地位，具有无可替代的权威性和最高的法律效力。具体表现为，宪法是其他一般法律的立法基础，法律的制定必须以宪法为依据，任何法律都不得与宪法的原则和精神相抵触，如有抵触则无效。

3. 宪法具有严格的修改程序

宪法在内容上涉及国家的根本制度问题，在法律体系中具有最高的地位，因而在变动问题上更为慎重，它采取了比其他法律更加严格的修改程序。如，我国宪法的修改须由全国人大常委会或者五分之一以上的全国人大代表提议，并经全国人大代表三分之二以上的多数通过，而其他法律由全体代表的过半数通过即可。

二、宪法的基本原则

宪法基本原则是指宪法内容中必须遵循的基本准则和基本精神，以及宪法所要达到的社会目的。我国现行宪法的基本原则主要有以下四项：

（一）人民主权原则

人民主权原则，也称主权在民原则、权力属于人民原则，是指国家或政府的最高权力来源于和最终属于人民，并且这种来源是政府或国家权力合法化的依据和前提。

法国著名启蒙思想家卢梭于18世纪创立人民主权学说。认为原始社会人们为生活便利而订立契约组成国家,人们根据社会契约把全部权利让渡给国家,形成"共同意志"即公意。公意表现为国家最高权力,主权是全民公意的具体表现,因而主权属于全体人民。人民主权原则被美国《独立宣言》、法国《人权宣言》所确认,也成为各国宪法最一般的原则。我国现行《宪法》第2条明确规定:"中华人民共和国的一切权力属于人民。"

(二) 基本人权原则

所谓人权,是指宪法所规定的公民的基本权利。基本人权原则不仅是对公民基本权利的保护要求,更是民主政府的原则和基础。

被马克思称为世界上"第一个人权宣言"的1776年美国《独立宣言》,吸收了启蒙思想家的人权主张,是世界上最早宣布人权内容的宪法性文件:"人人生而平等。他们从自己的造物主那里被赋予了某些不可转让权利,其中包括生命权、自由权和追求幸福的权利。"法国《人权宣言》也宣称:"在权利方面,人们生来是而且始终是自由平等的。"

我国是一个发展中的社会主义国家,党和政府一贯致力于维护和保障人权。2004年第十届全国人大第二次会议通过的宪法修正案第24条明确规定:"国家尊重和保障人权。"人权保护正式写入宪法,成为一项明确的宪法原则。

(三) 权力制约原则

权力制约原则,是指国家权力按照职能进行划分,行使不同权力的机关之间相互监督、彼此牵制,以保障公民权利。

法国启蒙思想家孟德斯鸠的分权学说指出,把权力分为立法权、行政权和司法权,分别由议会、政府和法院行使。如果三权不分开,对人民来说,国家就会成为暴虐的压迫者。法国的《人权宣言》据此宣布:凡分权未确立的社会就没有宪法。美国宪法进一步确立了分权制衡的原则。分权原则遂成为西方各国一项普遍的宪法原则。

在资本主义国家的宪法中,权力制约原则主要表现为分权原则;在社会主义国家的宪法中,权力制约原则主要表现为监督原则,采用民主集中制的方式。

(四) 法治原则

法治原则,是指执政者按照民主原则把国家事务法律化、制度化,并严格依照法律来治理国家。其基本理念是强调平等,反对特权,注重公民权利的保障,反对政府滥用权力。

法治原则是宪法的根本要求,宪政本身就意味着法治。古希腊思想家柏拉图、亚里士多德等很早就提出法治的思想与理论,17世纪启蒙思想家在此基础上进一步发展了法治的理论。法国《人权宣言》正式确认了法治原则:"法律是公共意志的体现。全国公民都有权亲身或经由其代表去参与法律的制定。……在法律面前,所有的公民都是平等的……"法治原则成为西方各国一项重要的宪法原则。

我国现行1982年《宪法》第5条详细规定了"法治"原则,1999年第九届全国人大第二次会议修改宪法,在第5条中增加一款,作为第一款:"中华人民共和国实行依法治国,建设社会主义法治国家",在宪法上正式确立了法治原则。

三、宪法的制定和修改

1949年10月中华人民共和国成立后,全国人民代表大会总共制定颁布了四部宪法。

(一) 1954年宪法

1954年9月20日第一届全国人大第一次会议通过,这是中华人民共和国的第一部宪法,是在新中国成立前夕具有临时宪法作用的《共同纲领》基础上产生的,又是对《共同纲领》的发展。宪法以中国共产党提出的"党在过渡时期的总路线"作为国家的总任务,规定了国家制度、社会制度的基本原则和政策、公民权利、建设社会主义的目标、过渡时期总任务及实现总任务的方法步骤,为我国后来的民主建设与制度建设奠定了基础。

【观察】

毛泽东对宪法的起草工作非常重视,他不但担任了宪法起草委员会的主席,而且亲自挂帅,领导中共中央宪法起草小组进行宪法草案初稿的起草工作。在宪法起草过程中,毛泽东对历次宪法草稿都作了多次修改,写了不少批语。

1954年6月14日,中央人民政府委员会第三十次会议讨论通过了《宪法草案》和关于公布宪法草案的决议,要求广泛开展讨论,发动人民群众提出修改意见。一场全民大讨论以最快的速度在全国范围内展开。在大规模宣传的基础上,讨论持续了两个多月,参加讨论的人数达1.5亿之多。广大人民群众热烈拥护这个宪法草案,同时提出了很多修改和补充意见。据统计,前后共收到来自各方面的意见118万多条。宪法起草委员会据此对草案又作了修改。当时有些人提议将这部宪法命名为"毛泽东宪法",但被毛泽东拒绝了,认为这样写不科学。

9月15日,第一届全国人民代表大会第一次会议隆重开幕。刘少奇代表宪法起草委员会向大会作了《关于中华人民共和国宪法草案的报告》,并就宪法草案的基本内容及全民讨论情况作了说明。全体代表对宪法草案进行了认真的、充分的讨论。9月20日,大会以无记名投票的方式通过中国人民的根本大法——《中华人民共和国宪法》。新中国第一部宪法就此正式诞生。[①]

(二) 1975年宪法

1975年1月17日第四届全国人大第一次会议通过。这部宪法是中华人民共和国的第二部宪法,诞生于"文化大革命"后期,是在"以阶级斗争为纲"、"无产阶级专政条件下继续革命"等"极左"思想指导下形成的,是一部内容上有严重缺陷的宪法。

(三) 1978年宪法

1978年3月5日第五届全国人大第一次会议通过。这部宪法是中华人民共和国的第三部宪法,增加了"全国人民在新的历史时期建设农业、工业、国防和科学技术现代化的伟大的社会主义强国"的总任务,强调了发扬社会主义民主,保障人民参加民主管理,恢复了检察机关的设置,增添了公民的一些权利自由,一定程度上纠正了1975年宪法的左倾倾向,但没有完全摆脱极左思想的束缚,仍然存在许多缺陷。

(四) 1982年宪法

1. 宪法的制定

1982年12月4日第五届全国人大第五次会议通过。1982年宪法是中华人民共和国的第四部宪法,继承和发展了1954年宪法的基本原则,充分尊重和保护公民权利与自由,建设中国特色的政治制度和民主法治国家,维护国家统一和民族团结,促进经济体制和政治体制改革,是一部适应社会主义现代化建设需要的中国特色的根本大法,也是中华人民共和国的现行宪法。

[①] 参考穆兆勇:《新中国第一部宪法的诞生》,载《南方周末》2003年8月21日。

2. 宪法的结构体系

(1) 宪法序言,具体内容包括四项:一是简述国家的斗争历史和 20 世纪以来具有重大历史意义的大事;二是规定社会主义初级阶段国家的根本任务;三是确认四项基本原则和改革开放;四是强调宪法的地位与作用。共计 1 000 余字。

(2) 宪法正文,包括:总纲;公民的基本权利与义务;国家机构;国旗、国徽、首都。共计 138 条。

(3) 宪法修正案,全国人民代表大会对现行宪法进行了四次修改,分别是 1988 年修正案、1993 年修正案、1999 年修正案、2004 年修正案,共计 31 条。

3. 宪法的修改

1982 年宪法公布实施后,中国现代化建设和改革开放使社会生活和政治生活发生巨大变化,为使宪法反映国家的深刻变化,全国人大先后四次以宪法修正案的形式对 1982 年宪法进行了修改和补充,具体情形如下。

(1) 1988 年 4 月 12 日,第七届全国人大一次会议通过了两条宪法修正案,对私营经济的地位、作用和国家对私营经济政策作了明确规定;对土地使用转让的问题作了补充规定。这是中国第一次采用宪法修正案的形式修改宪法。

(2) 1993 年 3 月 29 日,第八届全国人大第一次会议通过了 9 条宪法修正案。将"社会主义初级阶段"、"建设有中国特色的社会主义的理论"、"坚持改革开放"及"中国共产党领导的多党合作和政治协商制度"等写入了宪法;将"国营经济"修改为"国有经济";删除"人民公社、农业生产合作社",修改为"农村中的家庭联产承包为主的责任制";将"计划经济"修改为"国家实行社会主义市场经济";将"国营企业"改为"国有企业"。修正案还涉及政协制度、县市级人民代表大会任期等内容。

(3) 1999 年 3 月 15 日,第九届全国人大第二次会议通过了 6 条宪法修正案,把邓小平理论的指导思想地位、依法治国的基本方略、国家现阶段的基本经济制度和分配制度以及非公有制经济的重要作用等写进了宪法修正案,并把"反革命罪"改为"危害国家安全的犯罪"。

(4) 2004 年 3 月 14 日,第十届全国人大第二次会议通过宪法修正案,对原宪法作了十余处的修改。宪法修正案确立"三个代表"重要思想在国家政治和社会生活中的指导地位;增加推动物质文明、政治文明和精神文明协调发展的内容;在统一战线的构成中增加"社会主义事业的建设者";完善土地征用制度;完善对私有财产保护的规定;增加建立健全社会保障制度的规定;增加尊重和保障人权的规定;完善全国人民代表大会组成的规定;取消戒严制度代之以"紧急状态";规定国家主席进行国事活动的职权;修改地方各级人大的任期;增加"中华人民共和国国歌是《义勇军进行曲》"的规定等。

【观察】

2012 年 12 月 4 日下午首都各界在人民大会堂集会,隆重纪念中华人民共和国现行宪法公布施行 30 周年。

中共中央总书记、国家主席、中央军委主席习近平在大会上发表重要讲话。他指出,宪法是国家的根本法,是治国安邦的总章程,具有最高的法律地位、法律权威、法律效力,具有根本性、全局性、稳定性、长期性。宪法与国家前途、人民命运息息相关。维护宪法权威,就是维护党和人民共同意志的权威。捍卫宪法尊严,就是捍卫党和人民共同意志的尊严。保证宪法实施,就是保证人民根本利益的实现。宪法的生命在于实施,宪法的权威也在于实施。全面贯彻实施宪法,是建设社会主义法治国家的首要任务和基础性工作。任何组织或者个人,都不得有超越宪法和法律的特权。一切违反宪法和法律的行为,都必须予以追究。

四、宪法的实施

(一)宪法实施的概念

宪法实施是指宪法制定颁布后,宪法原则以及文本当中规定的具体内容在社会现实生活中得到执行、适用和遵守,产生真实的效果。具体包括宪法的执行、适用和遵守。宪法的执行是指宪法所授权的权力机关依据宪法行使职权或履行义务的行为活动。宪法的适用是指享有宪法审判权的机关直接依据宪法解决宪法争端,并给予裁判结果的专门活动。宪法的遵守是指国家机关、社会团体以及公民个人遵守宪法,依据宪法行使权力、履行义务。[1]

(二)监督宪法的实施

宪法是规范政府权力、保障公民权利的国家根本大法,唯有不折不扣的实施宪法,才能树立宪法至上的观念,确保宪法至高的权威。正如习近平总书记所说,宪法的生命在于实施,宪法的权威也在于实施。"徒法不足于自行",因此,有了宪法还必须监督其实施,建立有效的宪法监督制度。

1. 宪法监督的概念

宪法监督,指为保障宪法实施,由具有宪法监督职权的特定国家机关,依照宪法规定的程序,对国家机关及其工作人员的行为是否符合宪法进行审查,并对违反宪法的行为加以纠正或制裁的专门活动。

2. 宪法监督的主要内容

(1)审查法律法规及法律性文件的合宪性;(2)审查国家机关及其工作人员行为的合宪性;(3)审查各政党、社会组织和公民行为的合宪性。

3. 宪法监督的主要模式

(1)立法机关监督。立法机关监督即由国家最高立法机关通过立法程序监督宪法的实施。也就是当国家最高立法机关发现有违宪的法律、法规或规章时,可以对其进行修改或废除。该模式源于英国,同"议会至上"的思想和传统有关,立法机关的权力应当高于行政机关和司法机关,因此议会有权制定法律,有权解释法律,有权监督法律的实施。

(2)司法机关监督。司法机关监督即由普通法院通过司法程序监督宪法的实施。该模式首创于美国,1803年联邦最高法院首席大法官马歇尔通过审理"马伯里诉麦迪逊"一案明确宣布,违宪的法律不是法律,阐明法律的意义乃是法院的职权。从而开创了由司法机关审查国会法律是否违宪的先例,建立了美国的宪法监督制度——司法审查制。美国的司法审查制对各国的宪法发展产生了巨大影响,加拿大、澳大利亚、日本等具有英美法律传统的国家纷纷效仿。

---

[1] 甘超英、傅思明、魏定仁编著:《宪法学》,北京大学出版社2011年版,第470页。

【案例】

1801年美国总统亚当斯在其任期的最后一天午夜,突击任命了42位治安法官,但其中16人的任命状未能及时送达。继任的总统杰弗逊让国务卿麦迪逊将这16份委任状统统扔掉。其中,一位因此而没能当上法官名叫马伯里的人,提起了对麦迪逊的诉讼。

马伯里依据《1789年司法条例》"联邦最高法院在法律原则和惯例保证的案件中,有权向任何在合众国的权威下被任命的法庭或公职官员下达执行令状"的规定,要求最高法院下达执行令,命令麦迪逊按法律程序交出委任状,以便自己能走马上任。

【分析】

"马伯里诉麦迪逊"一案实际上使马歇尔大法官陷入了一种左右为难的困境。如果马歇尔正式签发一项执行令,命令麦迪逊按照法律程序发出委任状却又被置之不理;如果马歇尔拒绝受理马伯里合理的诉讼要求,那就等于承认最高法院无法挑战行政高官目无法纪的举动。这两种情形都会进一步削弱最高法院的司法权威。

审理该案的大法官马歇尔,运用高超的法律技巧和智慧,避开与行政当局和国会的直接冲突,直接判决该案中原告马伯里所援引的《1789年司法条例》第13款因违宪而无效,马伯里诉麦迪逊一案遂被撤销,从而解决了此案。这是美国联邦最高法院历史上第一次宣布联邦法律违宪,由此确立了美国最高法院有权解释宪法、裁定政府行为和国会立法行为是否违宪的制度,奠定了近代司法权的真正权威,也开创了世界范围内司法审查的先河。

(3) 专门机关监督。专门机关审查即由专门设立的机关——宪法法院或者宪法委员会监督宪法的实施。该模式最早源于法国,1799年法国宪法设立护法元老院作为"宪法守护者",有权撤销违宪的法律。1920年奥地利首创宪法法院。"二战"后,大陆法系国家认为,需要打破国家权力的传统分类,去寻找一种凌驾于行政权、立法权和司法权之上的新的制衡力量即第四种权力,负责监督前三种权力,以确保其在宪法的范围内运行。于是许多国家设立了宪法法院,少数国家称宪法委员会。其最基本的职权就是违宪审查。行使职权的方式是:一是依照法定程序,对某项法律、命令进行原则审查,确定其是否符合宪法;二是在发生具体案件之后,对法律、命令的合宪性等进行审查。

4. 我国宪法监督制度

(1) 宪法监督的基础。《宪法》序言确认了宪法的最高地位和最高效力;《宪法》正文中规定一切法律、行政法规和地方性法规都不得同宪法相抵触。这是我国实施宪法监督的基础和依据。

(2) 宪法监督的主体。《宪法》规定,全国人民代表大会常务委员会监督宪法的实施。但是,全国人民代表大会认为常务委员会监督不力或不当时,对监督事项有最高决定权。

(3) 协助宪法监督的机构。全国人民代表大会各专门委员会在最高国家权力机关行使监督宪法实施权力的过程中发挥具体作用,负责审议人大常委会交付的被认为同宪法相抵触的行政法规、决定、规章等,并提出报告。

【观察】

2003年3月17日晚,任职于广州某公司的湖北青年孙志刚在前往网吧的路上,因缺少暂住证,也未带身份证,被警察送至广州市"三无"人员(即无身份证、无暂居证、无用工证明的外来人员)收容遣送中转站收容。次日,送往一家收容人员救治站。因受到野蛮殴打,孙志刚于3月20日死于这家收容人员救治站。

由于此次受害者身亡,并且其身份是大学生,因而产生极大影响。许多媒体详细报道了这一事件,并曝光了许多同一性质的案件,在社会上掀起了对收容遣送制度的大讨论。先后有8名学者上书全国人大,认为《城市流浪乞讨人员收容遣送办法》中限制公民人身自由的规定,与中国宪法和有关法律相抵触,要求就此对收容遣送制度进行违宪审查。

全国人大及其常委会在"孙志刚事件"发生及学者上书后,并未给予任何形式的回应。同年6月22日,由中华人民共和国国务院总理温家宝签署国务院令,经国务院第12次常务会议通过的《城市生活无着的流浪乞讨人员救助管理办法》正式公布,并于2003年8月1日起施行。1982年5月12日国务院发布的《城市流浪乞讨人员收容遣送办法》同时废止,收容遣送制度遂告废除。

第二节　国家基本制度

一、中国共产党领导的多党合作与政治协商制度

（一）政党制度

根据1993年宪法修正案,我国的政党制度第一次明确写入宪法,现行宪法确认了中国共产党的领导地位。中国共产党掌握中国国家政治的领导权,在宪法序言和宪法条文中具体体现为:(1) 对国家生活的全面领导,即"中国各族人民将继续在中国共产党领导下……把我国建设成为富强、民主、文明的社会主义国家";(2) 对统一战线的领导,即"在长期的革命和建设中,已经结成由中国共产党领导的,有各民主党派和各人民团体参加的……爱国统一战线";(3) 对政党制度的领导,即"中国共产党领导的多党合作和政治协商制度将长期存在和发展"。中国共产党领导的多党合作制度是指:中国共产党是社会主义事业的领导核心,是执政党;各政党是接受共产党的领导,与共产党通力合作,共同致力于社会主义事业的参政党;"长期共存,互相监督,肝胆相照,荣辱与共"是多党合作的基本方针;坚持中国共产党的领导,坚持四项基本原则,是中国共产党与各民主党派合作的政治基础;(4) 其他体现共产党领导的相关规定。

【观察】

中国当代政治生活中的民主党派,包括8个政党:中国国民党革命委员会、中国民主同盟、中国民主建国会、中国民主促进会、中国农工民主党、中国致公党、九三学社、台湾民主自治同盟。

（二）政协制度

(1) 政协的定义。中国人民政治协商会议简称人民政协,是中国人民爱国统一战线的组织,是中国共产党领导的多党合作和政治协商的重要机构。

(2) 政协的组成。人民政协由中国共产党、各民主党派、无党派民主人士、人民团体、各民族和各界的代表,台湾同胞、港澳同胞、归国侨胞的代表及特别邀请的人士组成。

(3) 政协的任务和作用。人民政协是为各参政党、人民团体和个人等协商主体与执政党进行政治协商、民主监督和参政议政等民主政治生活的活动场所。

二、经济制度

（一）经济制度概述

经济制度是指一国通过宪法和法律调整以生产资料所有制形式为核心的各种基本经济关系的规则、原则和政策的总称。

经济制度是宪法的基础，宪法的基本功能之一就是确认和保护经济制度。现行宪法第6条到第18条全面规定了我国社会主义经济制度的内容和实现社会主义现代化建设的一系列基本国策。

（二）所有权制度

我国目前处于社会主义初级阶段，坚持以社会主义公有制经济为主体的前提下，还必须充分发挥非公有制经济的积极作用。现行宪法规定，我国社会主义经济制度的基础是生产资料的社会主义公有制，即全民所有制和劳动群众集体所有制。国家保护个体经济、私营经济等非公有制经济的合法的权利和利益。国家鼓励、支持和引导非公有制经济的发展，并对非公有制经济依法实行监督和管理。

（三）分配方式

现行宪法规定，在分配方式上我国实行按劳分配为主体、多种分配方式并存的分配制度。除按劳分配外，允许按照资本、技术、土地、劳动等生产要素进行分配。

（四）对财产权的宪法保护

现行宪法规定，社会主义的公共财产神圣不可侵犯，国家保护社会主义的公共财产。禁止任何组织或者个人用任何手段侵占或者破坏国家的和集体的财产。

现行宪法规定，公民的合法的私有财产不受侵犯。国家依照法律保护公民的私有财产权和继承权。国家为了公共利益的需要，可以依照法律规定对公民的私有财产实行征收或者征用并给予补偿。

（五）我国经济建设的指导思想、目的、方针和途径

现行宪法规定，我国社会主义经济建设的指导思想是中国特色的社会主义理论；目的是逐步提高各族人民的物质和文化生活水平；基本方针是通过经济体制改革和其他的配套改革，吸收先进的科研成果，以解放和发展生产力；途径是国家实行社会主义市场经济，实现企业的经营管理自主权，实行企业的民主管理。

三、文化制度

1. 教育科学文化建设

现行宪法第19—22条对教育科学文化建设做出了规定。具体包括发展社会主义教育事业，发展社会主义科学事业，发展卫生事业和体育事业，发展文学艺术和其他文化事业。

2. 思想道德建设

现行宪法第24条规定，国家通过普及理想教育、道德教育、文化教育、纪律和法制教育，通过在城乡不同范围的群众中制定和执行各种守则、公约，加强社会主义精神文明的建设；国家提倡爱祖国、爱人民、爱劳动、爱科学、爱社会主义的公德，在人民中进行爱国主义、集体主义和国际主义的教育，进行辩证唯物主义和历史唯物主义的教育，反对资本主义、封建主义的和其他的腐朽思想。

四、人民代表大会制度

人民代表大会制度是我国的根本政治制度,也是我国适宜的政权组织形式。根据现行宪法第2条、第3条的规定,人民代表大会制度是指:中华人民共和国的一切权力属于人民;人民在民主普选的基础上选举代表,组成全国人民代表大会和地方各级人民代表大会,各级人大常务委员会向本级人大负责,人民代表大会向人民负责受人民监督;全国人民代表大会和地方各级人民代表大会是人民行使国家权力的机关,其他国家行政机关、审判机关、检察机关从属于人民代表大会,由人民代表大会产生,受人民代表大会监督,对人民代表大会负责。

五、选举制度

(一)选举制度的概念

选举制度是通过法律规定的关于选举国家代表机关的代表和国家公职人员的原则、程序与方法等各项制度的总称。选举制度是衡量一个国家政治民主程度的重要标志,主要内容包括选举的基本原则、选举权的确定、选举的组织和程序、选民和代表的关系、对破坏选举行为的认定与制裁等。

(二)选举制度的基本原则

(1)选举权的普遍性原则。根据我国宪法和选举法的规定,选举权的普遍性原则是指凡年满18周岁的中华人民共和国公民,除依法被剥夺政治权利者之外,不分民族、种族、性别、职业、家庭出身、宗教信仰、教育程度、财产状况和居住期限,都享有选举权和被选举权。

(2)选举权的平等性原则。选举权的平等性原则是"公民在法律面前一律平等"原则在选举制度中的体现,具体是指,选民在平等的基础上参加选举,每个选民在一次选举中只有一个投票权,每张选票的效力相等。

(3)直接选举和间接选举并用原则。直接选举是指由选民直接投票选举国家代表机关代表和国家公职人员的选举。间接选举则是由选民先选出代表或选举人,再由代表或选举人投票选举上一级代表机关或其他公职人员的选举。我国目前采取的是直接选举和间接选举并用的原则,县级以下的基层人大采取直接选举的方式产生代表,而县级以上的人民代表大会则采取间接选举的方式。

(4)无记名投票原则。无记名投票是指选民不署自己的姓名,亲自书写选票并投入密封票箱的一种投票方式。我国《选举法》规定,全国和地方各级人民代表大会代表的选举,一律采用无记名投票的方法。作为这一原则的补充还规定,一是选民对选票上所列候选人均不满意时,可以自由地写下其他候选人或任何人的姓名,作为自己的选择;二是必要时可要求他人代为写票和投票。

(5)选举的保障原则。我国《选举法》规定对选民行使选举权给予物质上和法律上的保障。就物质保障而言,全国和地方各级人民代表大会代表的选举经费,列入财政预算,由国库开支。就法律保障而言,凡破坏选举,违反治安管理规定的,依法给予治安管理处罚;构成犯罪的,依法追究刑事责任。

(三)选举程序

我国《选举法》详细规定了选举的程序,具体包括:选举的组织,选区划分,选民登记,代表候选人的产生,代表的产生,代表的罢免、辞职和补选。

【案例】

范某32岁,某村村民,由于情感问题致其患上精神疾病,病情时好时坏,情绪很不稳定。2013年年初,该村进行选民登记,在公布选民名单时,范某的家人强烈要求将范某列入选民名单,理由是其已经年满18周岁。请问:范某享有选举权吗?

【分析】

我国《宪法》第34条规定:"中华人民共和国年满十八周岁的公民,不分民族、种族、性别、职业、家庭出身、宗教信仰、教育程度、财产状况、居住期限,都有选举权和被选举权;但是依照法律被剥夺政治权利的人除外。"我国《选举法》第26条规定:"精神病患者不能行使选举权利的,经选举委员会确认,不列入选民名单。"

据此,选举权和被选举权是宪法赋予每个公民的一项基本权利,只要没有被依法剥夺政治权利,就享有选举权和被选举权。精神病患者也享有选举权,但能否真正参加选举则依其病情确定。范某虽然是精神病患者,依然享有选举权和被选举权。但是,如果病情严重难以行使选举权,经由选举委员会确认,可不列入选民名单。

六、国家结构制度

(一)国家结构形式概述

1. 国家结构形式的概念

国家结构形式是指一个国家的整体与其组成部分之间,中央和地方之间的相互关系。国家结构形式是国家制度的重要内容之一,所要解决的问题就是如何划分国家的领土,以及划分之后如何规范国家整体和组成部分、中央和地方之间的权限问题,是确立行政区划的重要基础。

2. 国家结构形式的分类

国家结构形式一般分为单一制和复合制两种。所谓单一制,就是由若干普通的行政区域或自治区域构成的统一主权国家。所谓复合制,是指由两个或多个成员国联合组成的联盟国家或国家联盟。

(二)我国的国家结构制度

(1)单一制。现行《宪法》指出,中华人民共和国是全国各族人民共同缔造的统一的多民族的国家;各民族自治地方都是中华人民共和国不可分离的部分。因此,我国的国家结构形式是统一的多民族的单一制国家。

(2)行政区划。行政区划,是指国家按照一定的原则和程序将全国领土划分成若干不同层次的区域,建立相应的各级国家机关进行行政管理,以实现国家管理职能的法律制度。根据宪法的规定,我国的行政区划基本上是三级制,省(自治区、直辖市)、县(自治县、县级市)、乡(民族乡、镇);在设立自治州和实行市管县的地方是四级建制;国家在必要时得设立特别行政区。

(3)民族区域自治。作为解决我国民族问题的一项基本政策,民族区域自治制度是指在统一的祖国大家庭内,在国家的统一领导下,以少数民族聚居区为基础实行区域自治,设立自治机关行使自治权,自主地管理本民族内部事务的一种政治形式。已建立的五个自治区,为内蒙古自治区、新疆维吾尔自治区、宁夏回族自治区、广西壮族自治区、西藏自治区。

(4)特别行政区。为解决香港澳门问题,国家设立了香港特别行政区和澳门特别行政区,这是我国宪法史上的一大创举,充分体现了"一国两制"的基本方针。特别行政区,是指在我国版图内,根据宪法和基本法的规定设立的具有特殊法律地位、实行特别社会政治经济制度、享有高度自治权的行政区域。《香港基本法》和《澳门基本法》都规定,在特别行政区不实行社会主义制度和政策,保持原有的资本主义制度和生活方式50年不变。

【观察】

《香港基本法》对中央行使的职权和香港特别行政区的自治权作了明确规定。中央对香港特别行政区有如下职权:负责管理与香港特别行政区有关的外交事务;负责管理香港特区的防务;任命行政长官和主要官员;决定香港特别行政区进入紧急状态;解释基本法;修改基本法。

香港特别行政区享有的自治权包括:行政管理权、立法权、独立的司法权和终审权;中央人民政府授权香港特别行政区依照基本法自行处理的有关对外事务的权力;可享有全国人大和全国人大常委会及中央人民政府授予的其他权力。

第三节 公民的基本权利和义务

一、公民的基本权利

公民的基本权利也称宪法权利,是指由宪法规定的公民享有的主要的、必不可少的权利。

(一) 平等权

平等权是指公民依法平等地享有权利和履行义务,不受任何差别对待,要求国家给予同等保护的权利。平等权是我国公民的一项基本权利,是公民其他一切权利实现的基础,也是我国社会主义法治的一个基本原则。

我国宪法规定"中华人民共和国公民在法律面前一律平等",基本含义为:(1) 任何公民不分民族、种族、性别、职业、家庭出身、宗教信仰、教育程度、财产状况、居住期限,都一律平等地享有宪法和法律规定的权利,也都平等地履行宪法和法律规定的义务;(2) 任何人的合法权利都一律平等地受到保护,任何人的违法行为一律依法予以追究,绝不允许任何违法犯罪分子逍遥法外;(3) 任何人不得强制任何公民承担法律以外的义务,不得使公民受到法律以外的处罚。

【观察】

2013年9月22日,山东省济南市中级人民法院对原政治局委员、重庆市委书记薄熙来受贿、贪污、滥用职权案作出一审判决。法院判处薄熙来无期徒刑,剥夺政治权利终身,并处没收个人全部财产。薄熙来提出上诉后,山东省高级人民法院二审裁定驳回上诉,维持一审原判。

薄熙来案的依法审理,对"公民在法律面前一律平等"原则的实施具有标本意义,表明了党和国家依法惩治腐败的坚定决心,展示了反腐败既要打苍蝇又要打老虎的实际行动。

（二）政治权利和自由

政治权利和自由是公民作为国家政治主体而依法享有的参加国家政治生活的权利和自由。公民享有的这项极其重要的基本权利具体内容如下。

（1）选举权与被选举权。选举权与被选举权，是指公民享有选举和被选举为国家机关的代表或国家公职人员，参与国家及社会组织与管理活动的权利。宪法规定，我国年满18周岁的公民，除依法被剥夺政治权利的人之外，都有选举权和被选举权。

（2）政治自由。政治自由，是指公民表达自己政治意愿的自由，通常表现为言论、出版、集会、结社、游行、示威的自由。这六项自由既是公民重要的民主权利，也是公民参与国家政治生活的具体方式，当然要在法律规定的范围内来行使。

（3）监督权和获得赔偿权。监督权是宪法赋予公民监督国家机关及其工作人员的活动的权利，是公民作为国家管理活动的相对方对抗国家机关及其工作人员违法失职行为的权利，包括批评建议权、控告检举权和申诉权。获得赔偿权是指公民的合法权益因国家机关或者国家机关工作人员违法行使职权而受到侵害的，公民有要求国家赔偿的权利。

【观察】

《国家赔偿法》规定："侵犯公民人身自由的，每日赔偿金按照国家上年度职工日平均工资计算。"国家统计局2014年5月27日公布，2013年城镇非私营单位在岗职工年平均工资（即原"全国在岗职工年平均工资"）数额为52 379元，比上年增加4 786元；日平均工资为200.69元，比上年增加18.34元。

最高人民法院于同日下发通知，公布了2014年因国家赔偿涉及的侵犯公民人身自由权赔偿标准的具体数额为每日200.69元，要求各级人民法院在审理国家赔偿案件时按照上述标准执行。

（三）宗教信仰自由

宗教信仰自由，是指公民依据内心的信念自愿地信仰宗教的自由。我国宪法规定："中华人民共和国公民有宗教信仰自由。"其含义包括：公民有信教或者不信教的自由，有信仰这种宗教或者那种宗教的自由，有信仰同宗教中的这个教派或那个教派的自由，有过去信教现在不信教或者过去不信教而现在信教的自由。

国家保护正常的宗教活动。任何人不得利用宗教进行破坏社会秩序、损害公民身体健康、妨碍国家教育制度的活动。宗教团体和宗教事务不受外国势力的支配。

（四）人身自由权利

人身自由权是指公民在法律范围内有独立行为而不受他人干涉，不受非法逮捕、拘禁，不被非法剥夺、限制自由及非法搜查身体的自由权利。具体内容包括：（1）公民的人身自由不受侵犯。任何公民，非经人民检察院批准或者决定或者人民法院决定，并由公安机关执行，不受逮捕。禁止非法拘禁和以其他方法非法剥夺或者限制公民的人身自由，禁止非法搜查公民的身体。（2）公民的人格尊严不受侵犯。禁止用任何方法对公民进行侮辱、诽谤和诬告陷害。（3）公民的住宅不受侵犯。禁止非法搜查或者非法侵入公民的住宅。（4）公民的通信自由和通信秘密受法律保护。除因国家安全或者追查刑事犯罪的需要，由公安机关或者检察机关依照法律规定的程序对通信进行检查外，任何组织或者个人不得以任何理由侵犯公民的通信自由和通信秘密。

【观察】

2010年5月9日,河南省高级人民法院召开新闻发布会,向社会通报赵作海案件的再审情况,认定赵作海故意杀人案系一起错案,宣告赵作海无罪。

2002年赵作海因"杀害"同村人赵振裳而被判处死刑缓期两年执行,在监狱服刑多年之后,"被害人"赵振裳于2010年4月30日突然回家,致使这起冤案浮出水面。赵作海被河南省高级人民法院宣告无罪释放,同时启动责任追究机制。2010年5月17日,赵作海领到了国家赔偿金和困难补助费65万元。

(五)社会经济权利

社会经济权利是指公民根据宪法规定享有的具有物质经济利益的权利,是公民实现基本权利的物质基础。

(1)财产权。宪法第13条规定:"公民的合法的私有财产不受侵犯。国家依照法律规定保护公民的私有财产权和继承权。"

(2)劳动权。宪法第42条规定:"中华人民共和国公民有劳动的权利和义务。"国家应该积极创造条件,为公民享有劳动权利提供保障。即国家通过各种途径,创造劳动就业条件,加强劳动就业训练,改善劳动条件,在发展生产的基础上,提高劳动报酬和福利待遇。

(3)劳动者休息的权利。宪法第43条规定:"中华人民共和国劳动者有休息的权利。"休息权是劳动者在享受劳动权的过程中,为保护身体健康,提高劳动效率,依法享有的休息和休养的权利。国家发展劳动者休息和休养的设施,规定职工的工作时间和休假制度,对劳动者的休息权予以保障。

(4)获得物质帮助的权利。中华人民共和国公民在年老、疾病或者丧失劳动能力的情况下,有从国家和社会获得物质帮助的权利。为此,国家积极发展社会保险、社会救济和医疗卫生事业。

(六)文化教育权利

文化教育权利是公民在教育和文化领域享有的权利和自由。宪法第46条规定:"中华人民共和国公民有受教育的权利和义务。"第47条规定:"中华人民共和国公民有进行科学研究、文学艺术创作和其他文化活动的自由。"国家对于从事教育、科学、技术、文学、艺术和其他文化事业的公民的创造性工作,给以鼓励和帮助。

(七)特定人的权利

宪法对一切公民应普遍享有的权利和自由作出全面的明确的规定之外,还对具有特定情形的公民给予特别保护。具体包括:(1)保障妇女的权利。妇女在政治、经济、文化、社会和家庭生活等方面享有同男子平等的权利。(2)保障退休人员和军烈属的权利。(3)保护婚姻、家庭、母亲、老人和儿童。(4)关怀儿童和青少年的成长。(5)保护华侨的正当权利,保护归侨和侨眷的合法权利。

二、公民的基本义务

公民的基本义务也称宪法义务,是指由宪法规定的公民必须遵守和应尽的根本责任。具体包括:(1)维护国家统一和民族团结;(2)遵守宪法和法律,保守国家秘密,爱护公共财产,遵守劳动纪律,遵守公共秩序,尊重社会公德;(3)维护国家的安全、荣誉和利益;(4)保卫祖国,抵抗侵略,依照法律服兵役和参加民兵组织;(5)依法纳税;(6)其他基本义务。

第四节 国家机关

一、全国人民代表大会及其常务委员会

(一) 全国人民代表大会

1. 全国人民代表大会的性质和地位

全国人民代表大会是我国最高权力机关,也是国家的立法机关,在整个国家机关体系中处于核心中枢地位。

2. 全国人民代表大会的组成和任期

全国人民代表大会由省、自治区、直辖市、特别行政区和军队选出的代表组成,代表名额不超过3 000人。全国人民代表大会每届任期5年。

3. 全国人民代表大会的职权

全国人民代表大会的职权:修改宪法、监督宪法实施;制定和修改基本法律;选举、决定和罢免国家机关的重要领导人;决定国家重大问题;最高监督权,有权监督由其产生的其他国家机关的工作;其他应当由它行使的职权。

(二) 全国人民代表大会常务委员会

1. 全国人民代表大会常务委员会的性质和地位

全国人民代表大会常务委员会是全国人民代表大会的常设机关,是国家最高权力机关的组成部分,也是行使国家立法权的机关,对全国人民代表大会负责并报告工作。

2. 全国人民代表大会常务委员会的组成和任期

全国人民代表大会常务委员会由全国人民代表大会选举委员长1人、副委员长若干人、秘书长1人和委员若干人组成,全国人大每届第一次会议选举产生,常委会的组成人员必须是全国人大代表,并应有适当名额的少数民族代表。全国人大常委会每届任期5年,行使职权到下届全国人大选出新的常委会为止,其组成人员可连选连任,但委员长和副委员长的任职不得超过两届。全国人大常委会的组成人员不得担任国家行政机关、审判机关和监察机关的职务。

3. 全国人民代表大会常务委员会的职权

其职权包括:解释宪法、监督宪法实施;根据宪法的规定行使立法权;解释法律;审查和监督行政法规、地方性法规的合宪性和合法性;对国民经济和社会发展计划以及国家预算部分调整方案的审批权;监督国家机关的工作;决定、任免国家机关领导人;国家生活中其他重要事项的决定权;全国人民代表大会授予的其他职权。

(三) 全国人民代表大会各委员会

全国人民代表大会成立常设性委员会和临时性委员会。常设性委员会为专门委员会,设有9个,包括民族委员会、法律委员会、财政经济委员会、教育科学文化卫生委员会、外事委员会、华侨委员会、内务司法委员会、环境与资源保护委员会、农村与农业委员会。根据需要还可以设立其他专门委员会,如国土资源委员会等。临时性委员会是按工作需要临时组成的委员会,特定工作完成后,即不再存在。

(四) 全国人民代表大会代表

1. 代表的权利

出席本级人民代表大会会议,参加审议各项议案、报告和其他议题,发表意见;依法联名提出

议案、质询案、罢免案等；提出对各方面工作的建议、批评和意见；参加本级人民代表大会的各项选举；参加本级人民代表大会的各项表决；获得依法执行代表职务所需的信息和各项保障；法律规定的其他权利。

2. 代表的义务

模范地遵守宪法和法律，保守国家秘密，在自己参加的生产、工作和社会活动中，协助宪法和法律的实施；按时出席本级人民代表大会会议，认真审议各项议案、报告和其他议题，发表意见，做好会议期间的各项工作；积极参加统一组织的视察、专题调研、执法检查等履职活动；加强履职学习和调查研究，不断提高执行代表职务的能力；与原选区选民或者原选举单位和人民群众保持密切联系，听取和反映他们的意见和要求，努力为人民服务；自觉遵守社会公德，廉洁自律，公道正派，勤勉尽责；法律规定的其他义务。

【图例】

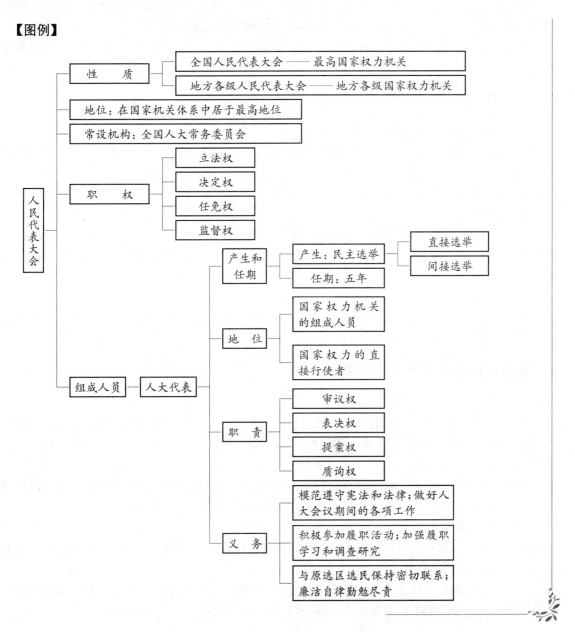

二、国家主席

国家主席作为我国的国家元首,是国家的象征,属于国家最高权力机关的重要组成部分。中华人民共和国主席同全国人大常委会结合行使国家元首的职权,即常委会做出决定、国家主席加以公布。国家主席的具体职权包括:公布法律,发布命令;任免国务院的组成人员和驻外全权代表;外交权;授予荣誉权。

国家主席、副主席由全国人民代表大会选举产生,有选举权和被选举权的年满45周岁的中华人民共和国公民有候选资格,国家主席、副主席每届任期5年,连续任职不得超过两届。

三、中央军事委员会

中央军事委员会是国家最高军事领导机关,领导全国武装力量,对全国武装力量负有领导权、决策权和指挥权。履行巩固国防、抵抗侵略、保卫祖国的职责。

全国人民代表大会产生中央军事委员会。中央军事委员会由主席、副主席若干人、委员若干人组成,每届任期5年,实行主席负责制,向全国人民代表大会负责。

四、国务院

(一)国务院的性质地位

国务院即中央人民政府,是国家最高权力机关的执行机关,是最高行政机关。由全国人民代表大会选举产生,受全国人民代表大会监督,对全国人民代表大会负责并报告工作。在全国人民代表大会闭会期间,向全国人民代表大会常务委员会负责并报告工作。

(二)国务院的组成和任期

国务院由总理、副总理若干人、国务委员若干人、各部部长、各委员会主任、审计长、秘书长组成,实行总理负责制。国务院每届任期5年,总理、副总理、国务委员连续任职不得超过两届。

(三)国务院的职权

行政法规的制定和发布权;提出议案权;行政管理和行政领导权;监督权;全国人民代表大会及其常务委员会授予的其他职权。

五、地方人民代表大会和人民政府

(一)地方各级人民代表大会

地方各级人民代表大会是地方国家权力机关,每届任期5年。同级人民代表大会是该地方的国家权力机关,决定本行政区域内的重大事项,本级的国家行政机关、审判机关、检察机关由它产生,受它监督,对它负责。

地方各级人民代表大会由直接选举或间接选举的人民代表组成,具体职权是:地方性法规的制定权;地方重大事项的决定权;选举、罢免权;监督权;其他方面的职权。

(二)地方各级人民政府

地方各级人民政府是地方各级人民代表大会的执行机关,也是地方各级国家行政机关,每届任期5年,实行首长负责制。

作为地方各级人民代表大会的执行机关,地方各级人民政府必须贯彻执行本级人民代表大会及其常务委员会所制定的地方性法规和通过的决议,对其负责并报告工作。

作为地方行政机关,地方各级人民政府必须贯彻执行上级行政机关的决定和命令,对其负责并报告工作。同时,各级人民政府都必须服从国务院的统一领导。

六、人民法院和人民检察院

(一)人民法院

人民法院是国家的审判机关,行使国家审判权。

我国的人民法院组织系统由最高人民法院、地方各级人民法院和海事法院等专门人民法院组成。最高人民法院是最高国家审判机关;地方各级人民法院分为高级人民法院、中级人民法院、基层人民法院。系统内上下级法院之间是监督与被监督的工作关系。

最高人民法院院长由全国人民代表大会选举产生,每届任期5年,连续任职不得超过两届。最高人民法院对全国人大及其常委会负责,地方各级人民法院对产生它的国家权力机关负责。

(二)人民检察院

人民检察院是国家的法律监督机关,行使国家的检察权。

我国的人民检察院组织系统由最高人民检察院、地方各级人民检察院、军事检察院等专门人民检察院组成。最高人民检察院是国家最高检察机关;地方各级人民检察院分为省、自治区、直辖市人民检察院;省、自治区、直辖市人民检察院分院,自治州和省辖市人民检察院;县、市、自治县和市辖区人民检察院。系统内上下级检察院之间是领导与被领导的工作关系。

最高人民检察院检察长由全国人民代表大会选举产生,每届任期5年,连续任职不得超过两届。最高人民检察院对全国人大及其常委会负责,地方各级人民检察院对产生它的国家权力机关负责。

 思考题

1. 宪法的概念和特征是什么?
2. 你是如何理解权力制约原则的?
3. 如何进一步完善我国的宪法监督制度?
4. 我国对财产权的宪法保护是怎样规定的?
5. 特别行政区和中央人民政府之间是什么关系?
6. 选举制度有哪些基本原则?
7. 公民基本权利中的政治权利和自由、人身自由权利具体包括哪些内容?
8. 请你谈谈为什么要忠于宪法?

知识网络

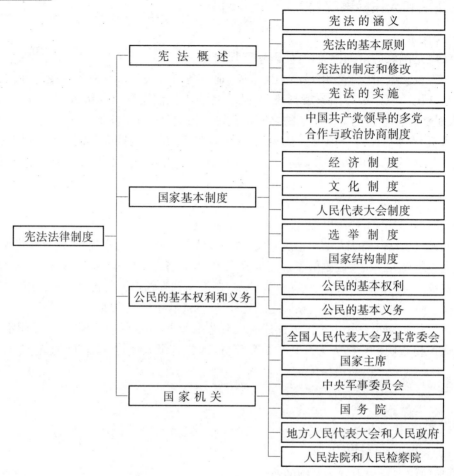

> 在民法慈母般的眼神中,每一个人就是整个国家。
>
> ——[法]孟德斯鸠

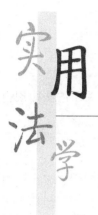

第三章 民事法律制度

内容提示

民法是调整平等主体之间财产关系和人身关系的法律规范的总和。《中华人民共和国民法通则》是我国的民事基本法,它与大量单行的民事法律、法规共同构成我国的民事法律体系。本章以《民法通则》为核心内容,对民法的基本概念、基本规则和共同规范作了介绍;同时就物权、合同、婚姻、继承等相关内容逐一进行了阐述,以期学习者能对与我们日常生活联系最为紧密的民事法律制度有一基本的把握。

学习要求

通过本章的学习,你应理解并掌握以下内容:
1. 民法的概念和基本原则
2. 自然人的民事权利能力和民事行为能力
3. 民事法律行为
4. 诉讼时效
5. 物权法律制度
6. 合同法律制度
7. 继承法律制度
8. 婚姻法律制度

第一节 民法总论

一、民法概述

（一）民法的概念

民法是调整平等主体的自然人、法人以及其他组织之间的财产关系和人身关系的法律规范的总称。

民法的调整对象，是指民事法律规范所调整的各种社会关系。《民法通则》第2条确认了我国民法的调整对象包括平等主体之间的财产关系和人身关系。

（1）财产关系。财产关系是指人们在物质资料的生产、分配、交换和消费过程中所发生的具有经济内容的关系。在市场经济条件下，财产关系极其复杂，民法只调整其中的一部分，即平等主体之间的财产关系，它包括财产支配方面的静态的财产归属关系和财产流转过程中动态的财产流转关系。财产归属关系是因直接占有、使用、收益和处分财产而发生的社会关系，在民法中直接表现为物权关系；财产流转关系是因财产的转移、利用、加工制造等活动而发生的社会关系，在民法上直接表现为债权关系。

（2）人身关系。人身关系是指与人身相联系、没有直接财产内容的社会关系。人身关系是基于一定的人格和身份产生的，体现的是人们精神上和道德上的利益，它包括人格关系和身份关系。人格关系，是基于民事主体的人格而发生的人身关系，包括生命、健康、姓名、名称、肖像、名誉、婚姻自主等基于民事主体的自然属性所享有的人格尊严不受侵犯的民事基本权利义务关系，以民事主体的人格权为法律表现形式。身份关系，是基于民事主体的特定身份而发生的人身关系，包括亲属、婚姻、监护以及因智力创作活动而发生的某些关系，是民事主体的社会属性在法律上的反应，以民事主体的身份权为法律表现形式。

【图例】

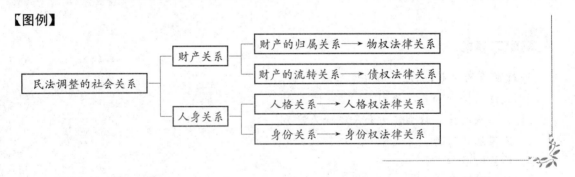

（二）民法的基本原则

民法的基本原则，是指贯穿于整个民事立法，并以民法主要调整对象的本质和规律为依据，对各项民事法律制度和全部民事规范起统率作用的根本规则。民法基本原则，作为民法基本精神的体现，是民法所调整的社会关系的集中反映。

（1）平等原则。平等原则是指民事主体享有独立的法律人格，在具体的民事法律关系中互不隶属、地位平等，各自能独立地表达自己的意志。平等原则是民法的核心原则，是我国民法将平等主体之间的财产关系和人身关系作为其调整对象的必然体现，是民法区别于其他部门法的基本标志。《民法通则》第3条规定:"当事人在民事活动中的地位平等。"按照这一原则的要求,民事主体在民事活动中,法律地位完全平等,无高低贵贱之分;在民事法律关系中,各当事人依法平等地享有权利和承担义务,平等地受法律保护和约束。平等原则是对特权的否定。

(2) 自愿原则。自愿原则是指民事主体进行民事活动时,有权按照自己内心的真实意愿去设立、变更、终止民事法律关系。自愿是平等的基础,又是平等的必然推论和体现。民事主体在民事活动中有权充分表达其真实意愿,如与谁建立民事关系、以什么样的方式建立等,都取决于民事主体的个人意愿。

(3) 诚实信用原则。诚实信用原则,也称诚信原则,是指民事主体在从事民事活动时,应当诚实、守信用,应以善意的方式履行其义务,不规避法律。诚实信用原则是现代民法中的又一基本原则,我国《民法通则》第4条规定,民事活动应当遵循诚实信用原则。诚信原则要求当事人尊重他人利益,以对待自己事务的注意程度和方式去对待他人事务,不得损人利己,保证法律关系的各方当事人都能实现各自的利益。当发生特殊情况使当事人之间的利益失去平衡时,应主动进行善意调整,使利益平衡得以恢复,并以此维护经济秩序的稳定。①

【观察】

春秋战国时期秦国商鞅变法的故事大家都不陌生。由于当时正处于战争频繁、人心惶惶之际,一开始变法并不顺利。为了推进改革,商鞅下令在都城南门外立一根三丈长的木头,并当众许下诺言:谁能把这根木头搬到北门,赏金十两。围观的人并不相信这一许诺,结果没人肯出手一试。于是,商鞅将赏金提高到50金。重赏之下,终于有人站起将木头扛到了北门。商鞅立即赏了他五十金。商鞅这一举动,诚实有信,在百姓心中树立起了威信,变法也就很快在秦国推广开了。

(4) 公平原则。公平原则要求民事主体应本着公平的观念从事民事活动,正当行使权利和履行义务,在民事活动中兼顾他人利益和社会公共利益。《民法通则》明确规定,民事活动应当遵循公平原则。所以在民事领域贯彻公平原则,将有助于保障公正交易和公平竞争,弘扬社会主义的道德风尚。

(5) 民事权利受法律保护原则。民事权利受法律保护原则是指民法运用平等的方法对各类民事主体享有的民事权利实行全面、充分的保护,并通过民事责任制度维护民事主体的民事权利不受侵犯,及时恢复其被损害的民事权利。《民法通则》第5条规定:"公民、法人的合法的民事权益受法律保护,任何组织和个人不得侵犯。"保护公民、法人的合法权益是我国民法的中心任务,也是我国民法的基本原则。当然,民事主体也不能滥用民事权利,损害他人利益。

(三) 民事法律关系

民事法律关系是指由民法所确认和保护的社会关系,是民法调整的结果。如民事主体之间存在的所有权关系、债权关系等,都是民事法律关系。

1. 民事法律关系的要素

构成民事法律关系的必要因素包括:主体、内容、客体,三者缺一不可。民事法律关系的要素发生变化,具体的民事法律关系也会随之发生变化。

---

① 徐国栋著:《民法基本原则解释》,中国政法大学出版社1992年版,第79页。

(1) 民事法律关系主体。民事法律关系的主体,简称民事主体,是指参加民事法律关系,享有民事权利、承担民事义务的人。在我国,民事主体主要包括自然人、法人和其他组织,一定情况下,国家也可以成为民事法律关系的主体。

(2) 民事法律关系内容。民事法律关系的内容,是指民事主体所享有的民事权利和承担的民事义务。这种权利义务内容,是民法调整的社会关系在法律上的直接表现。如果仅有法律关系的主体,而主体间并无权利和义务,仍然不能发生民事法律关系。

(3) 民事法律关系客体。民事法律关系的客体,是指民事权利和民事义务所共同指向的对象。在我国,民事法律关系的客体应为物、行为、智力成果、人身利益等。随着民事法律关系的发展,民事法律关系的客体种类也会增加。

2. 民事法律事实

民事法律规范本身并不能在当事人之间引起民事上的权利义务关系,而只表明民事主体享有权利和承担义务的可能性。只有发生了一定的事实,才能使当事人之间的民事法律关系发生、变更或终止。这些由法律规定能够发生一定法律后果的事实,就称为法律事实。

所谓民事法律事实,是指依法能够引起民事法律关系产生、变更和消灭的客观现象。根据客观事实是否与人的意志有关,法律事实可分为事件和行为。事件,是指与人的意志无关的客观现象,如生老病死。行为,是指人的有意识的活动,如订立合同。

二、民事主体

(一) 自然人

所谓自然人,是指具有自然生命形式的人。作为民事主体,自然人的主体资格不是与生俱有的,而是法律赋予的。民事权利能力和民事行为能力的统一,构成自然人主体资格的完整内容。[①]

1. 自然人的民事权利能力和民事行为能力

(1) 自然人的民事权利能力。自然人的民事权利能力,是指法律赋予自然人享受民事权利和承担民事义务的资格。《民法通则》规定,公民从出生时起到死亡时止,具有民事权利能力,依法享有民事权利,承担民事义务。亦即,自然人的民事权利能力始于出生,终于死亡。

【案例】
某甲代 5 岁的儿子保管祖父留给他的一笔财产。儿子满 18 岁后,要求使用这笔财产。某甲认为儿子大逆不道,忘恩负义,并认为幼儿根本不能拥有任何财产。那么法律对此会怎么看呢?

【分析】
《民法通则》第 9 条规定:"公民从出生时起到死亡时止,具有民事权利能力……"因此,公民享有民事权利,承担民事义务的资格是终生具有的。某甲的儿子在 5 岁时继承祖父的一笔财产,这笔财产依法就由其享有,只不过在其未成年时由某甲代管而已。所以,某甲拒不交付其子所继承的遗产,是违法的。

[①] 刘凯湘主编:《民法学》,中国法制出版社 2004 年版,第 73 页。

(2) 自然人的民事行为能力。自然人的民事行为能力,是指法律确认自然人通过自己的行为从事民事活动,取得民事权利和承担民事义务的资格。我国民法根据自然人的年龄、智力和精神健康状况,将自然人的民事行为能力划分为以下三种:

① 完全民事行为能力。完全民事行为能力,是指自然人能够完全通过自己的独立行为参加民事法律关系,取得民事权利和承担民事义务的资格。

一般而言,成年的自然人不仅能够有意识地实施民事法律行为,而且能理智地判断和理解法律规范和社会共同生活准则,预计实施某行为可能产生的后果及对自己的影响。因此达到成年的自然人一般被认为是具有完全民事行为能力人。我国《民法通则》第11条规定:"18周岁以上的自然人是成年人,具有完全民事行为能力,可以独立进行民事活动。"因此,凡年满18周岁的成年人,只要智力、精神正常,就属于完全民事行为能力人。

但是,有的未成年人也具有相应的意思能力,能够独立的处理自己的事务,也能承担相应的责任,根据需要应赋予其完全民事行为能力。我国《民法通则》第11条规定:"16周岁以上不满18周岁的自然人,以自己的劳动收入为主要生活来源的,视为完全民事行为能力人。"

【案例】
张某去年17岁,在本镇的啤酒厂上班,每月有3 600元的收入。为了上班方便,张某在镇里租了一间房。去年7月份,张某未经其父母同意,欲花500元钱从李某处买一台旧彩电,此事遭到了父母的强烈反对,但张某还是买了下来。同年10月,张某因患精神分裂症丧失了民事行为能力。随后,其父找到李某,认为他们之间的买卖无效,要求李某返还钱款,拿走彩电。此买卖行为的效力如何呢?

【分析】
此买卖合同完全有效。因为合同成立时张某已满16周岁,并以自己的劳动收入为其主要生活来源。我国《民法通则》规定:"十六周岁以上不满十八周岁的公民,以自己的劳动收入为主要生活来源的,视为完全民事行为能力人。"所以张某已经是完全民事行为能力人,可以独立实施法律行为,无须征得其父母同意。张某患上精神病丧失行为能力是在合同成立之后,这不影响他在此前所作出的民事法律行为的效力。

② 限制民事行为能力。限制民事行为能力,是指自然人只具有部分民事行为能力,不完全具有以自己的独立行为进行民事活动的资格。

限制民事行为能力的自然人,其享有民事权利、承担民事义务的资格受到一定的限制。他们可以独立地进行一些民事活动,但不能独立进行全部民事活动,他们的民事行为能力是不完全的。我国《民法通则》第12条规定:"10周岁以上的未成年人是限制民事行为能力人,可以进行与他的年龄、智力相适应的民事活动,其他民事活动由其法定代理人代理,或者征得法定代理人的同意。"10周岁以上的未成年人进行的民事活动是否与其年龄、智力状况相适应,可以从行为与本人生活相关联的程度、本人的智力能否理解其行为及相应的行为后果,以及标的数额等方面认定。

【案例】

甲之子乙年方14岁,暑假期间经其父甲同意去大连一亲友家度假。其奶奶一向疼爱他,知道乙去大连,遂送他一架价值2 000元的数码相机。乙在大连期间与邻居家年龄相仿的丙成为好友。乙在返家前为纪念与丙的友谊将奶奶送的数码相机赠与丙,丙则将自己喜欢的一本名著送给了乙。请问:(1)乙接受奶奶的赠与的行为是否有效?(2)乙将相机转赠与丙的行为是否有效?(3)丙赠书给乙的行为是否有效?

【分析】

(1)乙可以接受。这是在法律上纯获利益的行为,乙虽为限制民事行为能力人,但此行为可独立实施。

(2)乙的转赠行为无效。此行为与其年龄、智力不相适应,依法不能独立实施。

(3)丙的行为有效。丙虽为限制民事行为能力人,但此行为与其年龄、智力相适应,依法能独立实施。

本案例涉及了限制行为能力人参与民事活动的三种情况:即法律上纯获利益的行为及与其年龄智力相适应的行为可以独立实施;而与其年龄智力不相适应的,则不能独立进行。

另外,精神病人是精神上有障碍的人,不具有正常人的意思能力。但有些精神病人虽然有精神障碍,却并没有完全丧失意思能力,可以进行与其精神健康状况相适应的简单的民事活动。所以《民法通则》规定,不能完全辨认自己行为的精神病人也是限制民事行为能力人,可以进行与他的精神健康状况相适应的民事活动;其他民事活动由他的法定代理人代理,或征得其法定代理人同意。

③ 无民事行为能力。无民事行为能力,是指自然人完全不具有以自己的行为参与民事法律关系,取得民事权利、承担民事义务的资格。

无民事行为能力的自然人一般不能独立参加民事活动。《民法通则》规定,不满10周岁的未成年人是无民事行为能力人,由他的法定代理人代理民事活动。另外,不能辨认自己行为的精神病人也是无民事行为能力人,由其法定代理人代理民事活动。

需要指出的是,法律不赋予未成年人和精神病人完全民事行为能力,主要是为了保护这些人的合法权益,以免其在民事活动中受到损害。因此,无民事行为能力人和限制民事行为能力人实施在法律上纯获利益的行为,如接受奖励、赠与、报酬等,他人不得以行为人无民事行为能力或限制民事行为能力为由,主张该行为无效。

【观察】

大家应该都有过春节给孩子压岁钱的经历,这种时候,无论孩子多大,都有权接受压岁钱。这就属于在法律上纯获利益的行为,他人不能干涉。

2. 宣告失踪和宣告死亡

(1)宣告失踪。宣告失踪是由法院根据利害关系人的申请宣告下落不明满一定期限的自然人为失踪人,以确定其财产关系的一种制度。

宣告失踪的条件：

① 须有自然人下落不明满一定期间的事实。所谓下落不明，是指自然人离开自己的住所无任何消息。按照民法的规定，自然人只有持续下落不明满 2 年的，有关利害关系人才可以向法院申请宣告其为失踪人。下落不明的时间应自该自然人的音讯消失之日起计算。战争期间下落不明的，下落不明的时间应从战争结束之日起计算。

② 须经利害关系人申请。宣告失踪必须有利害关系人提出申请，法院才能进行宣告；没有利害关系人申请，法院不能主动宣告某自然人失踪。所谓利害关系人，是指与下落不明的自然人在人身关系或财产关系上有利害关系的人，主要包括该自然人的配偶、父母、子女、兄弟姐妹、祖父母外祖父母、孙子女外孙子女以及与其有民事财产权利义务关系的人，如该自然人的债权人和债务人等。这些利害关系人应具有完全民事行为能力。

③ 须由法院依法定程序宣告。宣告自然人失踪必须由法院经过法律程序进行，除了人民法院，其他任何机关和个人无权作出宣告自然人失踪的决定。根据我国民法规定，人民法院在接到利害关系人申请后，应发出寻找自然人的公告，公告期为 3 个月。公告期满后，如果失踪自然人仍未出现，人民法院可按审判程序宣告他为失踪人。

宣告失踪的法律后果：

① 为失踪人设立财产管理人。我国《民法通则》第 21 条规定："失踪人的财产由其配偶、父母、成年子女或者关系密切的其他亲属、朋友代管。代管有争议的，或者没有法律规定的近亲属和关系密切的朋友，或者这些亲属、朋友无能力代管的，由人民法院指定财产管理人。"

② 以失踪人的财产清偿其债务。失踪人的财产由其财产管理人代管后，失踪人所欠的税款、债务和应付的其他费用，包括失踪人应付的赡养费、抚养费等，由财产管理人从失踪人财产中支付。

【案例】

王某早年丧妻，有一子仅 7 岁。2003 年王某受单位指派进山采购毛皮，一去不归。两年后王某的弟弟向法院申请宣告王某为失踪人，法律公告后未获王某下落，遂宣告王某为失踪人，王某财产由王某的弟弟代管，王某之子也由王某弟弟抚养。此后，王某弟弟因无力负担王某之子的生活、教育费用，便将王某的彩电卖与他人，将钱用于王某之子的开销。对此，王某的其他亲属意见很大，有的表示要向法院告王某弟弟侵犯了王某的财产权。请问：王某弟弟的行为是否合法？

【分析】

《中华人民共和国民法通则》第 21 条第 2 款规定："失踪人所欠税款、债务和应付的其他费用，由代理人从失踪人财产中支付。"其中所指的"其他费用"，在《关于贯彻执行〈中华人民共和国民法通则〉若干问题的意见》中规定为赡养费、抚养费、抚育费和因代管财产所需的管理费等必要的费用。所以，上例中王某弟弟为王某之子的生活和教育而变卖王某的财产是合法的，别人不得干涉。只是王某弟弟不得将钱用于和王某之子无关的方面，更不得为自己谋私利。

自然人被宣告失踪是因其离开住所下落不明而产生的。如果被宣告失踪人重新出现或者确知其下落，经本人或利害关系人申请，人民法院应撤销对他的失踪宣告。失踪宣告一经撤销，财产代管关系就随之终止,财产管理人应停止财产代管行为,将其代管的财产及其收益交还给被撤销失踪宣告的人,并报告财产代管情况。

(2) 宣告死亡。宣告死亡是法院依利害关系人申请,按照审判程序宣告下落不明满一定期限的自然人死亡的一项法律制度。

宣告死亡的条件:

① 须自然人下落不明满一定期限。只有在自然人离开住所无任何消息满一定期限,仍没有再出现,也没有任何讯息时,才可宣告其死亡,结束其参与的各种法律关系。一般情况下,自然人离开住所下落不明满4年的;或者因意外事故下落不明,从事故发生之日起满2年的,利害关系人可以申请宣告其死亡。此外,根据《民事诉讼法》第184条规定,因意外事故下落不明,经有关机关证明该自然人不可能生存,利害关系人申请宣告死亡的,不受2年期限的限制。

② 须经利害关系人申请。与宣告失踪制度相似,法院并不主动宣告自然人死亡,而是根据与该自然人有人身或财产方面利害关系的人的申请方可作出。根据最高法院的司法解释,申请宣告死亡的利害关系人的顺序为:配偶;父母、子女;兄弟姐妹、祖父母、外祖父母、孙子女、外孙子女;其他有民事权利义务关系的人。

③ 须由法院经法定程序宣告。在我国,人民法院受理宣告失踪人死亡的案件后,应发出寻找失踪人的公告,公告期为1年。但因意外事故下落不明的,公告期为3个月。在公告的法定期限内,如果失踪人出现,人民法院作出终结审理的裁定;如果公告期满而失踪人仍未出现,且仍无失踪人音讯,人民法院则依法作出宣告失踪人死亡的判决。

宣告死亡的法律后果:

① 宣告死亡产生与自然死亡一样的法律后果。被宣告死亡的自然人与他人之间现存的各种民事法律关系归于消灭,如其与配偶的婚姻关系,自死亡宣告之日起消灭,其财产作为遗产开始继承。

② 有民事行为能力人在被宣告死亡期间实施的民事法律行为有效。宣告死亡只是依法对失踪人死亡的推定,事实上该失踪人并不一定真正死亡。根据民法规定,自然人只要活着,就应该承认其享有民事权利能力。

【案例】
王宁是长年驻某海岛的基层干部,2011年春节探家时,和妻子因小事发生争吵,她竟丢下不满周岁的孩子离家而去。此后王宁多方查找,一直没有音讯,至今已有三年六个月了。请问,王宁可以申请宣告妻子死亡吗?

【分析】
根据我国的《民法通则》的规定,王宁现在还不能申请宣告她死亡。因为《民法通则》第23条规定的宣告死亡的条件,一是下落不明满4年的,二是因意外事故下落不明,从事故发生之日满2年的。王宁的妻子下落不明并非由于突然事故,因而应选用满4年的法律规定。而她现在离4年期限还差四个月,同时,如果满了4年,一旦知道她的下落;或者确知她没有死亡,也不能申请宣告死亡。当然,如果她下落不明满4年后,通过法定程序宣告其死亡,就会产生与自然死亡同等的法律后果,王宁与她的婚姻关系随之消失,其个人财产也作为遗产由法定继承人继承。

宣告死亡是一种法律上的认定,可能在事实上被宣告死亡的人还活着,并未死亡。如果被宣告死亡的人重新出现或者确知他没有死亡,经本人或者利害关系人申请,人民法院应当撤销对他的死亡宣告。

(二) 法人

法人是相对于自然人而言的另一类重要的民事主体。所谓法人,是指具有民事权利能力和民事行为能力,依法独立享有民事权利和承担民事义务的组织。

1. 法人的种类

我国《民法通则》把法人划分为:企业法人、机关法人、事业单位法人、社会团体法人。企业法人是依法设立的具有法人资格的营利性经济组织,其主要表现形式是公司。机关法人是指依法享有国家赋予的公权力,并因行使职权的需要而享有相应的民事权利能力和民事行为能力的国家机关。事业单位法人是指从事非营利性的社会各项公益事业如文化、教育、卫生、体育新闻等组织。社会团体是指自然人或法人自愿组成,为实现会员共同意愿,按照其章程开展活动的非营利性社会组织,包括协会、学会、联合会、研究会、基金会、联谊会、促进会、商会等。

2. 法人的设立条件

法人是组织,但并非所有的组织都是法人,根据《民法通则》的规定,取得法人资格应具备以下条件:(1) 依法成立。(2) 有必要的财产或经费。(3) 有自己的名称、组织机构和场所。(4) 能独立承担民事责任。

3. 法人的能力

(1) 法人的民事权利能力。法人的民事权利能力是指法人作为民事主体,享受民事权利和承担民事义务的资格。依《民法通则》的规定,法人的民事权利能力自法人成立时起,到法人终止时止。尽管法人同自然人一样,都是独立的民事权利主体,但专属于自然人的某些权利能力的内容,如生命健康权、肖像权等,法人便不可能享有。同时,法人的民事权利能力依法受法律和行政法规、行政命令的限制。

(2) 法人的民事行为能力。法人的民事行为能力是指法人以自己的意思独立进行民事活动,取得权利并承担义务的资格。在一般情况下,法人的民事权利能力和民事行为能力是一致的,两者同时产生,同时消灭,都是从法人成立时产生,到法人终止时消灭,而且,在范围上也是一致的。但由于法人是一个组织体,其民事活动是以团体意思为前提的,因此,法人的行为能力通常由法人的机关来实现。

(3) 法人的民事责任能力。法人的民事责任能力,是指法人对自己的侵权行为给他人造成损害应承担民事责任的能力或资格。民事责任能力针对法人实施违法行为所产生的法律后果而设,是决定法人是否要对自己的行为承担民事责任的根据。我国《民法通则》明确规定法人有民事责任能力。

【观察】

常听到一些单位的领导说:"我是法人,在这里一切由我说了算。"翻阅报刊,又看到一些"法人代表"字样,难道"法人"和"法人代表"是一回事么?其实,"法人"和"法人代表"之间是有区别的。根据《中华人民共和国民法通则》第36条的规定,法人是具有民事权利能力和民事行为能力,依法独立享有民事权利和承担民事义务的组织。而法人代表,根据《中华人民共和国民法通则》第38条的规定,则是指依照法律或者法人组织章程规定,代表法人行使职权的负责人,通常代表法人行使职权的负责人应是机关、团体、企业事业单位的正职行政负责人,也可以由副职行政负责人作为法人代表。可见法人是一种组织,而法人代表则是代表这种组织行使职权的自然人。

三、民事法律行为

(一)民事法律行为的概念和特征

民事法律行为是指民事主体旨在设立、变更、终止民事权利和民事义务的合法行为。民事法律行为是引起民事法律关系产生、变更和终止的最常见、最重要的法律事实,其特征如下。

(1)民事法律行为以行为人的意思表示为要素。民事法律行为是行为人将其内心期望发生一定法律效果的愿望,通过一定的方式表达于外部的行为。

【观察】

何谓意思表示,举个例子,某人站在商店柜台前对营业员说:我要买这支笔。这就是民法上的意思表示。

(2)民事法律行为将产生行为人所预期的法律后果。民事法律行为是最主要、最广泛的法律事实,绝大多数法律关系的产生、变更、消灭,都是通过民事法律行为实现的。因此,民事法律行为是一种带有目的性的、达到民事法律效果的行为。

(3)民事法律行为是具有法律约束力的合法行为。只有合法的行为才能受到法律的承认和保护,也才能产生行为人所预期的法律后果。

(二)民事法律行为的有效条件

(1)行为人具有相应的民事行为能力。就自然人而言,完全民事行为能力人可以独立实施各种民事法律行为;限制民事行为能力人可以实施与其年龄、智力相适应的民事法律行为;无民事行为能力人不能独立实施民事法律行为,法律上纯获利益的行为除外,如接受赠与。法人及其他组织,应在其核准登记的经营范围内活动。

(2)意思表示真实。

(3)不违反法律和社会公共利益。

(三)无效民事行为

无效民事行为是指不符合民事法律行为的一般有效要件,而使行为的内容不发生法律效力的行为。无效民事行为主要有以下五类:

(1)行为人不合格的民事行为。行为人不合格指行为人欠缺相应的民事行为能力。即自然人依法不能独立实施的行为以及法人或其他组织超越其经营范围所为的民事行为。

(2)一方以欺诈、胁迫的手段,使对方在违背真实意思的情况下所为的民事行为,损害国家利益的。一方当事人故意告知对方虚假情况,或者故意隐瞒真实情况,诱使对方当事人作出错误意思表示的,可以认定为欺诈行为。一方当事人以给公民及其亲友的生命健康、荣誉、名誉、财产等造成损害为要挟,迫使对方作出违背真实的意思表示,可以认定为胁迫行为。我国《民法通则》规定,欺诈、胁迫的行为无效。但我国《合同法》对合同无效的规定与此有所不同。《合同法》第52条规定一方以欺诈、胁迫手段订立合同,损害国家利益的无效。从上述规定可以看出,《合同法》仅仅把一方以欺诈、胁迫手段订立合同,损害国家利益的规定为无效。

（3）恶意串通,损害国家、集体或者第三人的民事行为。这是指双方或多方当事人的故意合谋、弄虚作假所实施的有损于国家利益、集体利益或者第三人利益的民事行为。

【案例】

甲、乙双方口头约定:甲方向乙方购买10万瓶劣酒,货价12万元,交款提货,并约定乙方须加贴名牌商标,以便甲方冒充名酒出售。合同履行时,甲方借口手头一时紧张,只付了8万元即提走全部货物。乙方一再催讨无效,以一般经济纠纷诉至法院。法院在审理中发现合同标的物竟是劣酒。请分析:民事行为是否有效? 理由何在?

【分析】

该行为无效。属于双方恶意串通,损害国家、集体、第三人利益的合同。根据民法规定,恶意串通的行为无效。

（4）违反法律或社会公共利益的行为。违反法律的行为是指违反法律强制性规定或禁止性规定。

（5）以合法形式掩盖非法目的的行为。这是一种规避法律的行为,是指当事人通过实施合法的行为而掩盖其非法的目的;或其从事的行为在形式上是合法的,而在内容上是非法的。当事人故意表现出来的形式或故意实施的行为并不是其达到的目的,也不是其真实意志,而只是希望通过这种形式和行为而掩盖和达到非法的目的。

我国民事行为无效的确认权归仲裁机构或人民法院。无效民事行为,从行为开始时起就没有法律约束力。也就是说,民事行为被确认无效后,要溯及行为发生之时,而不是从确认无效之时起无效。当事人双方取得的财产应相互返还,有过错的一方应当赔偿对方因此所受的损失,双方都有过错的,应当各自承担相应的责任。恶意串通,损害国家、集体或第三人利益的,应当追缴双方取得的财产,收归国家、集体所有或者返还第三人。

（四）可撤销的民事行为

可撤销的民事行为,也称为可变更、可撤销的民事行为,是指虽然欠缺了民事法律行为成立应具备的条件,但依照法律的规定,一方当事人可以按自己的意思使民事行为的内容变更或使之效力归于消灭的民事行为。

1. 可撤销的民事行为的种类

（1）重大误解的民事行为。行为人因对行为的性质,对方当事人,标的物的品种、质量、规格和数量等的错误认识,使行为的后果与自己的意思相悖,并造成较大损失的,可以认定为重大误解。

（2）显失公平的民事行为。显失公平的民事行为是指一方当事人利用优势或者对方没有经验,致使双方的权利义务明显违反公平、等价有偿的民事行为。显失公平的行为只存在于有偿民事行为中。

（3）一方以欺诈、胁迫手段订立的不损害国家利益的合同。

（4）乘人之危而订立的合同。一方当事人乘对方处于危难之机,为牟取不正当利益,迫使对方作出不真实的意思表示,严重损害对方利益的,可以认定是乘人之危。

2. 撤销权

根据我国《民法通则》和《合同法》的规定,民事行为或合同的变更或撤销,应当由撤销权人向人民法院或仲裁机构提出请求。而且当事人请求变更的,人民法院或仲裁机构不得撤销。我国《合同法》第55条规定,有下列情形之一的,撤销权消灭:一是具有撤销权的当事人自知道或者应当知道撤销事由之日起一年内没有行使撤销权;二是具有撤销权的当事人知道撤销事由后明确表示或者以自己的行为放弃撤销权。

3. 法律后果

民事行为被撤销后,当然不能产生行为人所预期的法律后果,行为自始不发生法律效力。当事人双方取得的财产应相互返还,有过错的一方应当赔偿对方因此所受的损失,双方都有过错的,应当各自承担相应的责任。

【案例】

某中学教师顾某将其父遗物一幅名家山水画卖给某文物商店,几天后,该店请专家鉴定,发现这并非真迹,而是仿制品,于是找到顾某要他退还画款,取回字画。但顾某不同意,认为这幅画原是其父生前收藏的,看过这幅画的人都说是真迹,不愿退还画款。双方相互争执不下。此买卖行为的效力该如何认定呢?

【分析】

这是一个可撤销的行为。因为文物商店的行为属于重大误解。我国《民法通则》第59条第1款规定,行为人对行为内容有重大误解的,一方有权请求人民法院或者仲裁机构予以变更或者撤销,被撤销的民事行为从行为开始起无效。《民法通则》第61条规定:"民事行为被确认无效或者被撤销后,当事人因该行为取得财产,应当返还给受损失的一方。"

(五)效力待定的民事行为

效力待定的民事行为是指其效力的发生与否处于悬而未决的状态,其发生或不发生事先未确定的民事行为。这种行为赋予第三人以确认权,第三人如确认其行为,则使其发生溯及既往的效力。效力待定行为有以下三种:

(1)限制民事行为能力人依法不能独立订立的合同。我国《民法通则》及《合同法》规定,限制民事行为能力人只能实施法律允许其实施的与其行为能力相适应的民事行为或者纯获利益的行为,其他的民事行为则要法定代理人代理或经法定代理人同意。未经法定代理人同意,限制民事行为能力人实施超越其行为能力的民事行为,在未经法定代理人同意之前则属于效力未定的民事行为。如果获得法定代理人同意则成为确定有效的民事行为,如果法定代理人拒绝追认,则成为确定无效的民事行为。

【图例】

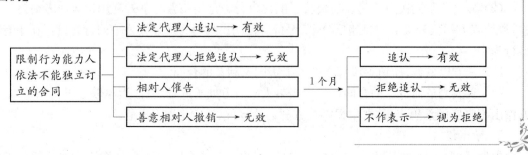

(2) 无权代理。无权代理，是指行为人没有代理权，而以被代理人即本人的名义所为的民事行为。无权代理除表见代理外，必须由被代理人予以同意（追认）。如果被代理人不予同意，则对被代理人不产生法律效力。因此在被代理人追认之前，无权代理处于效力未定状态。

(3) 无权处分。无权处分行为，是指行为人对于他人权利并没有处分权而以自己的名义实施处分的行为。无权处分行为是对他人财产的侵犯，能否成立处分行为，取决于有处分权的当事人的同意。如果有处分权人同意无权处分人的处分行为，无权处分行为就成为确定有效的民事法律行为。如果无权处分人未取得有处分权人的同意，或者也未通过其他方式取得处分权，则无权处分行为无效。在取得处分权人同意或以其他方式取得处分权前，无权处分行为属于效力未定状态。我国《合同法》第51条规定，无权处分的人处分他人财产，经权利人追认或者无处分权的人订立合同后取得处分权的，该合同有效。

【案例】
暑假期间，小曹（12岁）在卓越网买教辅书时，看到该网的手机促销广告，便下单订购了一部三星手机，价格为2 500元，货到付款。第二天，快递上门，其父母才知晓此事。请问：(1) 小曹订购手机的行为应如何认定？(2) 其父母有什么权利？(3) 小曹父母的行为对交易结果有何影响？

【分析】
(1) 限制民事行为能力人实施超越其行为能力的民事行为，在未经法定代理人同意之前则属于效力待定的民事行为，因此小曹在网上订购手机的行为属效力待定行为。

(2) 根据《合同法》的规定，限制民事行为能力人的法定代理人有权做出一定的意思表示以决定此行为的效力，即小曹的父母有确定此行为有无效力的权利。

(3) 如果小曹的父母同意其购买，则意味着追认了他的购买行为，则此买卖行为有效；反之，如果小曹父母拒绝追认其购买行为，则此买卖行为无效。

由此案亦可看出，效力待定行为最终的效力是确定的。

四、民事权利

民事权利是指民事主体为实现某种利益而依法为某种行为或不为某种行为的可能性。民事权利是由民法所赋予和保护的，构成民法规范的基本内容。

（一）物权

1. 物权的概念

物权是指直接支配一定的物并排斥他人干涉的权利。它与债权共同组成民法所调整的平等主体之间的财产关系。

2. 物权的特点

(1) 在主体方面，物权的权利主体是特定的，义务主体是不特定的。故物权也称为绝对权。

(2) 在内容方面，物权表现为权利主体直接支配一定的物，并排斥他人干涉。

(3) 在客体方面,物权的客体是物。民法上的物,指能够为人力控制并具有价值的有体物。能够为人力控制并具有价值的特定空间视为物,人力控制之下的电气亦视为物。

(4) 物权具有优先效力和追及效力。物权的优先效力包括两方面:当物权和债权并存时,物权优先于债权;当同一物上依法设立多个物权时,先设立的物权优先于后设立的物权。物权的追及效力是指物权的标的物不管辗转流入何人手中,物权人都可依法向物的不法占有人索取,请求其返还原物。

3. 所有权

财产所有权是物权体系的核心,是最为完整、最为充分的物权,其他物权来源于所有权的分离或派生。所谓所有权是指在法律规定的范围内自由支配标的物并排斥他人干涉的权利。我国《民法通则》第71条规定:所有权是所有人对其财产依法享有的占有、使用、收益和处分的权利。其中,占有是指民事主体对财产的实际占领和控制。占有往往是对财产行使权利的前提;使用是指民事主体依照物的性能和用途,对物加以利用;收益是指获取财产所生的物质利益;处分是指民事主体对其财产进行事实上和法律上的处置。

(二) 债权

1. 债权的概念

债权是得请求他人为一定行为(作为或不作为)的民法上权利。民法上的债,不同于我们日常生活中所说的债,它不单指诸如欠债、讨债等金钱方面的债务,而是有着更为广泛的含义。首先,它在内容上包含了债权和债务;其次,权利义务所指向的标的也不限于金钱。我国《民法通则》第84条规定:"债是按照合同的约定或者依照法律的规定,在当事人之间产生的特定的权利和义务关系。享受权利的人是债权人,负有义务的人是债务人。"债权与物权相对而称。

2. 债的发生根据

债和其他的民事法律关系一样,必须有一定的法律事实才能产生。所谓债的发生根据,就是指能够引起债产生的法律事实。按照我国民法的规定,债的发生根据主要如下:

(1) 合同。合同是当事人之间设立、变更、终止民事法律关系的协议。当事人既可以通过合同确立债权债务关系,也可以通过合同变更或终止债权债务关系,这是民事主体积极参加民事活动的表现。因此,合同是产生债的最常见、最主要的发生根据。

(2) 不当得利。不当得利是指没有法律或合同上的根据,使他人受损失而使自己获得利益。由于不当得利没有根据,所以不受法律保护,所得利益应该返还给利益受损的人,故产生了不当得利之债。不当得利之债一经成立,就在当事人之间产生了特定的权利义务关系,受损人有请求返还不当得利的权利,受益人有返还不当得利的义务。

【观察】

你可能有过这样的经历:商店营业员由于疏忽而多找你钱,这就是不当得利的情形,从而引起债的发生,你作为债务人,负有返还不当得利的义务。

(3) 无因管理。无因管理是指没有法定或约定的义务,为避免他人利益受损失,自愿管理他人事务或为他人提供服务的行为。依照法律的规定,管理人有权要求本人偿付其付出的必要费用,本人有义务偿还管理人付出的必要费用。所以,无因管理也可能在当事人之间产生债。无因管理,小到代邻居付水、电费,大到见义勇为,都是为他人谋利益管理他人的事务。这些行为避免了他人利益受损,符合社会公德,所以受到法律的承认和保护。

【案例】
张某在一风景区旅游,爬到山顶后,见一女子孤身站在山顶悬崖边上,目光异样,即心生疑惑。该女子见有人来,便向悬崖下跳去,张某情急中拉住女子衣服,将女子救上来。张某救人过程中,手臂被擦伤;女子的头也被碰伤。张某将女子送到山下医院,为其支付各种费用2 500元,并为包扎自己的伤口用去200元。次日,轻生女子的家人赶到医院,向张某表示感谢。请问:两人的医药费由谁承担?

【分析】
因张某的救助行为使两者之间发生无因管理关系。张某在管理事务中支出的必要费用及实施无因管理而发生的损失和合理的费用应由被管理人即该女子承担。

(4) 侵权行为。侵权行为是指侵害他人财产或人身权利的不法行为。在民事活动中,每个人都应当尊重他人的权利,不得侵犯他人的财产或人身权利,一旦实施了侵害,不法行为人就应依法承担民事责任。所以,侵权行为一旦发生,并导致他人受到损失的,受害人有权要求侵害人赔偿,侵害人负有赔偿他人损失的义务,这就在受害人和侵害人之间发生了特定的债权债务关系。

(三) 人身权

人身权是指与人身不可分离、没有直接财产内容的民事权利。人身权与财产权相对应,两者共同构成了民法的两大基本民事权利。与财产权相比,人身权具有以下特点:(1) 人身权与权利主体的人身密不可分。人身权专属于权利主体本身,与权利主体的人身不可分离。(2) 人身权以特定的人身利益为客体。人身权包括人格权和身份权,诸如生命健康权、名誉权、肖像权等,所体现的是权利主体精神上的利益。(3) 人身权与财产权有一定的关联。人身权的享有,虽然不具有直接的财产内容。但是,会直接影响权利主体财产权的享有和行使,与财产权有一定的联系。

(四) 知识产权

知识产权又称智力成果权,是指民事主体基于创造性劳动产生的,对其创造的知识产品依法所享有的一种民事权利,包括财产权和人身权两部分内容。知识产权具有无形财产性、专有性、地域性、时间性和可复制性等特点。我国《民法通则》中规定的知识产权有六种类型,即著作权、专利权、商标权、发现权、发明权和其他科技成果权,其中著作权、商标权和专利权是三种主要权利。

(五) 继承权

继承权是自然人依照法律的直接规定或者合法有效的遗嘱而享有的权利。继承权的发生根据有两种:一是法律的直接规定。在法定继承中,享有继承权的继承人是由法律直接规定的。法律没有规定为法定继承人的自然人不能享有继承权。二是合法有效的遗嘱的指定。在遗嘱继承中,被继承人得于遗嘱中指定继承人。只有合法有效的遗嘱中指定的继承人才有遗嘱继承权。在合法有效的遗嘱中,未被指定为继承人的自然人,尽管其可能为法定继承人,但不能享有遗嘱继承权。

【图例】

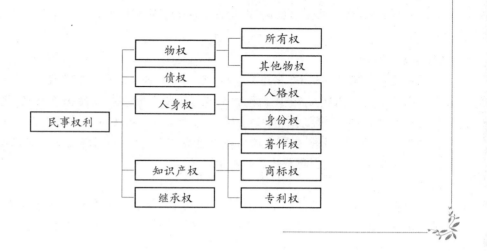

五、诉讼时效

（一）诉讼时效的概念

民法上的时效,是指一定的事实状态经过一定的时间导致一定的民事法律后果的制度,也称时效制度。时效可分为取得时效和消灭时效。所谓取得时效,是指占有他人财产,持续达到法定期限,即可依法取得该财产权的时效。取得时效因其事实状态为必须占有他人财产,故又称占有时效。所谓消灭时效,是指因不行使权利的事实状态持续经过法定期间,即依法发生权利不受法律保护的时效。

根据《民法通则》的规定,诉讼时效是指权利人在法定期间内不行使权利即丧失请求人民法院依法保护其民事权利的法律制度。按照诉讼时效制度,权利人在一定期间内不行使权利,便丧失依照诉讼程序,通过国家强制力保护其权利的可能性。这里的一定期间,即为诉讼时效期间。超过法定的诉讼时效期间,法院对权利人的权利不予保护。

应该说,保护民事主体的民事权利是人民法院的一项重要职责。但是权利的保护是有时间限制的,在诉讼时效期间内,人民法院对权利人的合法权益依法予以保护;超过了诉讼时效期间的,人民法院则不予保护。同时,《民法通则》第138条又规定:"超过诉讼时效期间,当事人自愿履行的,不受诉讼时效的限制。"亦即诉讼时效期间届满,权利人的实体权利并不丧失。

（二）诉讼时效的种类

1. 一般诉讼时效

一般诉讼时效又称普通诉讼时效,是指在一般情况下普遍适用的诉讼时效。一般诉讼时效最主要的特点是适用范围广泛,不是针对某一类民事法律关系的特殊情况规定的,而是根据一般民事法律关系的共同性特点规定的,因此,凡是没有规定特殊时效的民事法律关系,都应当适用一般诉讼时效的规定。根据我国民法的规定,普通诉讼时效期间为两年,从知道或应当知道权利被侵害之日起计算。

2. 特殊诉讼时效

特殊诉讼时效又称特别诉讼时效,是针对某些特殊的民事法律关系所规定的时效期间。特殊诉讼时效作为适用于某些特定的民事法律关系的诉讼时效,按照法律规则,优于一般诉讼时效。

(1) 短期诉讼时效。短期诉讼时效,是指时效期间短于一般诉讼时效的特别诉讼时效。我国民法规定了四种期间为一年的诉讼时效:① 身体受到伤害要求赔偿的;② 出售质量不合格的商品未声明的;③ 延付或拒付租金的;④ 寄存财物被丢失或者毁损的。

(2) 长期诉讼时效。长期诉讼时效,是指时效期间长于一般诉讼时效的特别诉讼时效。长期诉讼时效主要适用于涉外经济纠纷或一些调查取证费时耗力的疑难案件。如《合同法》规定,因国际货物买卖合同和技术进出口合同发生争议而提起诉讼或者申请仲裁的期限为4年;《环境保护法》规定,因环境污染请求损害赔偿的诉讼时效期间为3年。

按照我国民法的规定,诉讼时效从权利人知道或应当知道权利被侵害之日起计算,但是,从权利被侵害之日起超过20年的,人民法院不予保护。这20年,是权利保护的最长期限。

【案例】
2012年4月1日,范某从曹某处借款2万元,双方没有约定还款期。2014年3月22日,曹某通知范某还款,并留给其10天准备时间。本案的诉讼时效何时起算呢?

【分析】
诉讼时效从知道或应当知道权利受侵害之日起两年。未约定履行期限的债务,债权人提出要求,给予宽限期的,自宽限期届满起算。故本案中,时效期间应从宽限期届满即2014年4月2日起算。

(三) 诉讼时效的中止和中断

虽然法律规定了诉讼时效的期间,但是,在期间开始后的进行过程中,往往会因一定事由的发生,导致诉讼时效的障碍,这主要包括诉讼时效的中止和中断。

(1) 诉讼时效的中止。诉讼时效的中止是指在诉讼时效进行中,因一定法定事由的发生使权利人不能行使请求权,时效期间暂停计算,待中止时效的法定事由消除后,延续诉讼时效。《民法通则》第139条规定:"在诉讼时效期间的最后六个月内,因不可抗力或其他障碍不能行使请求权的,诉讼时效中止,从中止时效的原因消除之日起,诉讼时效期间继续计算。"

(2) 诉讼时效的中断。诉讼时效的中断是指在诉讼时效进行中,因发生一定的法定事由而使已经经过的时效期间统归无效,待中断事由消除后,诉讼时效期间重新计算。我国《民法通则》第140条规定:"诉讼时效因提起诉讼、当事人一方提出要求或者同意履行义务而中断。从中断时起,诉讼时效期间重新计算。"

【案例】
被告(某工程公司)在进行路面施工时,未设置警示标志及围栏。2009年8月13日晚23时许,原告(李某)骑自行车行至被告施工路面时,不慎摔进被告施工所形成的土坑中。原告当即被送到医院治疗,一个月后出院,原告为此支付了5万元医疗费及其他相关费用,并被诊断为十级伤残。2010年8月10日,原告向人民法院起诉,要求被告承担其医疗费及其他相关费用5万元,并赔偿其精神损失10万元。在案件审理过程中,原告撤回其诉讼请求。此后,原告又以身体不适为由住院治疗,并花费1万元。2011年8月7日,原告再次向人民法院起诉,要求被告承担治疗费用6万元,精神损失12万元。在案件审理过程中,原告再次撤诉。2012年3月,原告再次对其伤残程度进行鉴定,该鉴定结果仍为十级伤残,原告为此支付鉴定费用1 000元。2012年8月5日,原告第三次向法院起诉,要求被告承担治疗费用61 000元,并赔偿其精神损失12万元。在案件审理过程中,原告第三次撤诉。2013年8月3日,原告第四次向人民法院起诉,并坚持第三次起诉的诉讼请求,即要求被告承担治疗费用61 000元,并赔偿其精神损失12万元。

【分析】

《民法通则》第140条规定:"诉讼时效因提起诉讼、当事人一方提出要求或者同意履行义务而中断。从中断时起,诉讼时效期间重新计算。"就本案而言,由于人身损害赔偿的诉讼时效为一年,故原告应在2010年8月13日前主张权利,原告实际于2010年8月10日起诉,从而导致其诉讼时效中断。诉讼时效从2010年8月10日开始重新计算,原告可以在2011年8月10日前起诉。原告于2011年8月7日第二次起诉,足以导致诉讼时效的再次中断,新的诉讼时效应截止于2012年8月7日。而原告在2012年8月5日第三次起诉,导致诉讼时效的第三次中断,新的诉讼时效应截止于2013年8月5日。故原告在2013年8月3日第四次起诉未过诉讼时效,法院应依法审理其诉讼请求。

第二节 物权法律制度

一、物权法概述

(一)物权法的概念

所谓物权,是指权利人依法对特定的物享有直接支配和排他的权利,包括所有权、用益物权和担保物权。物权是支配权,具有对世性、排他性的效力。

物权法是指调整平等主体之间因物的归属和利用而产生的民事关系的法律规范的总称。物权法属于财产法,是规定民事主体的财产权利,调整民事主体间的财产关系,维护民事主体经济利益的法律。

【观察】

物权法与合同法被称为市场经济的两大支柱性法律。物权法主要规范物的归属和利用,目的在于保护物的静的安全;而合同法主要规范物的交易和流转,目的在于保护物的动的安全。

(二)物权法的基本原则

(1)平等保护原则。物权法的平等保护原则是指物权的主体在法律地位上平等,其享有的物权受到法律的平等保护,当其权利受到侵害或有侵害的危险时,权利人都有权行使物权请求权予以排除,恢复权利的圆满状态。

(2)物权法定原则。物权法定原则是指物权的种类和内容应当由法律明确规定,不允许由法律以外的其他规范性文件规定,也不能由当事人自由创设或变更物权。物权法定主要包括两个方面：一是物权的种类法定，非依法律形式，不得随意创设新的物权类型。二是内容法定，即不能创设与法律规定内容相悖的物权。

（3）一物一权原则。一物一权原则是指在同一物上不能同时存在数个所有权或数个内容相冲突的其他物权。一物一权中的一物是指一个特定物，即一个特定物上只能存在一个所有权。尽管一物一权原则不排斥在同一物上设定多个他物权，但是，禁止在同一物上设立数个在内容上相冲突的他物权。一物一权原则是大陆法系国家物权法特有的原则，虽然我国《物权法》没有明确规定，但这一原则贯穿整个物权法体系，是物权法的一项基本原则。

【观察】

很多人都有疑问：我家的房产证上写着我父母两个人的名字，这不是两个权利吗？其实，一套房屋只有一个所有权，只不过是由两个主体享有而已。

（4）公示、公信原则。公示原则是指物权的存在和变动，应以一定的方式向外界公开，使外界知晓物权的归属及变动的情况。我国《物权法》第6条规定：不动产物权的设立、变更、转让和消灭，应当依照法律规定登记。动产物权的设立和转让，应当依照法律规定交付。公信原则是指物权依法公示后，即具有社会的公信力。公信原则的目的在于保护交易相对方的信赖利益，维护交易安全和交易秩序。

（5）公序良俗原则。我国《物权法》第7条规定：物权的取得和行使，应当遵守法律，尊重社会公德，不得损害公共利益和他人合法权益。这是各国民法通行的原则，也是物权法的基本原则。

（三）物权的效力

物权的效力指物权在法律上对于他人的影响力或者作用力。

（1）物权的排他效力。物权的排他效力，指于同一标的物上，依法律行为成立一物权时，不允许于该标的物上，再成立与之有同一内容的物权。即同一标的物上，不得同时并立两个所有权；同一标的物上不得有其他同以占有为内容的限定物权存在。

（2）物权的优先效力。物权的优先效力，又称物权的优先权，是指同一标的物上有两个或两个以上不同内容或性质的物权存在，或者该物权的标的物也为债权给付的标的物时，成立在先的物权有优先于成立在后的物权的效力，物权则有优先于债权的效力。

（3）物权的追及效力。物权的追及效力，指物权成立后，其标的物不论辗转至何人之手，物权的权利人均可追及物之所在，而直接支配其物。

（4）物权请求权。物权请求权，又称物上请求权，指物权的圆满状态受到妨害或者妨害之虞时，物权人为回复其物权的圆满状态，可请求妨害人为一定行为或不为一定行为的权利。

（四）物权的公示

1. 不动产登记

不动产登记是权利人申请国家登记机关将不动产发生和变更的事项记载于不动产登记簿，国家登记机关经审查后予以登记的行为。

不动产物权的设立、转移、变更和消灭依法应当公示，一经登记，便产生对抗第三人的效力。不动产登记是不动产公示的唯一方式。

【案例】

王某经中介介绍,约定购买赵某商品房一套,双方很快签订了二手房买卖合同。考虑到办理二手房过户的税收费用问题,王某付清房款后,赵某将房产证与房屋交付给王某,过户未及时办理。而后,赵某又将该房屋出售给刘某,并协助刘某办理了过户手续。刘某要求王某限期腾房。因协商不成,刘某起诉到法院,要求王某限期腾房。

【分析】

本案涉及商品房(不动产)物权登记的效力问题。按照法律规定,商品房物权的变更、转让,应当依法办理过户登记手续,未办理过户登记的,不发生物权变动的效力,不能对抗第三人。在本案中,王某虽然拿到商品房的原产权证并已实际占有使用商品房,但因未能将房产证过户到自己名下,因此并未取得该商品房的物权,而刘某签订合同后,按照法律规定办理了过户登记手续,依法取得该商品房的物权,其要求王某限期腾房系依法行使自己的权利,理应得到法院的支持,王某的损失只能向赵某去主张。

2. 动产的交付

交付是指动产物权人将自己占有的物或权利凭证移转其他人占有的行为。交付方式包括直接交付、简易交付、替代交付、占有改定、动产所有权的保留等六种。

二、所有权

(一) 所有权概述

1. 所有权的概念和特征

所有权是指所有权人对自己的不动产或者动产,依法享有占有、使用、收益和处分的权利。所有权的法律特征如下:(1)所有权的独占性。所有权是一种独占的支配权,所有人的所有权不允许任何人妨碍或侵害,非所有人不得对所有人的财产享有所有权。(2)所有权的全面性。所有权是所有人在法律规定的范围内对所有物加以全面支配的权利。所有人对所有物享有占有、使用、收益和处分的完整权利,是最完整、全面的一种物权形式。(3)所有权的永续性。法律不限制各项财产所有权的存续期限。(4)所有权的弹力性。财产所有权的各项权能,可以通过法定的方式或合同约定的方式同作为整体的所有权相分离。

2. 所有权的内容

(1)占有。占有是指所有人对物的实际控制的事实状态。占有权即对所有物加以实际管理或控制的权利。所有权的占有权既可以由所有人自己行使,也可以由他人行使。在民法理论和司法实践中通常把占有分成不同的种类,以区分不同的占有状态。

所有人占有和非所有人占有。所有人占有即所有人在行使所有权过程中亲自控制自己的财产。非所有人占有则指所有人以外的其他人实际控制和管理所有物。

合法占有和非法占有。这是对非所有人占有的进一步分类。合法占有是指基于法律的规定或所有人的意志而享有的占有权利。非法占有则指无合法依据亦未取得所有人同意的占有。

善意占有和恶意占有。这是对非法占有的再分类。善意占有是指非法占有人在占有时不知道或不应当知道其占有为非法。恶意占有则指非法占有人在占有时已经知道或应当知道其占有为非法。

【图例】

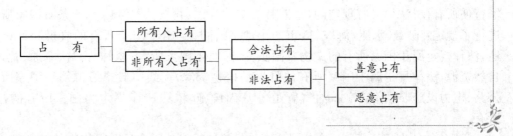

(2) 使用。使用权是指依照物的属性及用途对物进行利用从而实现权利人利益的权利。所有人对物的使用是所有权存在的基本目的,人们通过对物的使用来满足生产和生活的基本需要。所有人在法律上享有当然的使用权,另外,使用权也可依法律的规定或当事人的意思移转给非所有人享有。

(3) 收益。收益是指民事主体通过合法途径收取物所生的物质利益。收益权即民事主体收取物所生利益的权利。在民法上,物所生利益主要指物的孳息。孳息包括天然孳息和法定孳息两类。天然孳息是指因物的自然属性而生之物,如母牛所生牛仔;法定孳息是指依一定的法律关系而生之利益,如股票的股息。

天然孳息在没有与原物分离之前,由原物所有人所有;法定孳息的取得则需依据一定的法律规定进行。

(4) 处分。处分权是指所有人依法处置物的权利。处分包括事实上的处分和法律上的处分。事实上的处分是指通过一定的事实行为对物进行处置,如消费、加工、改造、毁损等。法律上的处分是指依照法律的规定改变物的权利状态,如转让、租借等。处分权是所有权内容的核心,是拥有所有权的根本标志,是决定物之命运的一项权能。因此,在通常情况下,处分权均由所有人来行使,但在特殊情况下,处分权可以基于法律的规定和所有人的意志而与所有权分离,如国有企业依法处分国有财产。

【案例】

王老汉在山坡上发现一头走丢的母牛,便牵了回家。母牛在王老汉的喂养下,日渐壮硕。不久,王老汉发现,母牛已经怀犊,便更辛勤地照料。后来母牛生下小牛犊,王老汉很开心。这时牛的主人李老伯经多方打听找上门来,要求归还母牛和小牛,而王老汉只同意归还母牛,认为小牛应该归自己。请问:

(1) 王老汉对母牛的占有属于什么性质?

(2) 小牛应该归谁?

【分析】

(1) 王老汉对母牛的占有属于非所有人占有,非法占有,恶意占有。

(2) 小牛应归李老伯,小牛是母牛的孳息,根据民法规定,除非法律有特别的规定或当事人有特别的约定,获取他人之物的孳息,一般应归还所有权人。

3. 所有权的种类

(1) 国家所有权。国家所有权是指国家对全民所有的财产进行占有、使用、收益和处分的权利。法律规定属于国家所有的财产,属于国家所有即全民所有。国有财产由国务院代表国家行使所有权;法律另有规定的,依照其规定。我国《物权法》第46—52条对国家所有的财产进行了规定:矿藏、水流、海域、城市的土地、法律规定属于国家所有的农村和城市郊区的土地,法律规定属于国家所有的文物及国防资产,属于国家所有;森林、山岭、草原、荒地、滩涂等自然资源,法律规定属于国家所有的野生动植物资源,无线电频谱资源属于国家所有;铁路、公路、电力设施、电信设施和油气管道等基础设施,依照法律规定为国家所有的,属于国家所有。

(2) 集体所有权。集体所有权是指集体经济组织对其所有的财产依法进行占有、使用、收益和处分的权利。集体所有的不动产和动产包括:法律规定属于集体所有的土地和森林、山岭、草原、荒地、滩涂;集体所有的建筑物、生产设施、农田水利设施;集体所有的教育、科学、文化、卫生、体育等设施;集体所有的其他不动产和动产。

(3) 私人所有权。私人所有权是指公民个人对其所有的财产依法进行占有、使用、收益和处分的权利。私人对其合法的收入、房屋、生活用品、生产工具、原材料等不动产和动产享有所有权。私人合法的储蓄、投资及其收益受法律保护。国家依照法律规定保护私人的继承权及其他合法权益。

4. 所有权的取得和消灭

(1) 所有权的取得。根据所有权的取得是否以原所有人的所有权与意志为依据,所有权的取得可分为原始取得和继受取得,两种取得又各有不同的方法。

所有权的原始取得是指根据法律的规定,取得新物、无主物的所有权,或者不以原所有人的权利和意志为根据而取得原物的所有权。原始取得主要有以下几种方法:生产和孳息、添附、无主财产、善意取得、国家强制取得所有权。

所有权的继受取得是指以原所有人的权利为依据,通过权利转移的方式而取得所有权。继受取得的方式主要包括买卖、互易、接受赠与、接受继承和遗赠等。

(2) 所有权的消灭。所有权的消灭是指所有人的所有权基于一定的法律事实或法律行为而不复存在。具体包括:所有权的客体消灭、所有权的主体消灭、所有权因转让、抛弃而消灭、所有权依强制措施而消灭。

(二) 建筑物区分所有权

1. 建筑物区分所有权的含义

建筑物区分所有权,是指根据使用功能,将一栋建筑物与结构上区分为由各个所有人独自使用的专有部分和由多个所有人共同使用的共有部分,每一所有人享有的对其专有部分的专有权与对共有部分的共有权的结合。

建筑物所有权是由专有权和共有权两方面构成的,因此权利的客体也包括两个方面,即专有部分和共有部分。专有部分主要是指根据建筑物的结构和功能而分割出来的具有独立建筑构造和独立使用功能的部分。共有部分则指建筑物的共用部分和附属设施等不具独立使用功能的建筑部分。

2. 建筑物区分所有权的内容

(1) 建筑物各区分所有人的专有权。这是指各区分所有人对其所使用的专有部分的单独所有权。如住宅楼中的各套公寓的所有权。这种单独所有权在进行登记以后,具有与普通的单独所有权相同的法律效力,权利人可以行使完全的占有、使用、收益和处分的权利。

(2) 建筑物区分所有人的共有权。这是指全体共有人对建筑物的专有部分之外的其他部分享有的权利。① 这种共有权具有以下的法律特征：① 这种共有权与专有权密不可分。② 这种共有权是法定的权利，无须当事人的约定。③ 这种共有权是为了共有人的共同利益而设定的，由共有人共同行使。

根据我国《物权法》的规定，建筑区划内的道路，属于业主共有，但属于城镇公共道路的除外。建筑区划内的绿地，属于业主共有，但属于城镇公共绿地或者明示属于个人的除外。建筑区划内的其他公共场所、公用设施和物业服务用房，属于业主共有。业主可以设立业主大会，选举业主委员会。业主大会或者业主委员会的决定，对业主具有约束力。

【案例】
某房地产开发公司将已销售完毕的某小区绿地改为免费停车场，提供给本公司在附近新开发的小区的业主使用。请问该公司的做法是否合法？

【分析】
根据《物权法》第73条的规定，建筑区划内的绿地，属于业主共有，但属于城镇公共绿地或者明示属于个人的除外。房地产开发公司将小区销售完毕，绿地应归业主共有，房地产开发公司无权对绿地进行处分，因此将其改为停车场的行为违反法律规定。

（三）相邻关系

1. 相邻关系的概念和特征

相邻关系，是指两个或两个以上相互毗邻的不动产的所有人或使用人因对不动产行使所有权或使用权时应当给予便利而发生的权利、义务关系。

不动产的所有人或使用人又称相邻人；相邻方享有的要求他人给予方便的权利又称相邻权。相邻权是为调节在行使不动产所有权中的权益冲突而产生的一种权利。根据《物权法》的规定，不动产的相邻权利人应当按照有利生产、方便生活、团结互助、公平合理的原则，正确处理相邻关系。

相邻关系具有以下的特征：（1）相邻关系的主体是相互毗邻的不动产的所有权人或使用权人。（2）相邻关系的客体是行使不动产权利时所体现的利益。（3）相邻关系的内容主要是一方有权要求另一方给予必要的便利，而另一方的权利因此受到限制。

【案例】
村民张某和王某是邻居，房屋屋顶相连，但两家交恶多年。张某翻修自己的房屋，必须要在王某的房屋屋顶上经过，王某提出张某要么不经过自己的房屋，要么向自己支付500元钱，张某表示绝对不会毁坏王某的屋顶，但是王某坚持张某如要经过自己的房屋，不管是否损坏房屋，都要支付500元钱。请问：王某的主张是否合法？

---

① 《最高人民法院关于审理建筑物区分所有权纠纷案件具体应用法律若干问题的解释》第3条规定：除法律、行政法规规定的共有部分外，建筑区划内的以下部分，也应当认定为《物权法》第六章所称的共有部分：（一）建筑物的基础、承重结构、外墙、屋顶等基本结构部分，通道、楼梯、大堂等公共通行部分，消防、公共照明等附属设施、设备，避难层、设备层或者设备间等结构部分；（二）其他不属于业主专有部分，也不属于市政公用部分或者其他权利人所有的场所及设施。建筑区划内的土地，依法由业主共同享有建设用地使用权，但属于业主专有的整栋建筑物的规划占地或者城镇公共道路、绿地占地除外。

【分析】

《物权法》第88条规定，不动产权利人因建造、修缮建筑物以及铺设电线、电缆、水管、暖气和燃气管线等必须利用相邻土地、建筑物的，该土地、建筑物的权利人应当提供必要的便利。不动产权利人利用相邻不动产，给相邻不动产权利造成损害的，应当赔偿损害。王某与张某是邻居，张某修缮自己的房屋需要利用王某房屋的屋顶。王某应当提供必要的便利，不能拒绝张某经过。只有张某利用王某的不动产给王某造成损害的，王某才能要求张某赔偿，王某无权要求张某支付利用自己不动产的报酬。因此王某的主张违反法律。

2. 相邻关系的类型

（1）用水与排水。不动产权利人应当为相邻权利人用水、排水提供必要的便利。对自然流水的利用，应当在不动产的相邻权利人之间合理分配。对自然流水的排放，应当尊重自然流向。

（2）通行权。不动产权利人对相邻权利人因通行等必须利用其土地的，应当提供必要的便利。

（3）相邻土地、建筑物的利用。不动产权利人因建造、修缮建筑物以及铺设电线、电缆、水管、暖气和燃气管线等必须利用相邻土地、建筑物的，该土地、建筑物的权利人应当提供必要的便利。

（4）通风、采光和日照。建造建筑物，不得违反国家有关工程建设标准，妨碍相邻建筑物的通风、采光和日照。

【案例】

2012年3月，王某向甲公司购买住房一套，5月验房入住。后来甲公司在排风管道外加盖房屋，超出了王先生的窗高，两个散热窗户正对着王先生的窗户，使其无法开窗通风和采光。王先生起诉要求甲公司拆除加盖的建筑物，如不能拆除，要求赔偿因此造成的房屋贬值损失30万元。

【分析】

《物权法》规定，不动产的相邻权利人应当按照有利生产、方便生活、团结互助、公平合理的原则，正确处理相邻关系。法院可以根据此规定以及其他相关规定作出判决，赔偿原告的损失。

（5）相邻损害防免关系。不动产权利人不得违反国家规定弃置固体废物，排放大气污染物、水污染物、噪声、光、电磁波辐射等有害物质。不动产权利人挖掘土地、建造建筑物、铺设管线以及安装设备等，不得危及相邻不动产的安全。

不动产权利人因用水、排水、通行、铺设管线等利用相邻不动产的，应当尽量避免对相邻的不动产权利人造成损害；造成损害的，应当给予赔偿。

（四）共有

1. 共有的概念和特征

共有是指两个或两个以上的自然人或法人对同一项财产共同享有所有权。两个或两个以上的所有权主体称为共有人，共同拥有的标的称为共有财产，这种特殊的所有权称为共有权。根据

"一物一权"的基本物权原则,共有权是单独的物权,并非在一项财产上的两个以上所有权。共有的法律特征如下:(1)主体的多数性。即共有的主体是两个或两个以上的民事主体。(2)客体的统一性。即共有物是特定的财产,共有物在共有关系存续期间不能分割,共有人的所有权及于整个共有物。(3)内容的共通性。即全体共有人的共同利益制约和影响着各共有人对共有物享有的权利和承担的义务。

2. 按份共有

按份共有,是指两个或两个以上的共有人按照各自的份额分别对共有财产享有权利和承担义务的一种共有关系。按份共有人虽然对共有物享有不同的份额,但各共有人的权利并非局限于其份额,而是及于共有财产的全部。按份共有人按照特定的份额分别对共有财产享有占有、使用、收益和处分的权利,同时也按各自的份额分担义务。

【观察】

2012年5月,孙某和王某共同出资购得东风牌卡车一辆,其中孙某出资3万元,王某出资5万元。孙某负责卡车驾驶,王某负责联系业务,所得利润按双方出资比例分配。此即为按份共有关系。

3. 共同共有

共同共有是指两个或两个以上的民事主体基于某种共同关系而对某项财产不分份额地共同享有权利和承担义务。共同共有的法律特征主要有:(1)共同共有以一定的共同关系的存在为前提。例如夫妻关系是夫妻共有的前提。(2)共同共有的财产不分份额。(3)各共同共有人对整个共有财产平等地享有权利和承担义务。

【案例】

村民甲、乙、丙三人共同出资购买了一头耕牛,用于耕种三家的农田,甲出资400元,乙和丙各出资300元。三人在购买耕牛时约定除非牛死了可以分牛肉,牛活着就不能要求分割牛,但是没有明确约定是按份共有还是共同共有,甲主张是按份共有,乙和丙主张是共同共有,但是都提不出充分的证据证明。请问:

(1)三人对耕牛的共有是按份共有还是共同共有?如果是按份共有,份额如何计算?

(2)耕牛生病,甲牵牛去兽医站治病,花去100元,该花费三人如何分担?

(3)耕牛踩坏了村民丁的庄稼,造成500元的损失,丁是否有权要求甲全部赔偿?

(4)如果甲全家迁入县城,不再耕种农田,甲是否有权要求分割牛?如果甲有权要求分割,可以采用什么方式分割?

【分析】

(1)《物权法》第103条规定:"共有人对共有物没有约定为按份共有或者共同共有,或者约定不明确的,除共有人具有家庭关系等外,视为按份共有。"三人不具有家庭关系等共同关系,因此三人的共有是按份共有。《物权法》第104条规定,按份共有人对共有的不动产或者动产享有的份额,没有约定或者约定不明确的,按照出资额确定;不能确定出资额的,视为等额享有。三人没有约定份额,因此应当按照出资份额确定应有份额,所以甲、乙、丙三人的份额是 4∶3∶3。

(2)《物权法》第 98 条规定,对共有物的管理费用以及其他负担,有约定的,按照约定;没有约定或者约定不明确的,按份共有人按照其份额负担。耕牛生病的费用系管理费用,三人对管理费用的负担没有约定,因此应按照份额负担,所以甲应负担 40 元,乙丙各负担 30 元。

(3)《物权法》第 102 条规定,因共有的不动产或者动产产生的债权债务,在对外关系上,共有人享有连带债权、承担连带债务,但法律另有规定或者第三人知道共有人不具有连带债权债务关系的除外。耕牛踩坏了丁的庄稼造成丁 500 元的损失,甲、乙、丙三人对丁应承担连带债务,所以丁有权要求甲全部赔偿。当然,甲全部赔偿后,有权向乙、丙按照他们之间的份额追偿。

(4)《物权法》第 99 条规定,共有人约定不得分割共有的不动产或者动产,以维持共有关系的,应当按照约定,但共有人有重大理由需要分割的,可以请求分割。甲与乙、丙共有耕牛主要是耕种农田,甲全部迁入县城,不再耕种农田,可以认定甲有重大理由需要分割,所以虽然三人约定不得分割,甲仍有权请求分割耕牛。《物权法》第 100 条规定,共有人可以协商确定分割方式。达不成协议,共有的不动产或者动产可以分割并且不会因分割减损价值的,应当对实物予以分割;难以分割或者因分割会减损价值的,应当对折价或者拍卖、变卖取得的价款予以分割。因此甲与乙、丙协商分割方式,达不成协议的,可以对折价或者拍卖、变卖耕牛所得价款予以分割。

三、用益物权

(一)用益物权概述

1. 用益物权的概念

用益物权是指用益物权人对他人所有的不动产或者动产,依法享有占有、使用和收益的权利。

2. 用益物权的特征

(1)用益物权是一种他物权。(2)用益物权是一种不动产物权。(3)用益物权是以使用和收益为内容的限制物权。(4)用益物权是独立物权。

此外,由于用益物权是依约定或法律规定设定,因此用益物权还是一种有期限的权利。

3. 用益物权的种类

根据我国《物权法》的规定,我国的用益物权类型包括土地承包经营权、建设用地使用权、宅基地使用权和地役权。对于海域使用权以及取水权、采矿权、探矿权、捕捞权、狩猎权等用益物权或者准用益物权适用相应特别法律的规定。

(二)土地承包经营权

1. 土地承包经营权的概念

土地承包经营权,是指公民或集体对国家所有或集体所有的土地等资源,依据承包合同而享有的占有、使用和收益的权利。

2. 土地承包经营权的法律特征

其特征包括:(1)承包经营合同是确认土地承包经营权的主要依据。(2)土地承包经营权的主体是公民或集体组织。(3)土地承包经营权的客体为全民所有的土地和集体所有的土地。(4)土地承包经营权属于一种新型的用益物权。

3. 土地承包经营权的取得和转让

土地承包经营权的取得必须通过签订土地承包经营合同方可获得。根据我国有关法律的规定,农民集体所有的土地由本集体经济组织的成员承包经营的,承包期限为30年;国有土地由公民或集体组织承包经营,或农民集体所有的土地由本集体经济组织以外的公民或单位承包经营的,承包期限由承包合同约定。

另外,承包人可以将承包经营权转让或转包给第三人,但必须先征得集体经济组织的同意。承包经营权的转让是指承包人自找对象,由第三人代替自己向发包人履行承包合同的行为。承包经营权的转包则是指承包人将自己承包项目的部分或全部,以一定条件发包给第三人,第三人对承包人履行合同,承包人应就第三人的行为向发包人负责,即承包人应与第三人共同承担承包风险。

【案例】

某村民委员会与该村村民张某签订的土地承包合同中约定,张某对该村集体所有的一块10亩耕地享有土地承包经营权,张某有权在该土地上开办生产鸡饲料的饲料厂。请问:张某能否取得土地承包经营权?

【分析】

按照我国法律规定,承包的耕地上只能从事农业生产,张某在承包的土地上开办饲料厂的约定不符合法律规定,即张某与村民委员会为张某设立的土地承包经营权的内容不符合法律规定,因此他们的约定不产生物权法上的效力,张某不能取得该幅耕地的土地承包经营权。

(三)建设用地使用权

1. 建设用地使用权取得的方式

(1)划拨。严格限制以划拨方式设立建设用地使用权。采取划拨方式的,应当遵守法律、行政法规关于土地用途的规定。依据我国《土地管理法》的规定,可以通过划拨方式取得的建设用地包括:国家机关用地和军事用地;城市基础设施用地和公益事业用地;国家重点扶持的能源、交通、水利等基础设施用地;法律、行政法规规定的其他用地。

(2)土地使用权出让。土地使用权出让是国家以土地所有人身份将土地使用权在一定期限内让与土地使用者,并由土地使用者向国家支付土地使用权出让金的行为。土地使用权出让主要有三种方式,即:协议、招标和拍卖。依据《物权法》第137条的规定,工业、商业、旅游、娱乐和商品住宅等经营性用地以及同一土地有两个以上意向用地者的,应当采取招标、拍卖等公开竞价的方式出让。

2. 建设用地使用权的期限

以划拨方式取得的建设用地使用权没有期限的限制。以出让方式取得的建设用地使用权有最高期限的限制,其最高期限为:居住用地70年;工业用地50年;商业、旅游、娱乐用地40年;教育、科技、文化、卫生、体育用地50年;综合或者其他用地50年。每一块土地的实际使用年限,在最高年限内,由出让方和受让方双方商定。

《物权法》第151条规定:集体所有的土地作为建设用地的,应当依照土地管理法等法律规定办理。

(四)宅基地使用权

1. 宅基地使用权的概念

宅基地使用权,是指公民在依法取得的宅基地上建造自有房屋或其他建筑物从而对此宅基地享有的占有和使用的权利。

2. 宅基地使用权的法律特征

其法律特征包括:(1)宅基地使用权属于一种用益物权,宅基地的所有权依然属于国家或集体所有。(2)宅基地使用权的主体是公民,而且主要为农村集体经济组织的成员。(3)宅基地使用权的客体主要是集体所有的用于建造自有房屋的土地。(4)宅基地使用权必须办理法定的申请程序,经过有关部门的批准后方可取得。(5)宅基地使用权受国家法律的保护,非经法定程序,任何机关和个人都不得任意剥夺公民依法取得的宅基地使用权。

3. 宅基地使用权的取得

公民取得宅基地使用权,必须办理法定的手续。根据我国有关法律的规定,公民应当向宅基地所在地的土地管理部门申请,经过批准后方可取得宅基地使用权。任何人不得未经准许擅自占地建造房屋,尤其不得随意占用耕地。

(五)地役权

1. 地役权的概念

地役权是指为了利用自己土地的便利而对他人的土地进行一定程度的利用或者对他人行使土地权利进行限制的权利。

2. 地役权的设定

地役权作为意定物权,必须由当事人以法律行为的方式来进行设立。设立地役权涉及双方当事人的利益,所以应当以合同的方式进行设定。

设定地役权合同是书面要式合同,当事人必须以书面形式签订合同。设定地役权合同的主要条款:(1)当事人的姓名或者名称和住所;(2)供役地和需役地的位置;(3)利用目的和方法;(4)利用期限;(5)费用及其支付方式;(6)解决争议的方法。

地役权从设立地役权的合同生效时设立,但是未经登记的不得对抗善意第三人。

3. 地役权的转让

由于地役权的从属性,地役权不得单独转让。《物权法》第164条规定,地役权不得单独转让。土地承包经营权、建设用地使用权等转让的,地役权一并转让,但合同另有约定的除外。需役地以及需役地上的土地承包经营权、建设用地使用权部分转让时,转让部分涉及地役权的,受让人同时享有地役权。供役地以及供役地上的土地承包经营权、建设用地使用权部分转让时,转让部分涉及地役权的,地役权对受让人具有约束力。

【案例】
甲公司在离海不远的地方建了一座酒店,在酒店上端的旋转餐厅就餐可以很好地欣赏海景。乙公司取得了酒店与大海之间的土地的建设用地使用权,甲公司担心乙公司修建高层建筑,会妨害在旋转餐厅的客人的视野,遂与乙公司约定,乙公司10年内不修建20米以上的建筑,甲公司每年向乙公司支付20万元,双方签订了书面形式的合同,但未进行登记。如果乙公司将该土地的建设用地使用权转让给丙公司,请问:甲公司的地役权对丙公司是否有效?

【分析】
根据《物权法》第158条的规定,地役权自地役权合同生效时设立。当事人要求登记的,可以向登记机构申请地役权登记;未经登记,不得对抗善意第三人。甲公司的地役权没有登记,不具有对抗效力。因此如果丙公司对地役权的设立不知情,是善意第三人,甲公司就无权要求丙公司履行地役权合同的义务。

四、担保物权

(一)担保物权的概念和特征

担保物权,是指为确保债权的实现而设定的,以直接取得或者支配特定财产的交换价值为内容的权利。我国担保物权包括抵押权、质权、留置权,其特征如下。(1)担保物权以确保债务的履行为目的。(2)担保物权是在债务人或第三人的特定财产上设定的权利。(3)担保物权以支配担保物的价值为内容,以标的物的价值确保债权的清偿为目的。(4)担保物权具有从属性、不可分性和物上代位性。

担保物权以主债权的有效为前提,主债权有效则担保物权有效,主债权无效则担保物权无效。担保物权的不可分性是指,担保物权所担保的债权的债权人得就担保物的全部行使其权利。这体现在债权一部分消灭,债权人仍就未清偿部分的债权对担保物全部行使权利;担保物一部分灭失,残存部分仍担保债权全部。物上代位性是指担保物权的效力及于担保物的代位物。通常所指的担保物的代位物包括保险金、赔偿金或赔偿物,如设定抵押的房屋已经保险的,房屋风险灭失后所获得的保险金成为抵押权的标的物。

(二)抵押权

1. 抵押权的概念

抵押权是指债权人对债务人或第三人提供的,不转移占有而作为债务履行担保的财产,在债务人到期不履行债务时,可以就其折价或变卖所得的价款优先受偿的权利。

2. 抵押权的效力

(1)抵押权的效力范围。抵押权的效力范围包括抵押权所担保的债权的范围和抵押权效力所及的财产范围。

(2)抵押权的优先效力。抵押权的优先效力是指抵押权所具有的使抵押权人得就抵押财产的价值优先于其他债权人而受清偿的效力。

(3)抵押权的保全效力。抵押权的保全效力是指抵押权所具有的使抵押权人有权采取必要措施以保全抵押财产价值的效力。

(4)抵押权的物上代位效力。抵押权的物上代位效力是指当抵押物的灭失而使抵押人获得赔偿请求权或赔偿金时,抵押权人的担保物权就该赔偿请求权或赔偿金而继续存在的法律效力。

(5)抵押权的追及效力。抵押权的追及效力是指抵押权所具有的使抵押权人得跟踪抵押财产而行使抵押权的法律效力。主要涉及抵押物的转让与出租两个问题。

(6)抵押权的实行效力。抵押权的实行效力是指抵押权所具有的使抵押权人于抵押人不按期履行债务时,得通过拍卖、变卖、折价等方式处分抵押物并从中实现其债权的法律效力。

【案例】

王某向李某借款50万元,以自己所有的房屋作为抵押,李某与王某签订了书面形式的抵押合同,但是未办理抵押权登记。王某受张某欺诈,将房屋低价卖给张某,并办理了房屋过户手续。张某很快将房屋又卖给了陈某,办理了房屋过户手续。王某向法院申请撤销与张某之间的买卖合同,要求陈某归还房屋。请问:(1)李某是否享有抵押权?(2)王某是否有权要求陈某归还房屋?

【分析】

(1)根据《物权法》第187条规定,以房屋抵押的,应当办理抵押权登记,抵押权自登记时设立。李某虽然与王某签订了书面形式的抵押合同,但是未办理抵押权登记,所以李某不享有抵押权。

(2)《物权法》第15条确立了物权变动与其原因行为的分离原则,即物权变动的效力与其原因行为的效力相分离。王某受张某欺诈,根据《合同法》的规定有权向人民法院申请撤销房屋买卖合同,但是王某与张某已经办理了房屋过户手续,陈某信赖登记公示状况与张某进行交易,并且办理了房屋过户手续,根据分离原则,王某与张某之间的房屋买卖合同与房屋所有权变动的效力相分离,王某无权以原因行为的效力瑕疵主张物权变动无效,因此王某无权要求陈某归还房屋。

(三)质权

1. 质权的概念

质权是指债权人对债务人或第三人移转占有而供担保的动产或权利,得就其价值优先受偿的权利。质权与抵押权一样都具有物权性、担保性、从属性、优先性等特征。

2. 质权与抵押权的区别

(1)成立要件和保持要件不同。抵押权的成立和保持不以抵押物的交付和占有为条件;而质权的成立与保持须以质押物的交付和占有为条件。

(2)标的物有所不同。抵押权的标的物为不动产、不动产用益物权和动产;质权的标的是动产和除不动产用益物权外的其他财产权利;在动产上成立的担保物权是抵押权还是质权,看债权人是否占有标的物。

3. 动产质权

动产质权是指债务人或第三人将其动产移交债权人占有,将该动产作为债权的担保,债务人到期不履行债务时,债权人有权依法以该动产折价或者以拍卖、变卖该动产的价款优先受偿。动产质权的设立需满足以下两个条件。

(1)签订质押合同。质押合同是出质人和质权人以意思表示设定质权来担保债权受偿的双方法律行为。质押合同是要式合同,双方须以书面形式订立;同时,《物权法》也规定:质权人不得与出质人约定债务人不履行到期债务时质押财产归债权人所有。

(2)质物的交付。质物的交付即出质人将质物交付给质权人占有。

【案例】

2013年12月,甲为买房向乙借了4 000元钱,约定第2年3月底以前偿还。为了保证能及时还钱,甲将自己的一辆价值4 500元的摩托车交给乙作为质押物,双方约定,在甲不能偿还借款时,该摩托车就归乙所有。请问:(1)甲、乙两人间的质押权何时设立?为什么?(2)甲、乙的质押合同有无不合法之处?为什么?

【分析】

(1)甲将摩托车交付给乙占有时,质权设立。因为物权法规定,质权自质物交付给质权人时设立。

(2)合同有不合法之处。甲不能还款时,质物摩托车归乙所有的约定违法,违反了物权法中关于禁止流质的约定,即禁止在质押合同中约定质物直接归质权人所有,否则无效。

4. 权利质权

权利质权是指以所有权、用益物权以外的可转让的财产权利为客体的质权。作为权利质权客体的权利须具备以下条件:必须是财产权利;必须是可以转让的财产权利;必须是依法适于设定权利质权的财产权利。

我国《物权法》第223条规定,债务人或者第三人有权处分的下列权利可以出质:汇票、支票、本票;债券、存款单;仓单、提单;可以转让的基金份额、股权;可以转让的注册商标专用权、专利权、著作权等知识产权中的财产权;应收账款;法律、行政法规规定可以出质的其他财产权利。

权利质权与动产质权的主要区别为:质权的客体不同;质权设立的方式有所不同;质权保全的方式有所不同;质权实现的方式有所不同。

(四)留置权

1. 留置权的概念

留置权是指依照合同占有债务人财产的债权人,在债务人不按期履行债务的条件下,得留置其占有物以保证其债权实现的担保物权。

2. 留置权的特征

(1)留置权为法定担保物权;(2)留置权的发生晚于债权人对债务人的债务财产的占有;(3)债权人对债务人的财产的留置具有同时履行抗辩的性质;(4)留置权人留置财产的期限具有债务履行宽限期的性质。

3. 留置权的成立条件

(1)债权人按照合同约定占有债务人的动产;(2)债务已届清偿期;(3)债权人所占有的债务人的动产必须与其债权的发生有牵连关系。但企业之间留置的除外。

4. 留置权的行使

留置权人与债务人应当约定留置财产后的债务履行期间;没有约定或者约定不明确的,留置权人应当给债务人两个月以上履行债务的期间,但鲜活易腐等不易保管的动产除外。债务人逾期未履行的,留置权人可以与债务人协议以留置财产折价,也可以就拍卖、变卖留置财产所得的价款优先受偿。

【案例】

张某的奶牛病了,张某带奶牛到兽医李某处医牛,医疗费200元,张某觉得太贵,不愿意支付,李某遂将奶牛扣下,告诉张某如果10天内不交200元钱,就把奶牛卖了抵债,张某不同意,引起争执。请问:本案应如何处理?

【分析】

根据《物权法》第236条规定,留置权人与债务人应当约定留置财产后的债务履行期间;没有约定或者约定不明确的,留置权人应当给债务人两个月以上履行债务的期间,但鲜活易腐等不易保管的动产除外。债务人逾期未履行的,留置权人可以与债务人协议以留置财产折价,也可以就拍卖、变卖留置财产所得的价款优先受偿。李某提出张某应10日内支付医疗费,但是张某未同意,因此李某并未就留置奶牛后的债务履行期限达成一致,李某应当确定不少于2个月的债务履行期间,张某逾期不付费,李某才有权行使自己的留置权,所以10天后李某不能直接变卖奶牛抵偿自己的医疗费。

第三节 合同制度

一、合同与合同法

1. 合同的概念

合同,是指平等主体的自然人、法人、其他组织之间设立、变更、终止民事权利义务关系的协议。

【观察】

我们生活中一些平常不过的行为,如去超市购物、坐公交出行等行为都是合同行为,都受合同法的调整。即使我们足不出户,也会发生合同关系,如供用电合同、供用水合同等。所以说,合同与我们日常生活的联系极为密切。

2. 合同法的概念

合同法则是调整合同法律关系的所有法律规范的总称。合同法并不只局限于专门法典意义上的合同法,还应包括散见于其他各种法律规定中有关合同的规定。广义的合同法包括合同法法典和其他多种法律制度中有关合同的规定;狭义的合同法专指合同法法典。我国狭义的合同法就是指1999年10月1日正式施行的《中华人民共和国合同法》。

二、合同的订立

合同的订立是合同当事人进行协商,达成一致意思表示的过程。我国《合同法》第13条规定:"当事人订立合同,采取要约、承诺方式。"也就是说,在合同订立的一般形式中,合同通常要经过要约和承诺两个程序过程才能订立。

(一)要约与要约邀请

1. 要约

要约是要约人向特定相对人发出的以缔结合同为目的的具有拘束力的意思表示。

(1)要约的生效。根据法律规定,要约自到达相对人时生效。要约可以以口头形式、书面形式及数据电子形式发出,因此,不同的要约发出形式也决定了要约在生效的时间上也存在不同:① 以口头形式发出的要约,自受要约人了解该要约的意思时生效;② 以书面形式发出的要约,在到达受要约人时生效;③ 以数据电子形式发出的要约,其生效时间视情况不同而定:第一,收件人指定了特定系统接收数据电文的,该数据电文进入该特定系统的时间,视为到达时间,即要约生效时间;第二,收件人未指定特定接收系统的,该数据电文进入收件人的任何系统的首次时间,视为到达时间,即要约生效时间。

(2) 要约的撤回和撤销。要约的撤回是指在要约到达受要约人之前,要约人阻止要约发生法律效力的行为。要约的撤销是指要约生效后,要约人消灭要约法律效力的行为。

我国《合同法》第17条规定:要约可以撤回。但撤回要约的通知应当在要约到达受要约人或者与要约同时到达受要约人。

我国《合同法》第18条规定:要约可以撤销。但撤销要约的通知应当在受要约人发出承诺通知之前到达受要约人。

【案例】

甲农场于7月2日向乙农场发出要约,要卖给乙农场一头种牛,甲农场要求乙农场15天内答复。甲农场的要约于7月5日到达乙农场。7月3日,甲农场又给乙农场去信,该种牛对本场意义重大,不能出售,请乙农场原谅,第二封信于7月6日到达。请问:该要约是否被撤回或撤销?

【分析】

《合同法》第17条规定:"要约可以撤回。撤回要约的通知应当在要约到达受要约人之前或者与要约同时到达受要约人。"本案中,甲农场撤回要约的通知晚于要约到达受要约人的时间,因而要约没有撤回。《合同法》第19条规定:"有下列情形之一的,要约不得撤销:(一)要约人确定了承诺期限或者以其他形式明示要约不可撤销;(二)受要约人有理由认为要约是不可撤销的,并已经为履行合同作了准备工作。"甲的要约中有承诺期限,因此不能被撤销。

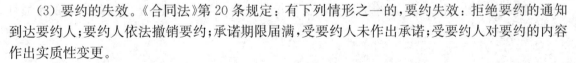

(3) 要约的失效。《合同法》第20条规定:有下列情形之一的,要约失效:拒绝要约的通知到达要约人;要约人依法撤销要约;承诺期限届满,受要约人未作出承诺;受要约人对要约的内容作出实质性变更。

2. 要约邀请

所谓要约邀请,又称要约引诱,是指希望他人向自己发出要约的意思表示,是当事人订立合同的预备行为。如寄送的价目表、拍卖公告、招标公告、招股说明书;商业广告等行为都是要约邀请。要约与要约邀请的主要区别在于:(1)要约是当事人(要约人)主动向受要约人提出的以订立合同为目的的意思表示;要约邀请是当事人(要约邀请人)向他人发出的,以他人向自己发出要约为目的意思表示。(2)要约是向特定的当事人发出的意思表示;要约邀请往往是向不特定的当事人发出的意思表示。(3)要约人向受要约人发出的要约中,其内容必须包括未来可能成立的合同的主要内容,如标的、质量、价格、数量、履行时间及地点等内容;而要约邀请则不一定包含以合同成立的主要内容,在实践中,包含了合同成立的主要内容的要约邀请,往往被视为要约。(4)要约中必须包含当事人愿意接受要约生效后接受要约拘束的意思表示;要约邀请则没有此类规定。

【案例】

某果品公司因市场上西瓜脱销,向新疆某农场发出一份传真:"因我市市场西瓜脱销,不知贵方能否供应。如有充足货源,我公司欲购十个冷冻火车皮。望能及时回电与我公司联系协商相关事宜。"农场因西瓜丰收,正愁没有销路,接到传真后,喜出望外,立即组织十个车皮货物给果品公司发去,并随即回电:"十个车皮的货已发出,请注意查收。"在果品公司发出传真后,农场回电前,外地西瓜大量涌入,价格骤然下跌。接到农场回电后,果品公司立即复电:"因市场发生变化,贵方发来的货,我公司不能接收,望能通知承运方立即停发。"但因货物已经起运,农场不能改卖他人。为此,果品公司拒收,农场指责果品公司违约,并向法院起诉。请问:本案的纠纷是因谁的原因导致?为什么?

【分析】

此案的纠纷是因农场的原因而导致。此案双方发生纠纷的原因是农场没有理解要约和要约邀请的区别。其法律依据是《合同法》第15条。果品公司给农场的传真是询问农场是否有货源,虽然该公司在给农场的传真中提出了具体数量和品种,但同时希望农场回电通报情况。因此,果品公司的传真具有要约邀请的特点。农场没有按果品公司的传真要求通报情况,在直接向果品公司发货后,才向果品公司回电的行为,因没有要约而不具有承诺的性质,相反倒具有要约的性质。在此情况下如果果品公司接收这批货,这一行为就具有承诺性质,合同就成立。但由于果品公司拒绝接收货物,故此买卖没有承诺,合同不成立。

(二)承诺

1. 承诺的含义

我国《合同法》第21条规定:承诺是受要约人同意要约的意思表示。由此可见,承诺必须是受要约人(承诺人)向要约人作出。同时,《合同法》又规定,承诺的内容应当与要约的内容一致,受要约人对要约的内容作出实质性变更的,为新要约;有关合同标的、数量、质量、价款或者报酬、履行期限、履行地点和方式、违约责任和解决争议方法等内容的变更,是对要约内容的实质性变更。

【观察】

我们都有讨价还价这样的生活体验,从合同法的角度看,这其实就是一个要约—反要约—再要约—承诺的过程,即合同订立的一般过程。

2. 承诺的期限

有期限限制的承诺必须在要约规定的承诺期限内到达要约人;没有规定承诺期限的承诺应当在何时到达要约人则视具体情况而定:(1)以口头形式发出的要约,受要约人的承诺应当在了解要约内容后的当时就向要约人作出承诺,除非当事人另有约定。(2)以非口头形式发出的要约(包括书面形式和数据电子形式发出的要约),法律规定,承诺应在合理期限内到达要约人。所谓合理期限,主要根据要约发出的客观情况和交易习惯进行确定,这个合理期限包括受要约人对要约内容进行充分考虑的时间,以及要约和承诺到达对方当事人必需的时间,并且在这段时间内,法律还要保护要约人的利益不受损害。

3. 承诺的生效

承诺通知到达要约人时生效;承诺不需要通知的,根据交易习惯或要约的要求作出承诺的行为时生效。当事人采用信件、数据电文形式订立合同的,一方当事人也可以要求签订确认书。当事人采用确认书确认承诺的效力的,承诺自确认书签订时成立。

4. 承诺的撤回

依照《合同法》的规定,承诺可以撤回,但撤回承诺的通知应先于承诺或与承诺同时到达要约人。

三、合同的生效

(一) 合同的成立与生效

1. 合同的成立

合同的成立是指合同当事人意思表示一致而达成协议的过程。

2. 合同的生效

合同的生效是指已经成立的合同具备了法定的生效要件,其受到法律的保护,并能够产生合同当事人所预期的法律后果。法律规定的合同生效要件如下:(1) 当事人在订立合同时必须具有相应的民事行为能力;(2) 合同当事人的意思表示真实;(3) 合同内容不违反法律或行政法规的规定,不违反社会公德和社会公共利益,不扰乱社会经济秩序。

多数情况下,合同都是依法成立的,合同在成立时具备了生效的要件,因此,这类合同的成立和生效时间是一致的。但是合同当事人在订立合同时,由于欠缺合同生效要件,导致无效合同、可撤销合同与效力未定合同的产生。

(二) 无效合同

1. 无效合同的概念

无效合同是指合同虽然成立,但因不具备法定的生效要件,法律不予承认和保护的合同。

2. 合同无效的情形

根据《合同法》第52条的规定,导致合同无效的情形有以下几种情况:(1) 一方以欺诈、胁迫的手段订立合同,损害国家利益;(2) 恶意串通,损害国家、集体或者第三人利益;(3) 以合法形式掩盖非法目的;(4) 损害社会公共利益;(5) 违反法律、行政法规的强制性规定。此类合同也可以称为违法合同或非法合同,无论当事人出于故意或过失订立的,都是无效的。

根据《合同法》第53条规定,合同中的下列免责条款无效:(1) 造成对方人身伤害的;(2) 因故意或者重大过失造成对方财产损失的。

3. 合同无效的法律后果

合同被确认无效以后,根据法律的规定,当事人因该无效合同而取得的财产,应当予以返还;不能返还或者没有必要返还的,应当折价补偿。有过错的一方应当赔偿对方因此所遭受的损失;双方都有过错的,应当承担相应的责任。若当事人订立合同时恶意串通,损害国家、集体或第三人利益的,因此取得的财产收归国家所有或者返还集体或第三人。

(三) 可撤销合同

1. 可撤销合同的概念

可撤销合同是指因合同欠缺生效要件或内容有瑕疵,合同的一方当事人依法可以以自己的意思变更合同的内容或使合同已经发生的效力归于消灭的合同。根据上述定义,我们可以将可撤销合同分为可撤销的合同与可变更的合同两类。

2. 合同撤销的情形

我国《合同法》第54条规定,以下合同,当事人一方有权请求人民法院或者仲裁机构变更或者撤销:(1)因重大误解订立的合同;(2)在订立合同时显失公平的合同;(3)一方以欺诈、胁迫的手段或者乘人之危,使对方在违背真实意思的情况下订立的合同,受损害方有权请求人民法院或者仲裁机构变更或者撤销。

3. 合同撤销的法律后果

对于可撤销合同,当事人请求变更的,人民法院不得撤销。可撤销合同被撤销后,其法律后果与无效合同被确认无效后的法律后果是一样的:合同当事人因该合同而取得的财产,应当予以返还;不能返还的或者没有必要返还的,应当折价补偿。有过错的一方应当赔偿对方因此所受到的损失,双方都有过错的,应当各自承担相应的责任。

(四)效力未定合同

所谓效力未定合同指的是合同的有效或者无效处于不确定状态,合同是否有效尚待有关有权利的第三人的同意的合同。效力未定合同主要表现为以下三类。

(1)当事人行为能力欠缺而订立的合同。法律规定限制民事行为能力人除可订立纯获利益的合同和与其年龄、智力、精神健康状况相适应的合同外,其订立的其他合同,经法定代理人追认后,该合同有效;法定代理人的追认期限为1个月。

(2)无权代理人以被代理人名义订立的合同。无权代理人以被代理人名义订立合同的情形主要有以下三种:行为人没有代理权而以被代理人名义与他人订立合同;无权代理人有代理权但其超越代理权权限而以被代理人名义与他人订立合同;行为人的代理权已经终止而仍以被代理人名义与他人订立合同。无代理权人以被代理人名义订立的合同只要在法定期限内为被代理人所追认,则合同自始有效,如果被代理人不予追认,则合同自始无效。

(3)无权处分人处分权利人财产而订立的合同。此类合同若在法定期限内被财产的有权处分人追认,则合同自始有效;若不被权利人追认,则合同自始无效。另外,无权处分人若在合同订立后取得该财产的处分权的,则合同自始有效,否则,自始无效。

四、合同的履行

(一)关于合同履行的一般规定

依法成立的合同生效以后,合同的当事人应该本着诚实信用的原则,全面正确地履行合同规定的权利义务。生效的合同是符合合同生效要件的合同,其必定包含了合同成立的主要条款,包括当事人的名称或者姓名和住所、合同标的、数量、质量、价款或者报酬、履行地点和方式等,合同当事人应当完全按照以上内容的规定履行合同。

(二)关于合同履行的特殊规定

(1)同时履行抗辩权。《合同法》第66条规定:当事人互负债务,没有先后履行顺序的,应当同时履行。一方在对方履行之前有权拒绝其履行要求。一方在对方履行债务不符合约定的,有权拒绝其相应的履行要求。

(2)不安抗辩权。《合同法》第68条规定:应当先履行债务的当事人,有确切证据证明对方有下列情形之一的,可以中止履行(合同):① 经营状况严重恶化;② 转移财产、抽逃资金,以逃避债务;③ 丧失商业信誉;④ 有丧失或者可能丧失履行债务能力的其他情形。合同当事人在行使其不安抗辩权中止履行合同时,应当及时通知对方当事人。

【案例】
甲乙两公司签订钢材购买合同,合同约定:乙公司向甲公司提供钢材,总价款500万元。甲公司预支价款200万元。在甲公司即将支付预付款前,得知乙公司因经营不善,无法交付钢材,并有确切证据证明。于是,甲公司拒绝支付预付款,除非乙公司能提供一定的担保,乙公司拒绝提供担保。为此,双方发生纠纷并诉至法院。
请问:
(1)甲公司拒绝支付余款是否合法?
(2)甲公司的行为若合法,法律依据是什么?
(3)甲公司行使的是什么权利?行使该权利必须具备什么条件?

【分析】
(1)甲公司拒绝支付余款是合法的。
(2)《合同法》第68条规定:"应当先履行债务的当事人,有确切证据证明对方有下列情形之一的,可以中止履行:(一)经营状况严重恶化;(二)转移财产、抽逃资金,以逃避债务;(三)丧失商业信誉;(四)有丧失或者可能丧失履行债务能力的其他情形。……"本案中甲公司作为先为给付的一方当事人,在对方缔约后财产状况明显恶化,且未提供适当担保,可能危及其债权实现时,可以中止履行合同,保护权益不受损害。因此在发生纠纷时,法院应支持甲公司的主张。
(3)甲公司行使的是不安抗辩权。不安抗辩权的适用条件是:①须是同一双务合同所产生的两项债务,并且互为对价给付。②互为对价给付的双务合同规定有先后履行顺序,且应先履行债务的一方的履行期届至。③应后履行债务的一方当事人,在合同依法成立之后,出现丧失或有可能丧失对待履行债务的能力。④应后履行债务的当事人未能为对待给付或为债务的履行提供适当的担保。

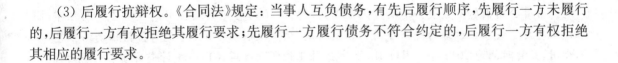

(3)后履行抗辩权。《合同法》规定:当事人互负债务,有先后履行顺序,先履行一方未履行的,后履行一方有权拒绝其履行要求;先履行一方履行债务不符合约定的,后履行一方有权拒绝其相应的履行要求。

【案例】
甲公司与乙公司签订一份买卖木材合同,合同约定买方甲公司应在合同生效后15日内向卖方乙公司支付40%的预付款,乙公司收到预付款后3日内发货至甲公司,甲公司收到货物验收后即结清余款。乙公司收到甲公司40%预付款后的第2日即发货至甲公司。甲公司收到货物后经验收发现木材质量不符合合同约定,遂及时通知乙公司并拒绝支付余款。请问:
(1)甲公司拒绝支付余款是否合法?
(2)甲公司的行为若合法,法律依据是什么?
(3)甲公司行使的是什么权利?行使该权利必须具备什么条件?

【分析】

(1) 甲公司拒绝支付余款是合法的。

(2)《合同法》第 67 条规定"当事人互负债务,有先后顺序,先履行一方未履行的,后履行一方有权拒绝其履行要求。先履行一方履行债务不符合约定的,后履行一方有权拒绝其相应的履行要求。"乙公司虽然将木材如期运至甲公司,但其木材质量不符合合同约定的质量,及其履行债务不符合合同约定,根据第 67 条的规定,甲公司有权拒绝支付余款。

(3) 甲公司行使的是后履行抗辩权。后履行抗辩权的行使应当具备以下三个条件:① 双方当事人须由同一双务合同互负债务。② 须双方所负的债务有先后履行顺序。③ 应当先履行的当事人未履行债务或履行债务不符合约定。

(三) 关于合同履行的补充规定

《合同法》第 61 条规定,合同生效后,当事人就合同标的的质量、价款或者报酬、履行地点等内容没有约定或者约定不明确的,当事人可以进行协议补充,该补充协议亦为原合同的组成部分,与原合同具有同等效力。如果当事人不能就有关内容达成协议,则根据合同原有的有关条款进行推定或者根据当日的交易习惯进行确定。如果在以上三种方法都不能对合同的有关内容进行确定,则根据《合同法》第 62 条的规定进行确定:(1) 质量要求不明确的,按照国家标准、行业标准来履行;没有国家标准、行业标准的,按照通常标准或者符合合同目的的特定标准履行。(2) 价款或者报酬不明确的,按照订立合同时履行地的市场价格履行;依法应当执行政府定价或者政府指导价的,按照规定履行。(3) 履行地点不明确,给付货币的,在接受货币一方所在地履行;交付不动产的,在不动产所在地履行;其他标的,在履行义务一方所在地履行。(4) 履行期限不明确的,债务可以随时履行,债权人也可以随时要求履行,但应当给对方必要的准备时间。(5) 履行方式不明确的,按照有利于实现合同目的的方式履行。(6) 履行费用的负担不明确的,由履行义务一方负担。

【案例】

日升公司因转产致使一套生产设备闲置,价值 5 000 万元。该公司总经理王某与强宇公司签订了关于该设备的转让合同。合同约定,生产设备以 3 000 万元的价格出卖给强宇公司,交货时间为 2011 年 8 月 4 日,强宇公司在收到设备后 8 日内支付全部货款。同年 8 月 1 日,王某发现强宇公司由于投资项目失误,致使该公司经营状况严重恶化,于是便通知强宇公司提供担保,否则将终止合同。此要求被强宇公司断然拒绝。9 月 10 日,王某发现强宇公司处境更加危险,几近破产,于是提出解除合同,并要求强宇公司赔偿日升公司因该合同所遭受的损失。强宇公司于是以日升公司违约向法院提出诉讼。法院在审理该案时查明:日升公司该设备的部分机器正在某机修厂进行检修,尚欠机修厂维修费 50 余万元。10 月 18 日,日升公司在给机修厂写下"5 日内支付维修费,否则机修厂可以对该批机器行使留置权"的书面保证后,提走了该批机器。请问:

(1) 日升公司是否可以暂停交货?为什么?

(2) 日升公司是否可以解除合同并要求强宇公司赔偿?为什么?

(3) 设法院查明,强宇公司并不存在经营状况恶化的情况,则日升公司是否应当赔偿强宇公司因此受到的损失?为什么?

(4) 若5日内,日升公司没有支付维修费,某机修厂能否行使留置权?为什么?

(5) 若合同没有约定一方先为履行,则日升公司能否拒绝先为履行?为什么?

【分析】

(1) 日升公司可以暂停交货。根据我国《合同法》第68条的规定:"应当先履行债务的当事人,有确切的证据证明对方有下列情形之一的,可以中止履行:(一)经营状况严重恶化;(二)转移财产,抽逃资金,以逃避债务;(三)丧失商业信誉……"本案中,王某已发现强宇公司经营状况严重恶化,其可以根据该条的规定行使不安履行抗辩权,暂停交货。

(2) 可以解除合同。《合同法》第69条规定:当事人依照本法第68条规定中止履行的,应当及时通知对方。对方提供适当担保时,应当恢复履行。中止履行后,对方在合理期限内未恢复履行能力并且未提供适当担保的,中止一方可以解除合同。本案中,王某已经代表日升公司发出中止履行的通知,但强宇公司拒绝提供担保,而且在日后的经营中,经营状况进一步恶化,没有履行合同的能力了,因此,日升公司有权单方面解除合同,并依《合同法》第97条的规定,要求强宇公司对由此造成的损失承担赔偿责任。

(3) 日升公司应负迟延履行的违约责任。《合同法》第68条强调不安抗辩权行使的条件是"有确切证据证明"对方有难为预期给付的状况,否则不能行使不安抗辩权。该第2款规定:当事人没有确切证据中止履行的,应当承担违约责任。因此,如果法院查明强宇公司并不存在经营状况严惩恶化的情形,则日升公司应当先为履行而未为履行时,其应依法承担违约责任。

(4) 能行使留置权。因为留置权以留置权人先行占有留置物为前提,现日升公司已将留置物提走,机修厂已无法行使留置权。

(5) 可以拒绝履行。《合同法》第66条规定:当事人互负债务,没有先后履行顺序的,应当同时履行。一方在对方履行之前有权拒绝其履行要求;一方在对方履行债务不符合约定时,有权拒绝其相应的履行要求。在觉察强宇公司出现履行不能的情况时,日升公司可以要求同时履行,并且其在强宇公司未作履行之前,可以拒绝履行。

五、合同的变更和转让

(一) 合同的变更

我国《合同法》规定的合同变更主要指的是狭义的合同变更,这种合同的变更专指合同内容的变更,是指合同有效成立以后而尚未履行完毕之前,由双方当事人依法对原合同的内容进行修改的行为,这种合同的变更是合同中的权利义务内容的变更,而合同的当事人亦即合同的权利义务承受主体并没有发生改变。合同变更后,变更后的合同取代了原来的合同,当事人必须按照变更了的合同履行合同内容。

(二) 合同的转让

我国《合同法》所指的合同的转让则是指合同当事人依法将合同的全部或者部分权利义务转让给他人的合法行为,合同的转让亦即是已经有效成立的合同的权利义务是不同主体之间的转让,合同的权利义务内容并没有发生变化,发生变化的只是合同中承受权利义务的主体。根据《合同法》对合同转让的界定,合同的转让可以分为合同权利的转让、合同义务的转让与合同权利义务的概括转让三种形式。

六、合同的终止

(一)合同终止的概念

合同的终止又称合同的消灭,是指因一定法律事实的发生或出现而使合同权利义务归于消灭的情形。

(二)合同终止的种类

合同权利义务的终止可以分为合同权利义务的正常终止和非正常终止。

正常终止,是指合同债务按照约定履行而使合同的权利义务终止。正常终止的事由只有一个,即债务已经按照约定履行。合同债权债务的正常履行,是当事人订立合同的宗旨所在,当合同被全面正确履行完毕后,合同所规定的权利义务理所应当地发生终止。

合同的非正常终止指的是在合同的履行过程中,由于发生了当事人事先没有预料到的情况,在合同规定的权利义务没有正常履行完毕前而根据当事人的协议或者根据法律规定而终止合同的权利义务的情况。其具体事由包括:(1)合同解除;(2)债务相互抵消;(3)债务人依法将标的物提存;(4)债权人免除债务;(5)债权债务同归于一人;(6)法律规定或者当事人约定终止的其他情形。

七、违约责任

(一)违约责任的概念

违约责任是指合同当事人因违反合同所规定的义务所应承担的民事责任。合同当事人对合同义务的履行应当是全面正确适当的履行,如果当事人不履行合同义务或者对合同义务的履行不符合合同约定,则该方合同当事人的行为就是违约,其按照合同约定或者法律规定应该承担违约责任。

(二)违约责任的救济方式

对于合同一方当事人的违约行为,《合同法》第107条规定了三种救济方式:继续履行、采取补救措施和赔偿损失,如果法律另有规定或当事人另外约定了其他违约责任形式的,从该规定或约定。常见的约定的违约责任形式有两种,即定金和违约金。

(1) 定金。定金是指为了担保合同债权的实现,依据法律规定或当事人的约定,由一方当事人在合同订立时或合同订立后到合同履行前的时间内,按照合同标的额的一定比例,预先给付对方当事人一定数额的货币。我国《担保法》第89规定:当事人可以约定一方向对方给付定金作为债权的担保。债务人履行债务后,定金应当抵作价款或者收回。给付定金的一方不履行约定的债务的,无权要求返还定金;收受定金的一方不履行约定的债务的,应当双倍返还定金。虽然定金在《担保法》中是作为一项担保制度而进行规定,但在合同行为中,当一方当事人的违约行为发生后,定金可以作为一种违约责任形式由当事人在合同订立时进行约定。

(2) 违约金。违约金是指在合同的一方当事人违约时,按照合同的约定或法律的规定,作为对非违约方的补偿,而由违约方支付给非违约方的一定数额的货币。如果当事人在合同中既约定了定金,又约定了违约金的,非违约方只能在定金责任形式和违约金责任形式中选择一种,而不能要求违约方既承担定金责任,又承担违约金责任。我国《合同法》第116条规定:当事人既约定违约金,又约定定金的,一方违约时,对方可以选择适用违约金或者定金条款。

【案例】
　　甲乙两人互发 E-mail 协商洽谈合同。6月30日甲称:"我有笔记本电脑一台,配置为……九成新,5 000元欲出手。"7月1日,乙回信称:"东西不错,4 800元可要。"甲于7月2日回复:"可以,7月7日来我处取电脑。"乙于当日答复:"同意。"上述邮件为甲乙二人分别在A地与B地发出,而甲的经常居住地为C地,乙的经常居住地为D地。7月7日,乙到甲居住的C地取电脑,发现电脑运行速度明显比正常的慢,比约定的标准差得多,自己无法使用,因此拒绝接受。甲于是降低价格至3 000元。乙同意并取走电脑。此时,丙正急需一台笔记本电脑而苦于价格太高,无法以低价购买。乙即将该电脑转卖给丙,并约定由丙向甲付款3 000元。甲的电脑上本染有病毒,但甲对此并不知情。当乙在问及电脑是否染有病毒并需要杀毒时,甲说使用多年从未染有病毒。结果,丙在使用时病毒发作,硬盘被锁死,电脑报废。对此,丙要求乙赔偿损失4 000元。请问:
　　(1) 甲、乙的互发电子邮件行为中,哪几个行为是要约?
　　(2) 案中合同的成立地点在何地?为什么?
　　(3) 设本案中乙发现甲的电脑比约定的标准差得多后,拒绝购买,甲也不同意降价,双方遂解除合同,则乙往返于C地和D地的费用应由谁承担?为什么?
　　(4) 甲是否应当承担电脑报废给乙造成的损失?为什么?
　　(5) 若丙届时未付款,该由谁向甲承担违约责任?为什么?

【分析】
　　(1) 6月30甲的邮件、7月2日甲的回复、7月1日乙的回信等行为均为要约。
　　(2) 本案合同的成立地点在甲的经常居住地C地。《合同法》第34条规定:承诺生效的地点为合同成立的地点。采用数据电文形式订立合同的,收件人的主营业地为合同成立的地点;没有主营业地的,其经常居住地为合同成立的地点。本案中,甲的经常居住地为C地,故合同在C地成立。
　　(3) 该费用应当由甲承担。《合同法》第42条规定:当事人在订立合同过程中,有下列情形之一,给对方造成损失的,应当承担赔偿责任:(一)假借订立合同,恶意进行磋商;(二)故意隐瞒与订立合同有关的重要事实或者提供虚假情况;(三)有其他违背诚实信用原则的行为。本案中,甲故意隐瞒电脑的标准,致使乙因为订立合同往返于C地与D地之间,因此该费用应由甲承担。
　　(4) 甲应当承担赔偿责任。无论质量是否符合约定,主观有无过错,甲都应承担瑕疵担保责任,对乙的损失应承担赔偿责任。
　　(5) 若届时丙未付款,则应由乙向甲承担违约责任。《合同法》第65条规定:当事人约定由第三人向债权人履行债务的,第三人不履行债务或履行不符合约定,债务人应当向债权人承担违约责任。本案中,在甲乙的合同中,作为债务人的乙同丙约定由丙向甲履行债务,届时丙不履行债务,则债务人乙应当依法向甲承担违约责任。

第四节 继承制度

一、继承概述

（一）继承权

关于继承权，有两种不同的含义。一是继承期待权。此为继承开始之前的继承权。继承法所规定的继承人，在将来继承开始时，即可享有依法继承被继承人遗产的权利。要使继承期待权转化成现实的权利，须继承人后于被继承人死亡，且没有丧失继承权等情事发生。二是继承既得权。此为继承开始后的继承权。被继承人死亡，继承人没有丧失继承权的情况下，继承人享有实际取得遗产的权利。这种意义上的继承权，与继承人的主观意志相联系，即继承人既可以接受行使继承权，也可以放弃权利。

（二）继承法

继承法是以一定亲属的身份为基础的财产法规范。[1] 其有如下特点：

（1）继承法属于私法的范畴。继承法所规定的法律关系，为私人相互间的关系。继承法所要调整的财产继承关系，本质上属于平等主体之间发生的财产流转关系，属于民法规范的一部分，故继承法是私法。

（2）继承法是实体法。作为民法规范的一个组成部分，继承法主要规定有关财产继承的实体性规范，如继承开始的原因、继承人的范围、遗产的分割等问题。因此，继承法属于实体法。

（3）继承法是强行法。继承法上的大部分规定，具有强行法的性质。如继承开始的时间、继承人的责任等规定，都是强制性的。当然，在法律允许的范围内，当事人可依其意志自由处分。

（三）遗产

1. 遗产的概念和特征

遗产是指被继承人死亡时遗留的个人所有财产和法律规定可以继承的其他财产权益。根据我国《继承法》第3条的规定，遗产必须同时具备以下三个特征：（1）必须是公民死亡时遗留的财产；（2）必须是公民个人所有的财产；（3）必须是合法财产。

2. 遗产的范围

其范围：（1）公民的合法收入。如工资、奖金、存款利息、从事合法经营的收入、继承或接受赠予所得的财产。（2）公民的房屋、储蓄、生活用品。（3）公民的树木、牲畜和家禽。树木，主要指公民在宅基地上自种的树木和自留山上种的树木。（4）公民的文物、图书资料。公民的文物一般指公民自己收藏的书画、古玩、艺术品等。（5）法律允许公民个人所有的生产资料，如农村承包专业户的汽车、拖拉机、加工机具等，城市个体经营者、华侨和港、澳、台同胞在内地投资所拥有的各类生产资料。（6）公民的著作权、专利权中的财产权利，即基于公民的著作被出版而获得的稿费、奖金，或者因发明被利用而取得的专利转让费和专利使用费等。（7）公民的其他合法财产。

3. 遗产的种类

遗产包括积极遗产和消极遗产。积极遗产指死者生前个人享有的财物和可以继承的其他合

---

[1] 参见陈棋炎、黄宗乐、郭振恭：《民法继承新论》（第六版），中国台湾三民书局2010年版，第19页。

法权益,如债权和著作权中的财产权益等。消极遗产指死者生前所欠的个人债务。我国《继承法》第 33 条规定,继承遗产应当清偿被继承人依法应当缴纳的税款和债务,缴纳税款和清偿债务以他的遗产实际价值为限。超过遗产实际价值部分,继承人自愿偿还的不在此限。由此可见,我国采用限定继承原则,即债务清偿以继承的遗产价值为限,但不限制继承人自愿偿还超过遗产实际价值部分的税款和债务。

【观察】
我国民间流传"父债子偿"的说法,从法律角度讲,债务清偿以继承的遗产价值为限,即"父债"不一定要"子还"。当然,如果自愿偿还,则法律不予限制。

二、法定继承

(一) 法定继承的概念和特征

1. 法定继承的概念

法定继承,又称无遗嘱继承,是指由法律直接规定继承人范围、继承的先后顺序以及遗产分配原则的一种继承方式。法定继承是与遗嘱继承相对而称的一种继承形态,在被继承人未立遗嘱或所立遗嘱无效时,适用法定继承。

2. 法定继承的特征

(1) 法定继承人的范围是依据继承人之间存在的婚姻、血缘和家庭关系而由法律直接规定的;(2) 法定继承人按照法律规定的先后顺序继承遗产;(3) 法定继承人在分配遗产时必须遵守法律规定的原则;(4) 法定继承方式的适用应置于遗嘱继承之后。

(二) 法定继承人的范围和顺序

1. 法定继承人的范围

法定继承人是指依照法律的直接规定,以继承人的身份取得被继承人遗产的人。法定继承人的范围由法律直接规定,其确定的依据是继承人与被继承人之间既存的婚姻关系、血缘关系和家庭关系。根据我国《继承法》第 10 条、12 条的规定,我国法定继承人的范围如下。

(1) 配偶。配偶是处于合法婚姻关系中的夫妻双方相互间的称谓。以配偶身份作为法定继承人的前提是双方有合法的婚姻关系。因此,当被继承人死亡时,只有与被继承人存在着合法婚姻关系的人,才有权以配偶的身份继承被继承人的遗产。尚未办理结婚登记手续而同居的男女或者已经离婚的男女,都不能以配偶的身份作为被继承人的法定继承人。

(2) 子女。子女是与父母血缘关系最近的晚辈直系血亲。根据我国《继承法》的规定,作为法定继承人的子女包括:① 婚生子女,是指有合法婚姻关系的男女所生育的子女。② 非婚生子女,是指没有合法婚姻关系的男女所生育的子女。我国《婚姻法》规定,非婚生子女享有与婚生子女同等的权利。我国《继承法》也明确规定,在财产继承方面,非婚生子女享有与婚生子女同等的继承权。③ 养子女,是指因收养关系的成立而与收养人发生法律拟制的父母子女关系的被收养人。根据我国《婚姻法》的规定,养父母与养子女之间的权利义务,适用本法对父母子女关系的有关规定。我国《继承法》确认,养子女有权继承养父母的遗产。由于养子女与生父母之间的权利义务因收养关系的成立而消除,因此,养子女在收养关系存续期间不能以法定继承人的身份继承其生父母的遗产。但《最高人民法院关于贯彻执行〈中华人民共和国继承法〉若干问题的意见》第 19 条规定,被收养人对养父母尽了赡养义务,同时又对生父母扶养较多的,除可依《继承法》第 10

条的规定继承养父母的遗产外,还可依《继承法》第14条的规定分得生父母的适当的遗产。④继子女,是指妻与前夫或者夫与前妻所生的子女。我国《婚姻法》规定,继父母和受其抚养教育的继子女之间的权利义务,适用本法对父母子女关系的有关规定。由此,继子女与继父母之间相互享有继承权的前提条件,就是彼此间形成了实际的抚养教育关系。此外,继子女与生父母之间的权利义务并不因继子女与继父母之间形成抚养教育关系而消除,故继子女在继承继父母遗产的同时,仍有权继承生父母的遗产。

(3) 父母。父母是与子女血缘关系最近的长辈直系血亲。根据我国《继承法》的规定,作为法定继承人的父母包括:① 生父母,是指生育了子女的长辈直系血亲。② 养父母,是指因收养关系的成立而与被收养人发生法律拟制的父母子女关系的收养人。根据我国《婚姻法》的规定,养父母与养子女之间的权利义务,适用本法对父母子女关系的有关规定。因此,在收养关系存续期间,养父母有权继承养子女的遗产。③ 继父母,是指子女对父亲或者母亲的再婚配偶的称谓。根据我国《婚姻法》的规定,相互之间形成实际上的抚养教育关系,是继父母与继子女之间产生法律上权利义务关系的前提,因此,形成抚养教育关系的继父母与继子女间相互享有继承权。继父母继承了继子女遗产的,不影响其继承生子女的遗产。

(4) 兄弟姐妹。兄弟姐妹是血缘关系最近的旁系血亲。根据我国《继承法》的规定,作为法定继承人的兄弟姐妹包括:① 同父母的兄弟姐妹、同父异母或者同母异父的兄弟姐妹,同父母的兄弟姐妹是全血缘的,同父异母或者同母异父的兄弟姐妹则是半血缘的,但他们都属于有自然血缘关系的亲兄弟姐妹,彼此享有继承权。② 养兄弟姐妹,是基于收养关系的成立而在收养人的子女与被收养人之间形成的法律拟制的旁系血亲关系。养兄弟姐妹彼此之间产生等同于亲兄弟姐妹的权利义务关系,因而相互享有继承权。③ 有扶养关系的继兄弟姐妹,是指因其父亲或者母亲再婚而形成的法律拟制的旁系血亲关系。根据《最高人民法院关于贯彻执行〈中华人民共和国继承法〉若干问题的意见》第24条的规定,继兄弟姐妹之间的继承权,因继兄弟姐妹之间的扶养关系而发生。没有扶养关系的,不能互为第二顺序继承人。继兄弟姐妹之间相互继承了遗产的,不影响其继承亲兄弟姐妹的遗产。

(5) 祖父母、外祖父母。祖父母、外祖父母与孙子女、外孙子女之间是除父母子女之外血缘关系最近的直系尊亲属。我国《婚姻法》明确规定了祖父母、外祖父母与孙子女、外孙子女之间在一定条件下的抚养、赡养关系,这是他们之间享有继承权的前提。但我国《继承法》只赋予了祖父母、外祖父母继承孙子女、外孙子女遗产的权利,并未规定孙子女、外孙子女对其祖父母、外祖父母的遗产享有继承权。这里的祖父母、外祖父母包括生祖父母和外祖父母、养祖父母和外祖父母、形成实际抚养关系的继祖父母和外祖父母。

(6) 对公、婆尽了主要赡养义务的丧偶儿媳,对岳父、岳母,尽了主要赡养义务的丧偶女婿。这是我国《继承法》的特色规定,体现了权利义务相一致的原则。尽了主要赡养义务是指为公婆或者岳父母提供了主要的经济生活来源或者为其日常生活提供了主要劳务。

2. 继承顺序

法定继承人的继承顺序是法律直接规定的继承人继承遗产的先后次序。继承开始时,法定继承人并不是同时参加继承的,只有在没有前位顺序法定继承人或者前位顺序法定继承人全部丧失或放弃继承权时,才由后位顺序继承人继承。

根据我国《继承法》第10条、第12条的规定,遗产按照下列顺序继承:第一顺序:配偶、子女、父母。第二顺序:兄弟姐妹、祖父母、外祖父母。继承开始后,由第一顺序继承人继承,第二顺序继承人不继承。没有第一顺序继承人继承的,由第二顺序继承人继承。丧偶儿媳对公、婆,丧偶女婿对岳父、岳母,尽了主要赡养义务的,作为第一顺序继承人。

【图例】

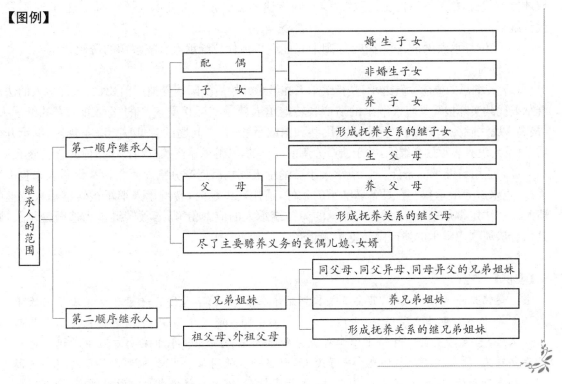

(三) 代位继承和转继承

1. 代位继承

(1) 代位继承的概念。

代位继承是和本位继承相对应的一种继承制度,是法定继承的一种特殊情况。它是指被继承人的子女先于被继承人死亡时,由被继承人子女的晚辈直系血亲代替先死亡的长辈直系血亲继承被继承人遗产的一项法定继承制度,又称间接继承、承租继承。先于被继承人死亡的继承人,称被代位继承人,简称被代位人。代替被代位人继承遗产的人称代位继承人,简称代位人。代位人代替被代位人继承遗产的权利,叫代位继承权。

(2) 适用代位继承的条件。

① 被代位人必须先于被继承人死亡。这既是代位继承成立的首要条件和唯一原因,也是其与转继承的重要区别之一。

② 先死亡的被代位人,必须是被继承人的子女,其他继承人如被继承人的配偶、父母、兄弟姐妹、祖父母、外祖父母等先于被继承人死亡不发生代位继承。

③ 代位继承人必须是被代位人的晚辈直系血亲。我国《继承法》第11条规定,被继承人的子女先于被继承人死亡的,由被继承人的子女的晚辈直系血亲代位继承。《最高人民法院关于贯彻执行〈中华人民共和国继承法〉若干问题的意见》第25条规定,被继承人的孙子女、外孙子女、曾孙子女、外曾孙子女都可以代位继承,代位继承人不受辈数的限制。

④ 被代位人生前必须享有继承权,如被代位继承人基于法定事由丧失继承权,则连带引起代位继承权的消灭。《最高人民法院关于贯彻执行〈中华人民共和国继承法〉若干问题的意见》第28条规定,继承人丧失继承权的,其晚辈直系血亲不能代位继承。

⑤ 代为继承只适用于法定继承,在遗嘱继承中不适用。亦即只有被代位继承人的法定继承权才能被代位,如其享有的是遗嘱继承权,则该遗嘱会因先于被继承人死亡而失效,此时不发生代位继承。

⑥ 代位继承人无论人数多少,原则上只能继承被代位继承人有权继承的份额。

2. 转继承

(1) 转继承的概念。转继承,是指继承人在继承开始后实际接受遗产前死亡,该继承人的法定继承人代其实际接受其有权继承的遗产。转继承人就是实际接受遗产的死亡继承人的继承人。《最高人民法院关于贯彻执行〈中华人民共和国继承法〉若干问题的意见》第52条规定,继承开始后,继承人没有表示放弃继承,并于遗产分割前死亡的,其继承遗产的权利转移给他的合法继承人。

(2) 适用转继承的条件。① 继承人于被继承人死亡后遗产分割前死亡。② 继承人未丧失继承权,也未放弃继承权。在具备转继承的条件,适用转继承时,转继承人继承被转继承人应继的遗产。在法定继承中,转继承人应继承的为被继承人的应继份额;若被转继承为遗嘱继承人,则其依合法遗嘱应继承的遗产由转继承人承受。

【案例】

赵伟光系某公司经理,其妻王某长期病休在家,夫妇二人生有一子一女。儿子赵宏于1995年与本厂职工王英结婚,婚后生有一子赵小明。赵宏于1999年因车祸丧生。女儿赵娟未婚,与父母同住。赵伟光因工作关系经常出差,于1999年于某南方城市结识当地女青年钱某,次年钱某为赵伟光生一子赵扬,赵扬一直随同母亲生活。2008年5月赵伟光因车祸意外死亡,经查留有现金30万元,银行存款30万元。赵伟光生前没有遗嘱,现有家人因继承份额发生纠纷。钱某提出赵扬为赵伟光的亲生儿子,亦有权继承赵伟光的遗产份额。请问:(1)钱某的主张是否成立?为什么?(2)赵宏的妻子王英主张代位继承赵宏的应继份额,她的主张是否成立?

【分析】

(1) 钱某的主张成立,赵扬有权继承赵伟光的遗产。根据《继承法》的规定,子女包括婚生子女、非婚生子女、养子女和有扶养关系的继子女。因此,虽然钱某并不是赵伟光的合法妻子,但赵扬属于钱某与赵伟光的非婚生子女,在遗产继承上享有与婚生子女同等的权利与义务,有权继承父亲的合法财产。

(2) 赵宏的妻子王英提出其代位继承的主张没有法律依据,不能成立,但赵宏的儿子赵小刚有权代位继承赵宏的应继份额。根据《继承法》第11条的规定,被继承人的子女先于被继承人死亡的,由被继承人的子女的晚辈直系血亲代位继承。代位继承人一般只能继承他的父亲或母亲有权继承的遗产份额。因此,王英作为赵宏的妻子,并不是赵宏的晚辈直系血亲,不符合代位继承的条件,应由其儿子代位继承,王英只在赵小明成年之前享有代管权。

3. 代位继承和转继承的区别

代位继承和转继承都是因继承人死亡无权行使继承权而发生的、由继承人的继承人行使被继承人的财产继承,但二者之间存在明显的区别。

(1) 继承人死亡的时间不同。代位继承是被继承人的继承人先于被继承人死亡或与被继承人同时死亡;转继承是被继承人的继承人在继承活动开始之后,遗产处理之前死亡。

(2) 继承的内容不同。代位继承是继承人的子女直接参与对被继承人遗产的分割,与其他有继承权的人共同参与继承活动;转继承的继承只能对其法定继承人应继承的遗产进行分割,不能与被继承人的其他合法继承人共同分割被继承人的遗产。

(3) 性质不同。转继承是对第一次继承基础上的再次继承;代位继承是直接由继承人的晚辈直系血亲继承被继承人的遗产。

(4) 继承人的范围不同。代位继承只能发生与被继承人有直系血亲或拟制血亲的子女范围内,如子女、孙子女、外孙子女,且不受辈分限制,均可成为代位继承人;转继承人却不仅限于有直系血亲或拟制血亲的子女、孙子女、外孙子女范围内,由于转继承是继承继承人的遗产,因此,作为第一顺序继承人的子女、配偶、父母都有继承权。

(5) 法定事由不同。转继承既可以是法定继承,也可是在遗嘱继承;代位继承只发生在法定继承中。

(四)法定继承中的遗产分配

1. 法定应继份

法定应继份是指在法定继承中,当法定继承人为两人以上时,各继承人应当继承的遗产份额。我国《继承法》第13条对法定应继份作了明确的规定:(1)同一顺序继承人继承遗产的份额,一般应当均等;(2)特殊情况下继承份额可以不均等。主要有以下几种情况:对生活有特殊困难的缺乏劳动能力的继承人,分配遗产时,应当予以照顾;对被继承人尽了主要扶养义务或者与被继承人共同生活的继承人,分配遗产时,可以多分;有扶养能力和有扶养条件的继承人,不尽扶养义务的,分配遗产时,应当不分或者少分;继承人协商同意的,也可以不均等。

2. 法定继承人以外的遗产取得人

在法定继承中,除了依法参加继承的法定继承人以外,具备一定条件的其他人也有权酌情取得一定的遗产。根据我国《继承法》第14条的规定,对继承人以外的依靠被继承人扶养的缺乏劳动能力又没有生活来源的人,或者继承人以外的对被继承人扶养较多的人,可以分给他们适当的遗产。

【案例】
老王的独生儿子于5月5日落水死亡,留有妻子和一儿一女三人,他们分别是甲、乙、丙。老王也因悲伤过度于5月25日去世,死后留有个人财产12 000元,老王的妻子还健在。本案老王的遗产应如何处理?

【分析】
老王未立遗嘱,故本案适用法定继承。老王的法定继承人包括其配偶和独生儿子。因其儿子先于其死亡,故由其儿子的子女代位继承。所以,本案中,老王的遗产由其配偶继承6 000元,乙丙分别继承3 000元。

三、遗嘱继承

遗嘱继承是指继承人依照被继承人生前所立合法有效遗嘱的指定取得被继承人遗产的一种财产继承方式。在遗嘱继承中,继承人的范围、继承顺序以及继承份额均由被继承人生前制作的遗嘱来确定,因此,遗嘱继承又称为指定继承。其中,设立遗嘱的人称为遗嘱人,由遗嘱指定的继承人称为遗嘱继承人。

(一)遗嘱的含义和特点

遗嘱是遗嘱人依法定方式所为的在其死后发生效力的无相对人的单独行为。遗嘱的特点表现在三个方面:(1)要式性。为确保遗嘱人的真实意思,并防止日后产生争执,所以法律规定遗嘱须以法定方式制作。(2)自主性。遗嘱乃遗嘱人的最终意思,须出自其本人的真正意思,不能由他人代理实施。且为了尊重被继承人的独立意思,法律规定,只要有遗嘱能力,就可以独立制作遗嘱,即使是限制行为能力人,也不必得到其法定代理人的允许。(3)可变动性。遗嘱在遗嘱人死亡前,尚未发生效力,为尊重遗嘱人的最终意思,法律允许遗嘱人随时撤回或变更其遗嘱,亦即在遗嘱人死亡前遗嘱可能发生变动。

(二)遗嘱形式

如前所述,遗嘱是遗嘱人生前按照自己的意愿依法对其遗产及其他事务进行处置并于其死亡时发生效力的单方法律行为。① 遗嘱必须符合法律规定的形式,才能产生相应的法律效力。我国《继承法》第17条规定了五种遗嘱形式。

(1)公证遗嘱。公证遗嘱是指遗嘱人设立的经过公证机关办理了公证证明的书面遗嘱。公证遗嘱的效力优于其他形式的遗嘱。其订立要求为:① 由遗嘱人亲自向公证机关申请办理;② 遗嘱人必须在公证人员面前亲笔书写遗嘱,并在遗嘱上签名和注明书写日期;③ 公证人员对遗嘱相关事项进行核实,确认遗嘱真实合法的,由公证机关制作《遗嘱证明书》。

(2)自书遗嘱。自书遗嘱是指由遗嘱人亲笔制作的遗嘱。自书遗嘱必须由遗嘱人亲笔书写遗嘱全文,并在遗嘱上签名,注明书写日期。《最高人民法院关于贯彻执行〈中华人民共和国继承法〉若干问题的意见》第40条规定:公民在遗书中涉及死后个人财产处分的内容,确为死者真实意思表示,有本人签名并注明了年、月、日,又无相反证据的,可按自书遗嘱对待。

(3)代书遗嘱。代书遗嘱是指由遗嘱人请他人代为书写的书面遗嘱。代书遗嘱应当有两个以上无利害关系人作为见证人在场见证,由其中一人代为书写遗嘱,注明年、月、日,并由遗嘱人、代书人和其他见证人签名。

(4)录音遗嘱。录音遗嘱是指遗嘱人以录音形式制作的遗嘱。其制作要求为:必须有两个以上无利害关系人作为见证人在场见证;遗嘱人亲自口头表达处分遗产的意思,通过录音保存下来;遗嘱人、见证人分别亲口录下各自的姓名和制作、见证录音遗嘱的年、月、日。

(5)口头遗嘱。口头遗嘱是指遗嘱人在紧急情况下以口述方式表达其处分遗产意思的遗嘱形式。遗嘱人只有在危急情况下才可立口头遗嘱,同时有两个以上无利害关系人作为见证人在场见证。但当危急情况解除后,遗嘱人能够用其他方式设立遗嘱的,所立的口头遗嘱自动失效。

(三)遗赠和遗赠扶养协议

1. 遗赠

遗赠是遗嘱人通过遗嘱将其遗产的一部或全部无偿赠与法定继承人以外的人的行为。这里的遗嘱人又称为遗赠人,按遗嘱无偿取得遗赠财产的人称为受遗赠人。我国《继承法》第16条规

---

① 参见王利明主编:《民法学》(第二版),中央广播电视大学出版社2006年版,第438页。

定,公民可以立遗嘱将个人财产赠给国家、集体或者法定继承人以外的人。我国《继承法》第25条规定,受遗赠人应当在知道受遗赠后两个月内,作出接受或者放弃受遗赠的表示。到期没有表示的,视为放弃受遗赠。

2. 遗赠扶养协议

遗赠扶养协议是受扶养的公民和扶养人之间关于扶养人承担受扶养人的生养死葬的义务,受扶养人将财产遗赠给扶养人的协议。这里的"扶养人"是指法定继承人以外的其他公民或集体所有制组织。这种协议规定,扶养人承担遗赠人生养死葬的义务,并于遗赠人死后取得其遗产。

遗赠扶养协议的法律效力高于法定继承和遗嘱继承。我国《继承法》第5条规定:"继承开始后,按照法定继承办理;有遗嘱的,按照遗嘱继承或者遗赠办理;有遗赠扶养协议的,按照协议办理。"在财产继承中如果各种继承方式并存,应首先执行遗赠扶养协议,其次是遗嘱和遗赠,最后才是法定继承。

【案例】

刘天顺老伴去世早,膝下无子女,因考虑其身体欠佳,其兄刘天德经常让自己的儿子刘二和女儿刘兰照顾刘天顺的生活。刘天顺很是感动,就立下亲笔遗嘱,将自己的全部财产在死后由侄儿、侄女平分。2006年,刘天德患肝癌死后,刘二便很少来照顾刘天顺,倒是刘兰一直关心他的生活,为他洗衣做饭。刘天顺觉得刘兰为他付出那么多,应多分些财产,于是亲自到公证机关立下公证遗嘱,明确表示除了家中的电视机在其死后归刘二所有外,其他财产均由刘兰继承。刘二得知后,从此再不登门,见到刘天顺也不理睬,见到刘兰更是怒目而视。后刘天顺病危住院,刘二也未曾探望过,弥留之际,刘天顺当着医生、护士的面,表示他的全部遗产均由刘兰继承。刘二得知此事,不屑一顾,反而领着妻儿去外地游玩,三个月后返回,要求拿回应当归他所有的电视机。请问:(1)本案中哪个遗嘱是有效遗嘱?应按哪个遗嘱执行?(2)刘二是否有权拿回电视机?

【分析】

(1)本案中三个遗嘱都是在形式上及内容上有效的遗嘱,而根据《继承法》的规定,被继承人立有数份遗嘱,内容相抵触的,以最后的遗嘱为准。但同时又规定,自书、代书、录音、口头遗嘱不得变更、撤销公证遗嘱。也就是说,应以最后所立公证遗嘱为准,没有公证遗嘱的,以最后所立遗嘱为准。本案中,被继承人刘天顺所立的三份遗嘱中应以公证遗嘱为准,而不是以最后的口头遗嘱为准,因为公证遗嘱经公证机关公证,其证明力、真实性最强。因此,刘兰并不能主张执行最后一个遗嘱。

(2)刘二无权取得公证遗嘱中在刘天顺死后归他所有的电视机。因为刘二、刘兰是刘天顺的侄儿、侄女,在法律上并不属于刘天顺的法定继承人,而是法定继承人以外的人,因此他们取得遗产并不是基于遗嘱继承,而是基于遗赠。根据《继承法》关于遗赠的规定,受遗赠人应当在知道受遗赠后两个月内,作出接受或者放弃受遗赠的表示,到期没有表示的,视为放弃受遗赠。本案中,刘二在知道受遗赠三个月后才作出受遗赠的表示,已超过了法定期间,应视为放弃受遗赠。而刘天顺又没有法定继承人,电视机应收归国家或集体经济组织所有。

第五节 婚姻制度

一、婚姻法概述

（一）婚姻法的概念

在法学范畴内，婚姻是男女双方以永久共同生活为目的，以夫妻的权利义务为内容，并为当时社会制度所确认的自愿结合。家庭是指共同生活而且其成员之间互享法定权利、互负法定义务的亲属团体。婚姻法则是调整婚姻关系和家庭关系的法律规范的总和。

婚姻法的渊源包括：宪法、法律、国务院和所属部门制定的规范性文件、地方性法规和民族自治地方的有关规定、我国缔结和参加的国际条约、最高人民法院的司法解释。《中华人民共和国婚姻法》只是调整婚姻家庭关系的基本准则，显然不是婚姻家庭法律规范的全部。

（二）婚姻法的调整对象

从婚姻法调整对象的范围来看，婚姻法既调整婚姻关系，又调整家庭关系。

从婚姻法调整对象的性质来看，婚姻法既调整婚姻家庭方面的人身关系，又调整基于人身关系而产生的财产关系。

（三）婚姻法的基本原则

1. 婚姻自由原则

婚姻自由，是指婚姻当事人有权按照法律的规定，完全自主地决定自己的婚姻问题，不受任何人的强制和非法干涉。婚姻自由包括结婚自由和离婚自由，结婚自由是指婚姻当事人男女双方有权依照法律的规定，缔结婚姻关系的自由。离婚自由是指夫妻有权依照法律规定的条件和程序，解除婚姻关系的自由。二者相辅相成，具有同等重要的地位。为贯彻婚姻自由原则，我国婚姻法禁止包办、买卖婚姻和其他干涉婚姻自由的行为；禁止借婚姻索取财物。

2. 一夫一妻制原则

一夫一妻制，是指一个人在同一时间里只能有一个配偶，一男一女结为夫妻的婚姻制度。其含义有三：一是一个男人只能有一个妻子，一个女人只能有一个丈夫，无论男女，不论其地位高低，财产多少，都不许同时有两个或更多的配偶。二是已婚者在配偶死亡或离婚之前，不得再行结婚。三是一切公开的、隐蔽的一夫多妻或者一妻多夫的两性关系都是非法的。

为贯彻一夫一妻制原则，我国婚姻法禁止重婚，禁止有配偶者与他人同居，加强了维护一夫一妻制的力度。所谓重婚是指有配偶者又与他人结婚或明知他人有配偶又与之结婚的违法行为。所谓"有配偶者与他人同居"是指有配偶者与婚外异性，不以夫妻名义，持续、稳定地共同居住。

3. 男女平等原则

男女平等，指妇女在婚姻家庭生活的各个方面，享有同男性平等的权利，承担同男性平等的义务。

4. 保护妇女、儿童和老人的合法权益原则

为贯彻保护妇女、儿童和老人的合法权益原则，我国《婚姻法》禁止家庭暴力，禁止家庭成员间的虐待和遗弃。所谓"家庭暴力"，是指行为人以殴打、捆绑、残害、强行限制人身自由或者其他手段，给其家庭成员的身体、精神等方面造成一定伤害后果的行为。持续性、经常性的家庭暴力，

构成虐待。

5. 计划生育原则

计划生育是我国的一项基本国策,也是《婚姻法》的基本原则,每对夫妻都应当履行计划生育的义务。《中华人民共和国人口与计划生育法》规定,国家稳定现行生育政策,鼓励公民晚婚晚育,推行和奖励一胎,合理安排和控制二胎,不符合规定生育子女的公民,应当依法缴纳社会抚育费。

6. 关于家庭成员相互关系的原则性规定

《婚姻法》规定,夫妻应当互相忠实、互相尊重;家庭成员间应当敬老爱幼,互相帮助,维护平等、和睦、文明的婚姻家庭关系。其中,"夫妻应当互相忠实、互相尊重"本身不可诉,不能单独依据该条款提起诉讼,起诉妻子或丈夫对自己不忠实。但可以与有关离婚、过错损害赔偿的条款一起援引提起离婚诉讼。

【观察】

中华人民共和国先后颁布了1950年《婚姻法》和1980年《婚姻法》。现行的《婚姻法》是1980年《婚姻法》的修正案,于2001年4月28日实施,共6章,依次是总则、结婚、家庭关系、离婚、救助措施与法律责任、附则,计51条。为解决审判实践中的法律适用问题,最高人民法院分别于2001年、2003年、2011年发布了关于《中华人民共和国婚姻法》若干问题的司法解释一、司法解释二、司法解释三。

二、结婚

结婚又称婚姻的成立,是指男女双方依照法律规定的条件和程序,确立夫妻关系的法律行为。结婚的主体必须是异性男女,必须符合法律规定的条件和程序,结婚形成夫妻间的权利义务关系。

(一)结婚的条件

1. 结婚的必备要件(积极要件)

(1)必须男女双方完全自愿。具体包括三层含义:第一,应当是男女双方自愿而不是一厢情愿;第二,应当是男女本人自愿而不是父母或其他第三者的自愿;第三,应当是完全自愿而不是勉强同意。

(2)必须达到法定婚龄。所谓法定婚龄是法律规定男女结婚必须达到的最低年龄,在此年龄以下的当事人不得结婚。我国《婚姻法》第6条规定:"结婚年龄,男不得早于二十二周岁,女不得早于二十周岁。晚婚晚育应予鼓励。"当事人可以根据实际情况自愿实行晚婚晚育,国家规定男不早于25周岁,女不早于23周岁结婚的,可以享受一定的优惠政策。

(3)必须符合一夫一妻制。要求结婚的人,只能是未婚、离婚、丧偶者三种情形之一,否则婚姻登记机关不予登记,构成重婚者要依法追究刑事责任。

2. 结婚的禁止条件(消极要件或婚姻的障碍)

(1)禁止一定范围的血亲结婚。我国《婚姻法》禁止结婚的血亲有两类:第一,直系血亲。包括父母与子女之间,祖父母、外祖父母与孙子女、外孙子女之间禁止有婚姻关系。第二,三代以内旁系血亲。包括:同源于父母的兄弟姐妹,含同父异母或同母异父的兄弟姐妹;同源于祖父母的堂兄弟姐妹或姑表兄弟姐妹,同源于外祖父母的姨表或舅表兄弟姐妹;不同辈分的叔、伯、姑、舅与侄(女)、甥(女)。

(2)禁止患有一定疾病的人结婚。法律禁止患有特定疾病的人结婚,目的在于防止和避免疾病的传染和遗传,保护当事人及其子女的健康乃至民族的健康。

【观察】

在农村,时有姐姐死后,妹妹就嫁了姐夫,哥哥故去后,弟弟与嫂子成婚的情况,如何看待这一现象呢?

我国《婚姻法》第6条规定,直系血亲和三代以内的旁系血亲禁止结婚。只要妹妹与姐夫、弟弟与嫂子之间并无血亲关系,男女双方完全自愿,又均符合《婚姻法》所规定的结婚条件,结婚是合法的,他人不能干预。我国《婚姻法》对于姐姐死后妹妹能否嫁给姐夫,哥哥故去弟弟能否与嫂子结婚,并无禁止的具体规定。

(二)结婚的程序

1. 结婚登记的机关

根据《婚姻登记条例》的规定,办理婚姻登记的机关,在城市是街道办事处或者市辖区以及不设区的市人民政府的民政部门,在农村是乡、民族乡、镇的人民政府。

婚姻登记机关的管辖范围,原则上与户籍管辖范围相一致,即以当事人的户籍所在地为根据。双方户口不在同一地区的,可到任何一方户口所在地婚姻登记管理机关办理结婚登记。一方或双方为现役军人的,也应到地方婚姻登记机关办理登记。

2. 结婚登记的程序

(1)申请。申请是男女双方当事人向婚姻登记机关正式提出的结婚登记的请求。根据法律规定,必须双方亲自到一方户口所在地的婚姻登记机关申请结婚登记。内地居民应出具下列证件和证明材料:本人的户口本、身份证;本人无配偶、与对方无直系血亲和三代以内旁系血亲关系的签字声明。

(2)审查。审查是婚姻登记机关代表国家,对申请结婚的当事人是否符合法定结婚条件进行审核和检查。

(3)登记。经过审查核实,当事人的结婚申请符合结婚条件的,应当及时予以登记,发给结婚证。如果一方或双方曾离过婚,在办理登记和发给结婚证之前,要注销其离婚证;如果是恢复夫妻关系符合条件的,婚姻登记管理机关发给结婚证,同时要收缴原离婚证明。当事人取得结婚证时起便确立夫妻关系。

婚姻登记机关对当事人的婚姻登记申请不予登记的,应当以书面形式说明理由。当事人对婚姻登记管理机关不予登记的决定不服,可以依照行政复议条例的规定申请复议;对复议决定不服,可以依照行政诉讼法的规定提起行政诉讼。

【案例】

2014年的春天,赵女和王男确立了恋爱关系,就在举办婚礼的前几天,王男提出要去领结婚证。赵女当时有事没有去,王男就一个人办理了结婚登记手续。赵女得知后极为生气,认为王男不尊重自己,遂提出分手。请问,如何处理这一纠纷?

【分析】

根据《婚姻法》、《婚姻登记条例》等规定:要求结婚的男女双方必须亲自到婚姻登记机关进行结婚登记,填写《申请结婚登记声明书》,并在"声明人"一栏内进行签名或按指纹。领取结婚证时,双方要在"当事人领证签名或按指纹处"进行签名和按指纹。这两处不得空白,也不得由他人代为填写、代按指纹。本案中,王男一人领出结婚证,证明其在办理结婚登记手续时,代赵女进行了填写。王男代赵女办理结婚登记手续的行为因违反法律而无效。赵女若起诉到法院,经过法院对该婚姻宣告无效或进行撤销,可产生自始无效的法律效力。

(三)无效婚姻和可撤销婚姻

1. 无效婚姻和可撤销婚姻的概念

无效婚姻是指欠缺婚姻成立的法定要件而不发生法律效力的男女两性的结合。可撤销婚姻是指已经有效成立,但因欠缺婚姻合意,请求权人可申请撤销的婚姻。

2. 确认无效婚姻的法定情形和程序

(1)确认无效婚姻的法定情形。《婚姻法》第10条规定:"有下列情形之一的,婚姻无效:(一)重婚的;(二)有禁止结婚的亲属关系的;(三)婚前患有医学上认为不应当结婚的疾病,婚后尚未治愈的;(四)未到法定婚龄的。"

(2)确认无效婚姻的程序。婚姻无效的请求权人包括婚姻当事人和利害关系人。利害关系人分别包括:以重婚为由申请宣告婚姻无效的,为当事人的近亲属及基层组织;对以未达到法定婚龄为由申请宣告婚姻无效的,为指未达到法定婚龄者的近亲属;对以有禁止结婚的亲属关系为由申请宣告婚姻无效的,为双方当事人的近亲属;对以婚前患有医学上认为不应当结婚的疾病,婚后尚未治愈为由申请宣告婚姻无效的,为与病患者共同生活的近亲属。

我国确认婚姻无效的机关是人民法院和婚姻登记机关。人民法院审理宣告婚姻无效案件,对婚姻效力的审理不适用调解,应当依法作出判决,有关婚姻效力的判决一经作出,立即发生法律效力。涉及财产和子女抚养的问题可以调解,涉及财产和子女抚养的判决不服,当事人可以上诉。

3. 婚姻可撤销的原因和程序

《婚姻法》第11条规定:"因胁迫结婚的,受胁迫的一方可以向婚姻登记机关或人民法院请求撤销该婚姻。""受胁迫的一方,撤销婚姻的申请,应当自结婚登记之日起一年内提出。被非法限制人身自由的当事人请求撤销婚姻的,应当自恢复人身自由之日起一年内提出。"可撤销婚姻的请求权人是受胁迫的一方当事人,胁迫方不能成为请求权人,因为胁迫方的结婚意思表示是真实的。胁迫方如果要求解除婚姻关系,可以通过离婚的途径。可撤销婚姻的宣告确认机关必须是婚姻登记管理机关或人民法院。

4. 婚姻无效和可撤销的法律后果

《婚姻法》第12条规定:"无效或被撤销的婚姻,自始无效。当事人不具有夫妻的权利和义务。同居期间所得的财产,由当事人协议处理;协议不成时,由人民法院根据照顾无过错方的原则判决。对重婚导致的婚姻无效的财产处理,不得侵害合法婚姻当事人的财产权益。当事人所生的子女,适用本法有关父母子女的规定。"

【案例】

董萍和丁刚是中学同学,2006年5月两人订婚。订婚后,丁刚外出打工。其间两人经常保持电话联系,感情一直很好。2008年8月,董萍的父亲因欠同村王强赌债,同意将董萍嫁给王强抵债。在父亲和王强的威逼下,董萍不得已在同年12月与王强结婚,两人办理了结婚登记手续。丁刚闻讯,于2009年1月回村,向当地婚姻登记机关申请撤销董萍与王强的婚姻,并确认自己与董萍的婚姻关系。请问:(1)董萍与王强的婚姻关系是否可以撤销?为什么?(2)丁刚能否向婚姻登记机关申请撤销董萍与王强的婚姻?为什么?(3)婚姻登记机关能否确认丁刚与董萍的婚姻关系?为什么?

【分析】

(1)可以。根据《婚姻法》第11条规定,董萍因胁迫而结婚,属于可撤销婚姻。

(2)不能。可撤销婚姻的请求权人只能是受胁迫一方当事人,即本案的董萍。撤销婚姻的申请应当自结婚登记之日起一年内提出,被非法限制人身自由的,应当自恢复人身自由之日起一年内提出。申请必须向婚姻登记管理机关或人民法院提出。

(3)不能。因为我国婚姻法不承认订婚的效力。

【案例】

王平与卢颖于2003年举行隆重的婚礼(未进行结婚登记)后同居生活。当时王平、卢颖均为18周岁。2004年卢颖生育一女孩后两人关系紧张,争吵加剧,后发展到分居生活。2004年年底卢颖向当地法院诉请离婚,而王平同时向该法院申请宣告婚姻无效,后王平反悔欲撤回申请宣告婚姻无效之诉。请问:(1)王平与卢颖的婚姻是否为无效婚姻?(2)王平欲撤回申请宣告婚姻无效之诉,法院应否准许?(3)如果一审法院宣告婚姻无效,当事人可否上诉?

【分析】

(1)王平与卢颖的婚姻为无效婚姻。因为2004年年底,王平、卢颖均未达法定婚龄,根据《婚姻法》的规定,二人的婚姻无效。

(2)王平撤诉法院不予准许。根据有关法律规定,人民法院受理申请宣告婚姻无效案件后,经审查确属无效婚姻的,依法做出宣告婚姻无效的判决。原告申请撤诉的,不予准许。

(3)当事人不能上诉。根据有关法律规定,有关婚姻效力的判决一经作出即发生法律效力。

三、夫妻财产制

夫妻是男女双方以永久共同生活为目的依法结合的伴侣。男女因结婚而成为夫妻,双方具有特定的身份,与其他两性关系具有本质的区别。夫妻关系的内容十分广泛,主要是指夫妻双方在人身方面和财产方面享有的权利和承担的义务。

(一)夫妻财产制的概念

夫妻财产制是规范夫妻财产关系的法律制度,指调整夫妻婚前财产和婚后所得财产的归属、管理、使用、收益、处分,婚姻的对外财产责任以及婚姻终止时财产分割与清算的制度。

(二)夫妻财产制的内容

我国现行夫妻财产制在总体上是共同财产制、个人特有财产制和约定财产制的结合。

1. 共同财产制

夫妻共同财产制,是指夫妻在婚姻关系存续期间一方所得或双方共同所得的收入和财产,均归夫妻双方共同共有的夫妻财产制度,但特有财产或约定分别所有财产除外。我国《婚姻法》第

17条规定了夫妻共同财产的范围和行使。

(1) 夫妻共同财产的范围。① 工资、奖金。② 生产、经营的收益。③ 知识产权的收益。④ 因继承或赠与所得的财产。并非所有继承或赠与所得的财产都是共同财产,遗嘱或赠与合同中确定只归一方所有的财产属于该方所有。⑤ 其他应当归共同所有的财产。

(2) 夫妻共同财产的行使。① 夫妻对共同财产共有的形式是共同共有,因而夫妻对全部共同财产,应不分份额平等地享受权利和承担义务。② 夫妻双方在对其共有财产享有权利的同时还须承担相应的义务。

2. 夫妻特有财产制

夫妻特有财产是指夫妻一方婚前个人享有所有权的财产和在婚姻关系存续期间取得的并应当归夫妻一方所有的财产。我国《婚姻法》第18条规定,有下列情形之一的,为夫妻一方的财产:(1) 一方的婚前财产。(2) 一方因身体受到伤害获得的医疗费、残疾人的生活补助费等费用。(3) 遗嘱或赠与合同中确定只归夫或妻一方的财产。(4) 一方专用的生活用品。(5) 其他应当归一方的财产。

3. 约定财产制

约定财产制是指夫妻通过协商就婚前财产和婚后所得财产的归属、处分和婚姻的对外财产责任以及婚姻终止时的财产分割等达成协议,从而排除或部分排除法定财产制的制度。我国《婚姻法》第19条对此作了较详细的规定。

(1) 约定财产制的范围包括夫妻一方的婚前个人财产,也包括夫妻双方在婚姻关系存续期间所得的财产。

(2) 约定财产制的方式只能采用书面形式。

(3) 约定财产制的内容:① 夫妻可以约定一方或双方的婚前个人财产归夫妻共同共有,或部分共同所有、部分各自所有。② 夫妻可以约定婚姻关系存续期间所得的财产归夫妻双方共同共有,或归各自所有,或部分共同共有、部分各自所有。

(4) 约定财产制的效力。① 夫妻约定财产制的对内效力表现为:依法达成的夫妻约定财产制对夫妻双方具有法律约束力。双方应如约履行,非经双方同意,并采用书面形式,任何一方不得擅自变更或撤销。如果夫妻双方对此存在分歧无法自行解决的,一方可以向人民法院提起民事诉讼。② 夫妻约定财产制的对外效力表现为:《婚姻法》第19条第3款规定:"夫妻对婚姻关系存续期间所得的财产约定各自所有的,夫或妻一方对外所负的债务,第三人知道该约定的,以夫或妻一方所有的财产清偿。"这一规定以"第三人知道该约定"为条件。如何判断第三人是否知道该约定,2001年12月最高人民法院《关于适用〈中华人民共和国婚姻法〉若干问题的解释(一)》第18条进一步明确说明:"《婚姻法》第19条所称'第三人知道该约定的'夫妻双方对此负举证责任。"即举证责任在夫妻一方,其必须能够证明在发生债权债务关系时,该第三人确已明确、清楚地知道夫妻之间的约定,惟其如此才可以对抗第三人。

(5) 约定财产制的时间问题。《婚姻法》对于夫妻约定财产制的时间没有明确限制,因此,夫妻在结婚以前、登记结婚时或婚姻关系存续期间均可以进行财产约定。

【案例】

丁某(男)与朱某(女)系夫妻,双方婚前约定,双方的工资所得为个人财产,家庭生活开支由双方以各自收入共同支付。结婚用房由丁某的父母出资购置,且二老明确表示这房子赠与朱某。周某是丁某的一位生意伙伴,对丁某的家事并不知情,丁某也从不在外提及家事。2012年年初,丁某欠下周某的一笔巨款,自己已无力偿还,遂找朱某商量。朱某认为婚前双方已约定了各自工资收入为个人财产,所以她不会替丁某还账,丁某又提出能否将房子中自己的份额抵押出去,朱某认为房子完全属于自己,丁某无权处置。周某屡次催款不成,诉至法院,要求朱某替丁某偿还债务。请问,本案应如何处理?

【分析】

虽然丁某与朱某约定各自婚后的收入为个人财产,不对对方的债务负责,但是须具备"第三人知道该约定"这一条件,本案中周某并不知道,因此该约定不能对抗第三人,应以夫妻双方的财产进行偿还。

根据最高人民法院婚姻法司法解释二的规定,当事人结婚后,父母为双方购置房屋出资的,该出资应当认定为对夫妻双方的赠与,但父母明确表示赠与一方的除外。本案中,丁某的父母已经表示赠与朱某,则房子为朱某一人所有,丁某无权处分。因此,应由朱某从其工资所得中出钱为丁某还债。

四、离婚

离婚是指夫妻双方在生存期间,依照法定的条件和程序解除婚姻关系的法律行为。

(一)离婚的行政程序

1. 行政离婚的概念

行政离婚又称协议离婚,是指男女双方自愿解除婚姻关系,并对离婚后子女抚养和夫妻财产的处理达成协议,通过国家有关行政部门认可即可解除婚姻关系。这种形式的离婚程序需要由国家通过主管部门依法对双方的离婚协议进行申请、审查、登记,所以又称登记离婚。

2. 行政离婚的条件

根据我国婚姻法第31条和《婚姻登记条例》的相关规定,行政离婚的法定条件是:(1)行政离婚的男女必须有合法的夫妻身份;(2)双方当事人具有完全的民事行为能力;(3)当事人双方须有离婚的合意;(4)必须对子女和财产问题做出适当处理。

3. 行政离婚的程序

行政离婚同结婚一样都必须到婚姻登记机关去办理登记手续。我国《婚姻登记条例》规定,办理离婚登记必须经过申请、审查、登记三个步骤。

4. 不履行行政离婚协议的问题

个别婚姻当事人,因急于离婚而达成离婚协议。离婚后,又为子女抚养、财产分割等问题反悔而不履行离婚协议。在这种情况下,另一方不能据此向人民法院申请强制执行,而只能另行向人民法院起诉。因此,我国《婚姻登记管理条例》规定:"离婚的当事人一方不按照离婚协议履行应尽义务的,另一方可以向人民法院提起民事诉讼。"

(二)离婚的诉讼程序

1. 诉讼离婚的概念

诉讼离婚,是指夫妻双方对离婚或离婚后子女抚养或财产分割等问题不能达成协议,夫妻一方向人民法院提起离婚诉讼,由人民法院依法审理,以调解或判决方式结案的离婚制度。

2. 诉讼离婚的程序

(1)调解。调解是人民法院审理离婚案件的必经程序,是人民法院行使国家审判权的一种方式。通过调解会产生三种结果：一是双方当事人达成同意和好的协议。由原告撤诉或人民法院将调解笔录存卷，按撤诉处理。二是双方当事人达成同意离婚的协议。人民法院应按协议内容制作调解书，发给双方。离婚协议书和离婚判决书具有同等的法律效力，是解除婚姻关系的正式法律文件。三是调解无效，由人民法院依据离婚法定条件，作出是否准予的判决。

(2) 审理与判决。人民法院审理离婚案件，当事人除不能表达意志外，都应出庭。因特殊情况无法出庭的，必须向人民法院提交书面意见；由于离婚案件不同程度涉及当事人的隐私，如当事人申请不公开审理的，可以不公开审理，但一律公开宣告判决。人民法院可以依法判决离婚，也可以依法判决不离婚。一审判决离婚的，人民法院在宣告判决时必须告知当事人在判决发生法律效力前不得另行结婚。凡判决不准离婚和调解和好的离婚案件，没有新情况、新理由，原告在6个月内不得重新起诉离婚，被告则不受上述期间的限制。当事人不服一审判决的可以依法上诉。

(3) 判决离婚的法定理由。《婚姻法》第32条规定："人民法院审理离婚案件，应当进行调解；若感情确已破裂，调解无效，应准予离婚。有下列情形之一，调解无效的，应准予离婚：(一)重婚或有配偶者与他人同居的；(二)实施家庭暴力或虐待、遗弃家庭成员的；(三)有赌博、吸毒等恶习屡教不改的；(四)因感情不和分居满两年的；(五)其他导致夫妻关系感情破裂的情形。一方被宣布失踪，另一方提出离婚诉讼的，应准予离婚。"

3. 诉讼离婚的特别规定

(1) 对军人的特殊保护。《婚姻法》第33条规定："现役军人的配偶要求离婚，须得军人同意，但军人一方有重大过错的除外。"

(2) 对女方的特殊保护。《婚姻法》第34条规定："女方在怀孕期间、分娩后一年内或中止妊娠后六个月内，男方不得提出离婚。女方提出离婚的，或人民法院认为确有必要受理男方离婚请求的，不在此限。"

【观察】

一对男女经人介绍认识，20天后就仓促结了婚。不料，两人结婚才3个月，妻子竟生下了一个大胖小子。"闪电般"当了爸爸的丈夫感觉被新婚妻子骗了，便向法院提起诉讼，请求法院判决两人离婚。虽然女方分娩时间还不足一年，但法院认定女方婚前刻意隐瞒怀孕事实，存在重大过错，属于"确有必要受理男方离婚请求"的情况。于是受理了男方的离婚请求，根据相关证据，判决准予两人离婚，由女方承担小孩抚养义务并酌情返还男方彩礼。

(三) 离婚后的子女问题

1. 离婚后的父母子女关系

我国现行《婚姻法》第36条第1款规定："父母子女的关系，不因父母离婚而消除。离婚后，子女无论由父或母直接抚养，仍是父母双方的子女。"这一条是关于离婚后父母子女关系的规定。

2. 离婚后子女抚养问题

(1) 子女的抚养归属。离婚虽然不能消除父母子女之间的关系，但抚养方式却会因离婚而发生变化。从有利于子女身心健康，保障子女的合法权益出发，我国《婚姻法》第34条规定："离婚后，父母对子女仍有抚养和教育的权利和义务。""离婚后，哺乳期内的子女，以随哺乳的母亲抚养为原则。哺乳期后的子女，如双方因抚养问题发生争执不能达成协议时，由人民法院根据子女的权益和双方的具体情况判决。"

（2）抚养费的负担。夫妻离婚后，双方都有平等地负担子女生活费和教育费的经济责任。《婚姻法》第37条规定："离婚后，一方抚养的子女，另一方应负担必要的生活费和教育费的一部或全部，负担费用的多少和期限的长短，由双方协议；协议不成时，由人民法院判决。关于子女生活费和教育费的协议或判决，不妨碍子女在必要时向父母任何一方提出超过协议或判决原定数额的合理要求。"

【案例】

王女士与花先生于1998年结婚，1999年8月婚生一个男孩，取名花海良。2006年11月花先生因病死亡，2009年9月王女士与范某再婚。2012年3月，在未告知花先生父母的情况下，王女士擅自将儿子花海良改名为"范海良"，改随继父姓。花海良的祖父知道后多次找到王女士，要其恢复花海良的"花"姓，王女士认为自己是孩子的母亲，有权决定孩子的姓氏，他人无权干涉。请就此争议进行分析。

【分析】

花海良的祖父可以将王女士诉至法院，要求其恢复孙子的姓名为花海良。法院应支持花海良祖父的诉讼请求。因为，最高人民法院《关于人民法院审理离婚案件处理子女抚养问题的若干具体意见》第19条规定："父母不得因子女变更姓氏而拒付子女抚育费。父或母一方擅自将子女姓氏改为继母或继父姓氏引起纠纷的，应责令恢复原姓氏。"

（3）子女探望权问题。探望权是指夫妻离婚后，不与未成年子女共同生活的一方，享有按照约定的时间、地点、方式探望、关心未成年子女或与其短时间共同生活的权利。《婚姻法》第38条规定："离婚后，不直接抚养子女的父或母，有探望子女的权利，另一方有协助的义务。行使探望权利的方式、时间由当事人协议；协议不成时，由人民法院判决。父或母探望子女，不利于子女身心健康的，由人民法院依法中止探望的权利；中止的事由消失后，应当恢复探望的权利。"

【案例】

甲与乙结婚后育有一子，后两人因性格不合，协议离婚，孩子由甲抚养，双方约定乙每周六可以将孩子接至乙处生活，周日晚送回。离婚后的一年内双方相安无事。后来，乙经常在周日晚不将孩子送回甲处，还经常在非周末时间将孩子从学校直接接走，甲非常恼火。不久，乙被查出患上了甲型肝炎，甲得知后拒绝乙再来探望。乙治愈后要求恢复探望，甲也断然拒绝。请问，甲、乙二人的做法各有何不妥？

【分析】

我国《婚姻法》规定，离婚后不直接抚养子女的父或母，有探望子女的权利，另一方有协助的义务。行使探望权利的方式、时间由当事人协议，协议不成时，由人民法院判决。本案中，甲乙双方可以协议行使探望权利的方式和时间，并且乙应当自觉遵守协议，甲应予以协助，乙擅自改变是错误的。

如果不直接抚养子女的一方患有严重的传染性疾病,可能危及子女健康时,可以中止探望权。但是,中止探望权必须经人民法院判决。本案中乙患有甲型肝炎,可能危及子女健康,甲可以向法院申请中止乙的探望权,擅自中止是不正确的。

法律还规定,不利于子女身心健康的情形已经消失,就应当允许恢复探望权的行使,也应由人民法院以判决的形式确认。乙治愈后,应当恢复行使探望权,甲无权阻挠。

（四）离婚时的财产问题

1. 夫妻共同财产的分割

我国《婚姻法》第39条规定:"离婚时,夫妻共同财产由双方协议处理,协议不成时,由人民法院根据财产的具体情况,照顾子女和女方权益的原则判决。"

2. 债务的清偿

《婚姻法》第41条规定:"离婚时,原为夫妻共同生活所负的债务,应当共同偿还。共同财产不足清偿的,或财产归各自所有的,由双方协议清偿;协议不成时,由人民法院判决。"

【案例】

2001年,张某(男)和孙某(女)经人介绍缔结了婚姻。婚后,双方居住在由张某婚前购买的房屋。2013年双方因家庭琐事感情破裂,诉至法院。双方争议的焦点是房产的归属。该房系婚前张某签的购房合同,首付由张某支付,婚后双方经济上各自独立,分别从各自的收入中共同归还了40万贷款,双方还款比例大约为3:2,目前还有贷款没有还完。当年50万买的房子如今已经增值到140万了。请问,这个房屋该如何分配?

【分析】

最高人民法院婚姻法司法解释三规定：夫妻一方婚前签订不动产买卖合同,以个人财产支付首付款并在银行贷款,婚后用夫妻财产还贷,不动产登记于首付款支付方名下,离婚时双方当事人不能达成协议的,可以判决该不动产归产权登记一方,尚未归还的贷款为产权登记一方的个人债务,双方婚后共同还贷的款项及其相应的财产增值部分根据相关法律规定的原则,由产权登记一方对另一方进行补偿。

法院应将房屋判给张某,而共同还款部分作为债权债务处理,增值部分根据双方婚后还款比例予以分割,张某需按比例将共同还款部分及房屋的增值款补偿给孙某,并承担未来还剩下贷款的还款义务。具体而言,因夫妻双方经济上各自独立,按照大约3:2比例共同还款40万。按照这一比例,增值的90万,男方应给女方补偿约36万,加上共同还款中女方出的16万多,最后应给女方52万。

（五）离婚救济方式

1. 离婚时的补偿请求权

补偿请求权,是指夫妻一方因为在抚育子女、照料老人、协助另一方工作等方面所履行的义务明显超出其本人法定负担,离婚时有权请求从该方贡献中获得利益的另一方给予补偿。《婚姻法》第40条规定:"夫妻书面约定婚姻关系存续期间所得的财产归各自所有,一方因抚育子女、照料老人、协助另一方工作等付出较多义务的,离婚时有权向另一方请求补偿,另一方应当予以补偿。"

2. 离婚时的帮助请求权

《婚姻法》第42条规定："离婚时,如一方生活困难,另一方应从其住房等个人财产中给予适当帮助。具体办法由双方协议;协议不成时,由人民法院判决。"

3. 离婚损害赔偿请求权

离婚损害赔偿请求权,是指因夫妻一方的特定侵权行为导致离婚,无过错一方要求过错方给予损害赔偿的权利。《婚姻法》第46条规定,因一方有过错导致离婚的,如夫妻一方重婚的;有配偶者与他人同居的;实施家庭暴力的;虐待、遗弃家庭成员的,离婚时无过错方有权请求损害赔偿。

【案例】

张某(男)和李某(女)于2003年经人介绍恋爱结婚。结婚前张某的父母购房一套给二人居住,房屋权属证书所有权人登记为张某;结婚后不久李某的父母赠与二人一套家用电器。二人婚后第二年生一男孩。2006年年初,张某与其女同学田某来往频繁,被李某发现斥责后,张某索性在外租房和田某共同居住,很少回家。张某的工资主要用于维持其和田某在一起的开销,很少给李某和孩子生活费用,李某独自抚养孩子,生活困难,借外债1万元用于日常生活。2007年年初,张某因交通事故受伤,获得医疗费等赔偿共计2万元;张某痊愈出院后继续与田某同居。2008年3月,李某向人民法院起诉,要求与张某离婚并抚养孩子。张某不同意离婚。请问:(1)本案应否判决离婚?(2)如法院判决准许离婚,如何确定张某、李某二人父母赠与的房屋、电器及张某受伤所获赔偿金的归属?(3)如法院判决准许离婚,本案中李某所借外债应如何定性与偿还?(4)根据本案情况,如李某在离婚诉讼时要求损害赔偿,能否获得支持?

【分析】

(1)法院应先予调解,调解不成应该判决离婚,李某起诉张某有外遇,可认定为感情破裂,应准予离婚。

(2)房屋是二人婚前财产,应归张某所有。电器是婚后李某父母赠与,赠与时未声明只归李某所有,视为对夫妻二人的赠与,是婚后共同财产,应予分割。交通事故赔偿金具有人身属性,是对受伤者张某的赔偿,属于张某所有,不应视为共同财产。

(3)李某外债是婚姻存续期间所借,目的是用于生活和孩子的抚养,属于夫妻共同债务。应当二人共同承担偿还责任(连带责任)。

(4)能够得到支持。因为张某是婚姻存续期间与他人同居,又不承担家庭责任,有过错,应进行离婚损害赔偿。

1. 我国民间有"父债子还"的说法,你对此怎么看?
2. 向"第三者"给付生活费能否构成不当得利之债?
3. 在母亲体内即将分娩的胎儿是否属于法律上的人?
4. 民法的基本原则能否作为裁判民事案件的法律依据?
5. 法定财产制与约定财产制,哪个效力优先?
6. 物权法上的物有哪些特点?

7. 宣告失踪是不是宣告死亡的必经程序？

8. 麦当劳租用别人的房屋进行经营，它依法享有对租用房屋的占有、使用、收益的权利，但是它没有处分房屋的权利。请问，麦当劳对房屋所享有的是什么权利？请谈谈这种权利的特征。

9. 婚姻关系存续期间，可否分割夫妻共有财产？

10. 有些人认为，立遗嘱不吉利，你对此怎么看？

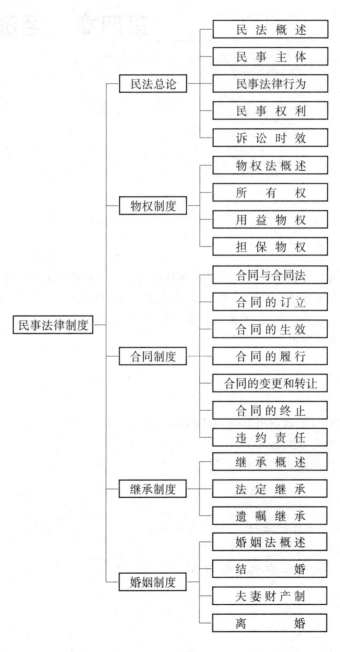

> 由于政府管制了经济,因此就有义务使经济繁荣。如果做不到这一点,政府剥夺经济自由就没有道理。那么,经济遇到了困难,人们不怪罪政府还能怪罪谁?
>
> ——[法]巴斯夏

第四章 经济法律制度

内容提示

经济法是调整国家协调和干预本国经济运行过程中发生的经济关系的法律规范的总称。本章对我国经济法的含义及框架结构作了介绍,在此基础上,对与我们工作生活关系密切的《消费者权益保护法》和《个人所得税法》的主要内容进行了阐述,以期学习者在日常生活中树立正确的消费者和纳税人的法律意识。

学习要求

通过本章的学习,你应理解并掌握以下内容:

1. 经济法的概念和基本原则
2. 我国经济法律制度的主要内容
3. 消费者的权利
4. 经营者的义务
5. 违反《消费者权益保护法》应承担的法律责任
6. 税法的构成要素
7. 个人所得税的纳税人、征税对象、税率

第一节 经济法概述

一、经济法的概念

(一)经济法的概念

经济法是调整国家协调和干预本国经济运行过程中发生的经济关系的法律规范的总称,其含义如下:(1)经济法是经济法律规范的总称,它由一系列经济法律、法规按一定的特征构成一个整体,成为市场经济法律体系中的一个部门;(2)经济法是调整经济关系的法律规范的总称,在纷繁复杂的社会关系中,经济法所调整的是具有经济内容的物质利益关系;(3)经济法调整的是一定范围的经济关系,因为市场经济中,经济主体和经济活动众多,经济关系也是复杂多样的,所以需要整个市场经济法律体系的各个部门法共同调整,经济法只调整其中的一部分。

(二)经济法的特征

经济法与其他法律部门相比较,除具备一般法律的基本特征外,还有自己的特征。主要表现在以下三个方面:

(1)经济性。经济性是经济法的本质特征。它产生的原因和目的都是要求解决经济的发展所带来的问题,从而保障经济快速、健康、协调发展。作为上层建筑的经济法是直接反映经济基础、调整经济关系的,因而它不仅要对各种经济问题作出明确的法律规定,而且必须直接体现、反映和符合经济规律的客观要求,为经济基础服务。同其他法律部门相比,它同经济关系有着更为广泛和直接的联系。

(2)综合性。经济法的综合性主要表现为:首先,在规范的构成上,经济法既包括若干部门经济法,又包括若干经济法律规范;既包括实体法规范,又包括程序法规范;既包括对内经济法律规范,又包括对外经济法律规范。其次,在调整主体上,经济法律关系的主体既包括法人主体,也包括自然人主体;既包括国家机关,也包括各类经济组织和社会组织,还包括各种不同身份的个人。再次,在调整范围上,既包括宏观经济领域的管理和调控关系,也包括微观经济领域的管理和协作关系。

(3)指导性。经济法的指导性是通过经济法规所具有的促进和限制两种功能、奖励和惩处两种后果表现出来的。国家根据不同时期的经济形势和任务,制定不同的经济法规。有的法规侧重于限制,有的法规侧重于促进,有的法规则兼而有之,来引导各项经济活动走上正确的轨道。

二、经济法的调整对象

经济法的调整对象是一定的经济关系。所谓经济关系,是在物质资料的生产过程中以及与其相适应的交换、分配、消费过程中产生的人与人之间的物质利益关系。我国经济法的调整对象是由国家协调、干预的经济关系,它具体包括宏观经济调控关系、市场运行协调关系、市场主体调控关系和社会保障关系。

(一)宏观经济调控关系

宏观经济调控关系是指国家对国民经济总体活动和有关国计民生的重大因素,实行全局性协调、干预所产生的经济关系。

经济法对宏观经济调控关系的调整,是通过明确国家调控的任务、目标、范围、程度、方式,以及国家通过颁布和执行计划、税收、财政、金融等方面的经济法规,从宏观上调整国民经济当中的经济关系,保持供需总平衡,确立和协调生产与消费等重大比例关系,培育和发展市场经济体系,引导国民经济持续、快速和协调发展。通过颁布和执行产品质量、消费者权益保护、物价等方面的经济法规,从微观上调节国民经济中的经济关系,规范企业行为,禁止垄断和不正当竞争,保护消费者的合法权益,维护正常的市场秩序。

（二）市场运行协调关系

市场运行协调关系是国家在建设和完善市场体系、规范市场行为、维护市场秩序中产生的经济关系。

社会主义市场经济需要形成统一、开放、竞争,有序的大市场,使商品和各种生产要素能自由流动。由于我国长期实行高度集中的计划体制,在向市场体制转轨时期,由政府出面协调、干预市场的建设,有利于市场体系的早日完善。市场在发展过程中,不可避免地会出现竞争与不正当竞争或垄断的矛盾、个体利益侵犯社会利益的消极现象,由于市场本身无力消除这些矛盾和消极现象,市场自发机制也不能维护市场秩序,需要由国家进行协调、干预,以便维护市场公平、自由竞争的经济秩序,促进市场经济体系的健康发展,切实保护消费者的合法权益。

（三）市场主体调控关系

市场主体调控关系是指国家对各类市场主体,特别是企业的设立、变更、终止及内部管理所进行协调、干预而产生的经济关系。社会主义市场经济需要建立活跃的市场主体体系,其中企业是最为重要的主体。

对市场主体的协调、干预,就是国家根据社会整体利益需要,通过全面规定市场主体资格条件、法律地位、责任形式、权利义务等,对市场主体体系进行统筹、规划、调节。这种协调、干预不是要将市场主体变成政府机构的附属物,而是创造市场主体生存、发展的合适空间,促使市场主体内部结构优化、经营机制转变,经济效益提高。

三、经济法的基本原则

（一）适当干预原则

1. 适当干预原则的涵义

所谓适当干预,是指国家或经济自治团体应当在充分尊重经济自主的前提下对社会经济生活进行一种有效但又合理谨慎的干预。其作为经济法的一项基本原则,包括正当干预和谨慎干预两个方面。

（1）正当干预。正当干预是指国家或经济自治团体对社会经济主体及经济活动之干预必须仰赖于法律的规定,不得与之相抵触,也不得在法律并无授权的情形下擅自干预。① 干预权力拥有者权力之取得必须来源于法律的规定,因而,国家在对社会经济进行干预时,必须做到干预有据;② 正当干预要求国家的干预必须符合法律规定之程序。现代化经济法十分关注程序的法治化建设,强调国家干预的程序化运作。因为只有通过严格的程序,才能在充分对话的基础上实现决策的科学化、民主化,也便于决策之执行。亦正因如此,国家在进行干预时,必须严格程序的构造及其实践运作。

【观察】
　　税收作为国家干预经济的一种重要经济手段,可以有效地促进资源的优化配置,实现社会公平。但税收作为国家干预权的重要内容,却不得任意行使,按照税收法定主义的要求,税收之行使必须依据法律规定,非经法律明文规定,国家不得开征新税种。

　　(2) 谨慎干预。谨慎干预是指国家或经济自治团体在进行干预时应当谨慎从事,符合市场机制自身的运作规律,不可因干预而压制了市场经济主体之经济自主性与创造性。具体要求如下。

　　① 国家干预不可取代市场的自发调节成为资源配置的主导性力量。由于市场经济是一种以市场为导向以及作为资源配置主要手段的经济体制,因而它十分强调经济主体之自主性。而国家干预作为一种强制性的外部力量,是基于市场失灵、社会公平等因素而介入市场的,但这种介入是一种目的性极强的并具有明显的人为因素的干预,其"有形之手"的运作必然会在一定程度上损伤"无形之手"的运作绩效。因而,国家干预尽管必要,但也应当小心从事,谨慎动作,切不可擅自扩大干预之界域并取代市场成为资源配置之基础性手段。

　　② 国家干预在面临自由裁量权之行使时应当合乎权力运作之内在要求。面对日趋复杂的现代经济社会,赋予执法者一定的自由裁量权业已成为现实的客观需要和不争事实。但是,自由裁量权的行使并不意味着权力拥有者的为所欲为,因而在本质上,自由裁量权是一种明辨真与假、对与错的艺术和判断力,而不以权力拥有者的个人意愿和私人感情为转移。为此,国家在进行干预时,经济法应当为国家干预建构一种限制性的规则框架,使自由裁量权的行使合乎正当目的,与授权法精神及内容相一致,并严格遵循既定程序。

　　③ 谨慎干预要求国家干预不可压制经济主体之自主性与创造性。市场之所以是资源配置的基础性力量,根本因由在于其借助利益机制,可以充分调动和激发市场经济主体的积极性和创造性。因而,国家在进行干预时,切不可压制市场经济主体积极性和创造性的发挥。值得指出的是,市场失灵固然存在,政府失效也屡见不鲜,切不可秉持一种干预万能的思想,将政府干预作为市场失灵的必然推论和结果,从而将国家干预回归到计划经济的"父爱时代",进而高度压制和抹杀市场经济主体的经济自主性与创造性。

　2. 适当干预原则的性质
　　适当干预原则是体现经济法本质特征的原则,这是因为:一方面,经济法调整对象决定了适当干预原则应当成为经济法的一项基本原则。虽然学界目前对经济法调整对象尚未形成共识,但大都认为经济法主要是调整国家对社会经济生活进行干预而产生的社会关系的法。由此不难认为适当干预原则反映了经济法各项规则的本质特征,其成为经济法之基本原则顺理成章。另一方面,经济法所体现的国家干预,并不意味着国家对经济生活之介入要回归到既往计划经济"大而全"的时代,也并不是强调国家干预至上性,相反,在现代市场经济条件下的国家干预,只能是一种在充分尊重私权基础之上的国家干预,其在资源配置中的地位和作用,只能从属于市场的自由调节。现代经济法亦正是在这样的认知前提下建构了自身的规则体系和理论框架,因而将适当干预作为经济法的基本原则,凸显了现代化经济法的发展趋势和本质要求。

【观察】

  20世纪二三十年代，美国爆发了严重的经济危机。面对美国经济危机的混乱局面，美国第32任总统罗斯福上台后，大刀阔斧地实施"新政"。"罗斯福新政"的主要内容有：整顿和改革财政金融，对破产银行进行整顿，放弃金本位，实行美元贬值，禁止黄金出口，以加强美国商品在世界市场的竞争能力；调节工业生产，规定工业产量和市场分配价格，以此调节工业生产，避免盲目竞争和生产过剩现象；限制农业生产，有计划地缩减农业生产规模，销毁"过剩"农产品，以提高农产品的价格，克服农业生产危机；调节劳资关系，举办公共工程和社会救济。"新政"用国家干预来调整经济生活，消除经济萧条和危机，在一定程度上调整了资本主义生产关系，缓和了社会矛盾，使美国走出了经济危机，这对以后美国及其他资本主义国家政府的政策产生了不同程度的影响。此后，国家干预和调控经济，成为20世纪资本主义国家普遍的政策取向。

  适当干预作为经济法的一项基本原则，贯穿于经济法的立法、执法和司法全过程。在立法上强调适当干预，就是要在规则的制定上尽量衡平国家和市场二者的位阶，充分发挥他们各自的功效，实现"有形之手"与"无形之手"的有机结合。而在执法、司法中体现适当干预原则，则是要求国家在进行干预时，应当谨慎从事，准确地行使自由裁量权，并保障权力行使的合规性与合目的性，进而充分调动和激发市场经济主体之积极性与创造性，促进社会资源的优化配置。

（二）合理竞争原则

  经济法所维护的竞争是建立在合理竞争原则基础之上的，旨在实现竞争的有序、有效，这亦是合理竞争原则的基本内涵和体现。

  (1) 有序竞争。现代经济学的理论认为，只有在自由竞争的情况下，企业才能最大限度地挖掘潜力，不断创新、改善管理及改进工艺以不断地降低成本，减少开支，使自身在竞争中取得优势，从而争取自身利益的最大化和企业的快速发展；而同时，市场自由竞争的存在，促使企业提供的产品和服务多样化，给消费者以众多物美价廉的选择，也使消费者和整个社会的福利达到最大化，因此，自由竞争是社会经济发展的最佳状态。但竞争必须遵循一定的规则，即要实现竞争的秩序化。经济法欲促成竞争的有序化，就必须建立合理的竞争规则，防范各种各样的不正当竞争行为，如假冒伪劣行为，低价倾销行为等，并抑制或阻却各种非市场因素对市场经济主体的竞争活动的介入和渗透。

  (2) 有效竞争。市场经济在本质上是一种竞争型经济。为了保证竞争的有效性，就必须在鼓励竞争的同时充分利用规模经济。有效竞争指的是这种既保持竞争活力又充分利用规模经济的竞争格局。

四、经济法律制度的主要内容

1. 经济组织法

  经济组织法主要就是企业法。企业是经济活动的前提和主体，是经济管理的主要对象，所以，企业法是经济法的起点。[①] 作为经济法的企业法主要指特殊企业、公有制企业和公有主体联合投资经营的企业的法律制度；另外还包括中央银行法、经济性行业组织法等。

[①] 参见潘静成、刘文华主编：《经济法》(第二版)，中国人民大学出版社2005年版，第93页。

2. 经济管理法

经济管理法是经济法的核心内容,分综合职能管理制度和行业管理制度两个部分的内容。前者包括计划、财税、预算、金融、外汇管理、会计、土地和资源的开发利用管理等法律制度;后者包括工业、农业、商业、运输业等特定产业管理的法律制度。

3. 经济活动法

经济活动法是调整经济主体间的权利义务关系的法律规范,包括合同法、竞争法、消费者权益保护法等。

需要注意的是,法的部门的划分及其内部再划分都是相对的,尤其是经济法和民商法,经常有重合和交叉的内容。

第二节 消费者权益保护制度

一、消费者权益保护法的概念

19世纪以来,特别是在20世纪五六十年代以来,"消费者主权运动"日益高涨,保障消费者权益的立法需求日益突出。各国纷纷制定专门立法,从而使消费者权益保护法日益完善,渐趋形成体系,成为经济法的重要组成部分。

消费者权益保护法有广义和狭义之分。狭义的概念仅指消费者权益保护的基本立法,在我国就是指于1993年10月31日通过的《消费者权益保护法》,[①]该法是我国保护消费者权益工作的基本立法。广义的概念是指保障消费者合法权益,规制经营者经营活动,调整生活消费关系的法律规范的总称。从我国目前的立法状况看,属于广义的消费者权益保护体系的立法还包括《反垄断法》《反不正当竞争法》《广告法》《产品质量法》《食品卫生法》以及与之相配套的法规中的相关内容。

消费者权益保护法的调整对象是生活消费关系,其适用范围包括:(1)消费者为生活消费需要购买、使用商品或者接受服务,其权益受该法保护;(2)经营者为消费者提供其生产、销售的商品或者提供服务,应当遵守该法;(3)在消费者权益保护法对某些问题未作规定时,经营者应当遵守其他有关法律、法规;(4)农民购买、使用直接用于农业生产的生产资料,参照该法执行。

二、消费者的法定权利

(一)消费者的界定

根据《消费者权益保护法》的规定,消费者仅指"为生活消费需要购买、使用商品或者接受服务的个人"。其范围仅限定在自然人的生活消费,消费方式包括购买、使用已进入流通领域的商品或接受经营者提供的以营利为目的的服务。

[①] 《消费者权益保护法》于1993年10月31日第八届全国人民代表大会常务委员会第四次会议通过,1994年1月1日起施行。根据2009年8月27日第十一届全国人民代表大会常务委员会第十次会议《关于修改部分法律的决定》第一次修订,根据2013年10月25日第十二届全国人民代表大会常务委员会第五次会议《关于修改的决定》第二次修订。

【案例】

小王到超市里买了一台空调,他原本准备将这台空调装到自己家的客厅里,后来自己的商铺马上要开张了,所以干脆将它装到商铺里去了。但后来这台空调出了问题,他要求商店根据《消费者权益保护法》的规定退换该商品。请问:小王是消费者吗?

【分析】

小王不是消费者。因为他购买的这台空调最终不是用于个人消费,而是用于商业用途。《消费者权益保护法》规定:消费者为生活消费需要购买、使用商品或者接受服务,其权益受本法保护;本法未作规定的,受其他有关法律、法规保护。

(二)消费者的法定权利

我国《消费者权益保护法》在第二章中,系统地规定了消费者应享有的九大权利。

(1)安全权。安全权指消费者在购买、使用商品和接受服务时,享有人身、财产安全不受损害的权利。安全权包括人身安全权和财产安全权两项内容,这是消费者最重要的权利。消费者可以依靠此种权利,要求经营者在提供商品或服务时,必须同时满足保障人身、财产安全的要求。

(2)知情权。知情权即知悉真情权,是指消费者享有知悉其购买、使用的商品或者接受的服务的真实情况的权利。依据此种权利,消费者可以根据商品或服务的不同情况,要求经营者提供商品的价格、产地、生产者、用途、性能、规格、等级、主要成分、生产日期、有效期限、检验合格证明、使用方法说明书、售后服务,或者服务的内容、规格、费用等内容。

(3)选择权。选择权也称为自主选择权,是指消费者享有自主选择商品或者接受服务的权利,即消费者可以根据自己的经验、爱好、需求,自主判断、自主决策、自主选择商品或服务。

【案例】

张先生在建材商场看中了一扇木门,交款时得知那里出售的所有门窗均由A公司送货上门并安装,木门价款中实际包含了安装费用,张先生本来对那款门很满意,但想起以前跟A公司打过交道,那里的服务人员态度非常恶劣,实在不想继续用他们了,便跟销售人员商量能不能换一家安装公司,或者由他自行找人安装,降低一些木门的总价款,然而销售人员却说由A公司提供安装服务是厂家规定的,他们无权更换,如果不接受安装服务,购买者可以自行运货并安装,但不能降低总价款。请问:张先生有何权利?

【分析】

根据《消费者权益保护法》"消费者享有自主选择商品或者服务的权利"这一明确规定,销售者实际已经侵害了消费者的自主选择权。只有此项权利得到切实保护,消费者其他权利才能顺利落实,也才能创造良性竞争的销售市场。根据《消费者权益保护法》的规定,消费者有权自主选择提供商品或者服务的经营者,自主选择商品品种或者服务方式,自主决定购买或者不购买任何一种商品、接受或者不接受任何一项服务。所以张先生有权拒绝捆绑性销售,维护自己的权利。

(4)公平交易权。公平交易权是指消费者在购买商品或者接受服务时享有获得质量保障、价格合理、计量正确等公平交易条件的权利。凭借该项权利,消费者可以拒绝经营者的强制交易行为。公平交易权的功能在于确保消费者的经济利益不受损害,在公平合理的交易条件下支付对价,满足主体需求。

【案例】
　　小李有一天逛百货商店,看中了一条羊毛围巾。由于商店举行促销行动,这条围巾可以打六折。但是,店家说,如果要想享受这项优惠,就必须再加5元钱买一个电话机套。请问:店家的这一规定是否合理?
【分析】
　　小李可以根据《消费者权益保护法》规定的消费者享有的公平交易权来与店家理论,因为这种搭卖行为属于强制交易行为。如果店家仍不予理睬,小李可以向有关消费者协会投诉并通过他们来帮助自己维权。《消费者权益保护法》规定:消费者享有公平交易的权利。消费者在购买商品或者接受服务时,有权获得质量保障、价格合理、计量正确等公平交易条件,有权拒绝经营者的强制交易行为。

　　(5) 求偿权。求偿权是指消费者因购买、使用商品或接受服务受到人身、财产损害时所享有的依法获得赔偿的权利。如果经营者提供的商品或服务不符合国家有关质量标准,不能实现应有的使用价值,或者计价、计量不符合法定要求,侵害消费者权益时,消费者有权要求予以消除或者采取适当的补救措施;消费者的人身、财产受到损害的,有权要求经营者给予合理赔偿,并在交涉不成时向司法部门寻求救济。
　　(6) 结社权。结社权是指消费者享有的依法成立或参加维护自身合法权益的社会团体的权利。该项权利的功能在于使消费者通过集体的力量改变自己的弱者地位,以便与实力雄厚的经营者相抗衡,维护自身的合法权益。
　　(7) 受教育权。受教育权也称求教获知权,是指消费者所享有的获取有关消费和消费者权益保护方面知识的权利。主要内容包括:① 消费者有权获取消费者权益及其保护的基本教育;② 消费者有权获得消费者权益的法制普及教育;③ 消费者有权得到日常的消费知识和有关咨询。
　　(8) 尊严保障权。尊严保障权是指消费者在购买、使用商品或者接受服务时所享有的其人格尊严、民族风俗习惯得到尊重,不受侵犯的权利。法律规定经营者不得对消费者进行侮辱、诽谤,不得搜查消费者的身体及其携带的物品,不得侵犯消费者的人身自由。
　　(9) 监督权。监督权是指消费者所享有的对商品和服务以及保护消费者权益工作进行监督的权利。消费者的监督权包括以下三方面内容:① 消费者有权检举、控告侵害消费者权益的行为;② 消费者有权检举、控告国家机关及其工作人员在保护消费者权益工作中的违法失职行为;③ 消费者有权对消费者权益保护工作提出批评和建议。
　　我国法律规定的消费者的九项法定权利,体现了消费者权益保护的发展规律,顺应了消费者权益保护立法的发展趋势,随着经济的发展、社会物质生活水平的不断提高,消费者的法定权利实现的可能性不断加大,内在动力不断增强。

三、经营者的法定义务

　　与消费者相对,经营者是指以营利为目的,向消费者提供其生产、销售的商品或提供的服务的公民、法人或其他社会经济组织。经营者在向消费者提供商品或服务时,应当遵守有关的法定义务,包括以下八大义务。

（1）依法律规定或约定履行义务。经营者向消费者提供商品或者服务,应当依照《中华人民共和国产品质量法》和其他有关法律、法规的规定履行义务。经营者和消费者有约定的,应当按照约定履行义务,但双方的约定不得违背法律、法规的规定。

（2）听取意见和接受监督的义务。经营者应当听取消费者对其提供的商品或者服务的意见,接受消费者的监督。该项义务与消费者的监督权相对,监督权的真正实现,有赖于经营者主动听取消费者的意见,接受消费者的监督。因此,经营者听取意见和接受监督的义务是实现消费者监督权的保障。

（3）保障人身和财产安全的义务。经营者应当保证其提供的商品或者服务符合保障人身、财产安全的要求。对可能危及人身、财产安全的商品和服务,应当向消费者作出真实的说明和明确的警示,并说明和标明正确使用商品或者接受服务的方法以及防止危害发生的方法。经营者发现其提供的商品或者服务存在严重缺陷,即使正确使用商品或者接受服务仍然可能对人身、财产安全造成危害的,应当立即向有关行政部门报告和告知消费者,并采取防止危害发生的措施。

（4）提供真实信息,不做虚假宣传的义务。经营者应当向消费者提供有关商品或者服务的真实信息,不得作引人误解的虚假宣传。经营者对消费者就其提供的商品或者服务的质量和使用方法等问题提出的询问,应当作出真实、明确的答复。商店提供商品应当明码标价。经营者应当标明商品真实名称和标记。租赁他人柜台或者场地的经营者,应当标明其真实名称和标记。

（5）出具凭证和单据的义务。经营者提供商品或者服务,应当按照国家有关规定或者商业惯例向消费者出具购货凭证或者服务单据;消费者索要购货凭证或者服务单据的,经营者必须出具。该项义务既有利于税务机关进行税务监督和检查,防止经营者偷税、逃税,也有利于解决消费者与经营者之间的消费争议。

（6）质量担保义务。经营者应当保证在正常使用商品或者接受服务的情况下其提供的商品或者服务应当具有的质量、性能、用途和有效期限;但消费者在购买该商品或者接受该服务前已经知道其存在瑕疵的除外。经营者以广告、产品说明、实物样品或者其他方式表明商品或者服务的质量状况的,应当保证其提供的商品或者服务的实际质量与表明的质量状况相符。

（7）不得从事不公平、不合理交易的义务。经营者不得以格式合同、通知、声明、店堂告示等方式作出对消费者不公平、不合理的规定,或者减轻、免除其损害消费者合法权益应当承担的民事责任。如果格式合同、通知、声明、店堂告示等含有上述内容的,其内容无效。

（8）不得侵犯消费者人身权的义务。消费者享有人格尊严、人身自由不受侵犯的权利。这是消费者最基本的人权。经营者不得对消费者进行侮辱、诽谤,不得搜查消费者的身体及其携带的物品,不得侵犯消费者的人身自由。

【案例】

居民甲在某商场购得一台"多功能食品加工机",回家试用后发现该产品只有一种功能,遂向商场提出退货,商场答复:"该产品说明书未就其性能作明确说明,这是厂家的责任,所以顾客应向厂家索赔,商场概不负责。"请问:谁应对该产品负责？

【分析】

商场、生产厂家都应对该产品负责,应由商场先行按照消费者甲的要求给予退货,然后商场可以向生产厂家追偿损失。因为我国《产品质量法》规定:"售出的产品有下列情形之一的,销售者应当负责修理、更换、退货;给购买产品的消费者造成损失的,销售者应当赔偿损失:……(三)不符合以产品说明、实物样品等方式表明的质量状况的。销售者依照前款规定负责修理、更换、退货、赔偿损失后,属于生产者的责任或者属于向销售者提供产品的其他销售者(以下简称供货者)的责任的,销售者有权向生产者、供货者追偿。"《消费者权益保护法》规定:"消费者在购买、使用商品时,其合法权益受到损害的,可以向销售者要求赔偿。销售者赔偿后,属于生产者的责任或者属于向销售者提供商品的其他销售者的责任的,销售者有权向生产者或者其他销售者追偿。"

四、法律责任

(一)民事责任

经营者提供商品或者服务有下列情形之一的,承担民事责任:(1)商品存在缺陷的;(2)不具备商品应当具备的使用性能而出售时未作说明的;(3)不符合在商品或者其包装上注明采用的商品标准的;(4)不符合商品说明、实物样品等方式表明的质量状况的;(5)生产国家明令淘汰的商品或者销售失效、变质的商品的;(6)销售的商品数量不足的;(7)服务的内容和费用违反约定的;(8)对消费者提出的修理、重作、更换、退货、补足商品数量、退还货款和服务费用或者赔偿损失的要求,故意拖延或者无理拒绝的;(9)法律、法规规定的其他损害消费者权益的情形。

民事责任的承担方式包括:损害赔偿、停止侵害、恢复名誉、消除影响、赔礼道歉、三包(包修、包换、包退)、补足商品数量、退还货款和服务费以及双倍赔偿等。

《消费者权益保护法》第49条规定:"经营者提供商品或服务有欺诈行为的,应当按照消费者的要求增加赔偿其受到的损失,增加赔偿的金额为消费者购买商品的价款或者接受服务的费用的一倍。"该条即是关于双倍赔偿的规定,消费者主张双倍赔偿必须符合以下条件:经营者有欺诈行为;消费者因欺诈受到损害;消费者提出双倍赔偿要求。

双倍赔偿条款是对英美法系国家广泛采取的惩罚性赔偿制度的初步肯定,其功能在于既能使消费者所受损失得到全部的补偿,鼓励消费者同欺诈行为作斗争,又能使经营者的欺诈行为得到制裁,发挥威慑作用。

(二)行政责任

经营者有下列情形之一,《产品质量法》和其他有关法律、法规对处罚机关和处罚方式有规定的,依照法律、法规的规定执行;法律、法规未作规定的,由工商行政管理部门责令改正,可以根据情节单处或者并处警告、没收违法所得、处以违法所得一倍以上五倍以下的罚款,没有违法所得的处以一万元以下的罚款;情节严重的,责令停业整顿、吊销营业执照:(1)生产、销售的商品不符合保障人身、财产安全要求的;(2)在商品中掺杂、掺假,以假充真,以次充好,或者以不合格商品冒充合格商品的;(3)生产国家明令淘汰的商品或者销售失效、变质的商品的;(4)伪造商品的产地,伪造或者冒用他人的厂名、厂址,伪造或者冒用认证标志、名优标志等质量标志的;(5)销售的商品应当检验、检疫而未检验、检疫或者伪造检验、检疫结果的;(6)对商品或者服务作引人误解的虚假宣传的;(7)对消费者提出的修理、重作、更换、退货、补足商品数量、退还货款和服务费用或者赔偿损失的要求,故意拖延或者无理拒绝的;(8)侵害消费者人格尊严或者侵犯消费者人身自由的;(9)法律、法规规定的对损害消费者权益应当予以处罚的其他情形。

【案例】
　　甲于2008年10月3日下午到某超级市场购物,购物后离开该超市,市场的一名工作人员追出来询问:"小姐,你有没有拿东西?"甲告知该工作人员她所买的东西款已付清,此外没有拿什么东西,但仍被怀疑。该工作人员依据本公司的告示规定检查了甲的手袋,还说"拿了就是拿了,不必抵赖"之类的话。由此双方发生争执,甲被带至办公室继续被质问盘查。在此情况下,甲被迫摘下帽子,解开衣服,打开手袋,由该市场工作人员进行检查,未能查出甲拿了什么东西,才放走甲。请问:(1)该超级市场侵犯了甲的何种权益?(2)工商管理部门能否对该超级市场进行处罚?

【分析】
　　(1)该超级市场侵犯了甲作为消费者的维护尊严权。维护尊严权是指消费者在购买、使用商品和接受服务时享有的人格尊严、民族风俗习惯得到尊重的权利。本案中该超市对消费者甲擅自搜查、肆意辱骂,并限制甲的人身自由,严重侵犯了甲的人格尊严。
　　(2)甲除可要求超市向其赔礼道歉、赔偿精神损失,工商管理部门也可视情况对该超市进行行政处罚。

(三)刑事责任
(1)经营者提供商品或者服务,造成消费者或者其他受害人死亡的,应当支付丧葬费、死亡赔偿金以及由死者生前扶养的人所必需的生活费等费用;构成犯罪的,依法追究刑事责任。
(2)以暴力、威胁等方法阻碍有关行政部门工作人员依法执行职务的,依法追究刑事责任;拒绝、阻碍有关行政部门工作人员依法执行职务,未使用暴力、威胁方法的,由公安机关依照《中华人民共和国治安管理处罚条例》的规定处罚。
(3)国家机关工作人员玩忽职守或者包庇经营者侵害消费者合法权益的行为的,由其所在单位或者上级机关给予行政处分;情节严重,构成犯罪的,依法追究刑事责任。

第三节　个人所得税法律制度

一、税收概述

(一)税收的概念
　　税收是国家为了实现其职能,凭借政治权力参与社会产品和国民收入分配,按照法定的标准和程序,无偿地、强制地取得财政收入的分配关系。税收是国家财政收入的最基本的、但不是唯一的收入形式,除税收之外、国家还可以通过其他方式取得财政收入,如事业费收入、国有资源管理收入、公产收入、罚没收入、国际组织捐款收入、规模收入等。

（二）税收的特征

（1）强制性。税收是国家凭借着政治权力开征的，国家运用法律手段公布征税标准，并运用行政手段和司法手段来保证征税任务的完成，每个公民、企业、经济组织等都有依法纳税的义务。对拒不纳税或偷税、逃税者，国家有权强制征收，并有权给予法律制裁。

（2）无偿性。从征税的过程来说，国家并不向纳税人支付对价，就取得纳税人的税款，并不存在对纳税人的偿还问题。但是如果从财政活动的宏观整体来看，税收是政府提供公共物品和服务的基础，即所谓的取之于民，用之于民。

（3）固定性。税收是国家按照法律预先规定的范围、标准和环节征收的，税法的规定具有稳定性。纳税人取得了应当纳税的收入或发生了应纳税的行为，就必须按预先规定的标准如数缴纳，而不能改变标准。

（三）税收的作用

（1）筹集财政收入。筹集国家的财政收入是税收的首要职能，税收分配是一种无偿分配，又具有及时、充裕、稳定、可靠的特点。国家为了行使自己的职能，必须要有足够的财力基础，财力基础表现为财政收入上有稳定的来源和增长，而税收在保证和实现财政方面，起着重要的作用，税收是国家组织收入的一个重要手段。

（2）调节经济发展。税收是调节社会经济生产活动，均衡分配，正确处理国家、集体、个人三者经济利益关系的重要手段。税收能够在一定程度上调节各种经济成分、各种行业、各种产品生产经营者的收入差距，从而引进各地区、各部门以及各阶层，各类纳税人经济利益的变化，进而对社会经济状况产生某些影响。国家正是通过这种影响来实现一定的政策，达到一定政治经济目的。

（3）宏观调控的杠杆。税收是国家宏观经济调控的一个重要杠杆。它有助于完善经济运行机制，引导社会资金流动，调整产业结构，调节经济发展。税种、税目和税率的设置与调整，减免税的规定，体现了国家运用经济杠杆鼓励或者限制生产经营，从而促使社会总需求和总供给的基本平衡，促进企业在公平税负基础上展开竞争，提高社会效益和经济效益。

（4）监督经济活动。国家在征收税款过程中，一方面要查明情况，正确计算并收取税款，另一个方面又能发现纳税人在生产经营过程中或是在缴纳税款过程中存在的问题。通过税收征管活动，保护合法经营，制裁越权减免税、拖欠税款、偷税和抗税不缴等不法行为。

二、税法的概念和构成要素

（一）税法的概念

税法是调整税收关系的法律规范的总称，即调整国家与纳税人之间在征纳税过程中形成的各种社会关系的法律规范的总称。税收关系包括以下关系。

（1）税收征纳关系，即国家税务机关向纳税人无偿征收货币或实物的关系。具体包括：税务机关与企业、事业单位和公民个人在征纳税过程中形成的纳税关系；税务机关与国家行政机关、事业单位之间因预算外收入发生的征纳税关系。

（2）国家权力机关与其授权的行政机关之间，中央和地方之间因税收管理权限而形成的关系。

（3）征税纳税程序关系。如税务登记程序关系、纳税申报程序关系等。

（二）税法的构成要素

1. 纳税人

纳税人是纳税义务人的简称，是税法规定的直接负有纳税义务的法人和自然人，法律术语称为课税主体。纳税人是税收制度构成的最基本要素之一，任何税种均有纳税人。

2. 征税对象

征税对象又称课税对象，是税法规定的征税的目的物，即对什么征税。每一种税种都必须明确规定征税的对象，征税对象关系着各种税法的基本界限，是征税的直接依据和税法最基本要素。根据征税对象可以把我国的税收分成五类：流转税，是对商品销售额或者服务性业务的营业额征税；所得税，是对所得额或收益额征税；财产税，是按财产的价值额或租价额征税；行为税，是依法对特定的行为征税；资源税，是对资源级差等级收入征税。

3. 税目

税目是课税对象的具体项目。税目是征税对象的具体化，它是一个税种在税法中具体规定应当纳税的项目，反映了具体的征税范围。制定税目的方法有两种：一是列举法，即按照每种商品或经营项目分别设置税目，必要时还可以在一个税目下设若干子目；二是概括法，即把性质相近的产品或项目归类设置项目，如产品按大类或行业设置税目等。

4. 税率

税率是纳税额与征税对象之间的比例，是计算税额的尺度，是税法结构中的核心部分。税率的设计直接反映着国家的有关经济政策，直接关系着国家的财政收入的多少和纳税人税收负担的高低，是税收制度的中心环节。我国现行的税率主要有以下四种。

（1）比例税率，即不分征税对象的大小，只限定一个比例的税率，按照同一比例进行征税。我国的增值税、营业税、企业所得税等采用的是比例税率。

（2）定额税率，即按单位征税对象直接规定固定的税额，而不是采取百分比的方式进行征税，所以又称固定税额，一般适用于从量计征的税种。目前采用定额税率的有资源税、车船使用税等。

（3）超额累进税率，即按征税对象数额的大小，划分若干等级，每一等级规定一个税率，税率依次提高，但每一纳税人的征税对象则依所属等级同时适用几个税率分别计算，将计算结果相加后得出应纳税额。目前采用这种税率的有个人所得税。

（4）超率累进税率，即以征税对象数额的相对率划分若干级距，分别规定相应的差别税率，相对率每超过一个级距的，对超过的部分就按高一级的税率计算征税。目前采用这种税率的是土地增值税。

5. 纳税环节

纳税环节是指商品流转过程中应当缴纳税款的环节，亦即在对商品流转额的征税中应征几道税的问题。商品流转一般要经过生产、采购、批发、零售等若干环节，具体确定在哪个环节应当缴纳税款，则该环节为纳税环节。

6. 纳税期限

纳税期限是指负有纳税义务的纳税人向国家缴纳税款的期限。纳税期限可以分为两种：一是按期纳税，二是按次纳税。纳税人不按纳税期限缴纳税款的，应依法加收滞纳金并补缴税款。纳税期限是税收固定性特点在时间上的体现。

7. 减免税

减税是对应纳税额少征一部分税款；免税是对应纳税额全部免征，减免税可分为固定减免税、定期减免税和临时减免税三种。

8. 违章处理

违章处理是对有违反税法行为的纳税人采取的惩罚措施,包括加收滞纳金、处以罚款,追究刑事责任等。

三、个人所得税法律制度

（一）个人所得税的概念

个人所得税是以个人(自然人)取得的各项应税所得征收的一种税。

（二）纳税人

个人所得税的纳税人是指在中国境内有住所,或者虽无住所但在境内居住满一年,以及无住所又不居住或居住不满一年但有从中国境内取得所得的个人,包括中国公民、外籍个人等。

【图例】

纳 税 人	情 况 判 定	纳税义务
居民纳税人	在中国境内有住所的个人	无限纳税义务
	在中国境内无住所,但在一个纳税年度内在中国境内居住满一年的个人	
非居民纳税人	在中国境内无住所又不居住的个人	有限纳税义务
	在中国境内无住所,而在一个纳税年度内在中国境内居住不满一年的个人	

（三）征税对象

个人所得税的征税对象是个人取得的应税所得。个人所得税法列举征税的个人所得共11项。

(1) 工资薪金所得。指个人因任职或者受雇而取得的工资、薪金、奖金、年终加薪、劳动分红、津贴以及与任职或者受雇有关的其他所得。

(2) 个体工商户的生产、经营所得。指个体工商户从事工业、手工业、建筑业、交通运输业、商业、饮食业、服务业、修理业以及其他行业生产、经营取得的所得;个人经政府有关部门批准,取得执照,从事办学、医疗、咨询以及其他有偿服务活动取得的所得;其他个人从事个体工商业生产、经营取得的所得;上述个体工商户和个人取得的与生产、经营有关的各项应纳税所得。

(3) 企事业单位的承包经营、承租经营所得。指个人承包经营、承租经营以及转包、转租取得的所得,包括个人按月或者按次取得的工资、薪金性质的所得。

(4) 劳务报酬所得。指个人从事设计、装潢、安装、制图、化验、测试、医疗、法律、会计、咨询、讲学、新闻、广播、翻译、审稿、书面、雕刻、影视、演出、表演、广告、展览、技术服务、介绍服务、经纪服务、代办服务以及其他劳务取得的所得。

(5) 稿酬所得。指个人因其作品以图书、报刊形式出版、发表而取得的所得。

(6) 特许权使用费所得。指个人提供专利权、商标权、著作权、非专利技术以及其他特许权的使用权取得的所得;提供著作权的使用权取得的所得不包括稿酬所得。

(7) 利息、股息、红利所得。指个人拥有债权、股权而取得的利息、股息、红利所得。

(8) 财产租赁所得。指个人出租建筑物、土地使用权、机器设备、车船以及其他财产取得的所得。

(9) 财产转让所得。指个人转让有价证券、股权、建筑物、土地使用权、机器设备、车船以及其他财产取得的所得。

(10) 偶然所得。指个人得奖、中奖、中彩以及其他偶然性质的所得。

(11) 其他所得。指经国务院财政部门确定征税的其他所得。

(四) 个人所得税的税率

(1) 工资、薪金所得适用3%—45%的七级超额累进税率。

【图例】

个人所得税税率表一（工资、薪金所得适用）

级　数	全月应纳税所得额	税率(%)	速算扣除数
1	不超过1 500元的	3	0
2	超过1 500元至4 500元的部分	10	105
3	超过4 500元至9 000元的部分	20	555
4	超过9 000元至35 000元的部分	25	1 005
5	超过35 000元至55 000元的部分	30	2 755
6	超过55 000元至80 000元的部分	35	5 505
7	超过80 000元的部分	45	13 505

（表中全月应纳税所得额是指依照《个人所得税法》规定,以每月收入额减除费用3 500以及附加减除费用后的余额。）

(2) 个体工商户的生产经营所得和对企事业单位的承包承租经营所得,适用5%—35%的五级超额累进税率。

【图例】

个人所得税税率表二（生产经营、承包承租经营所得适用）

级　数	全年应纳税所得额	税率(%)	速算扣除数
1	不超过15 000元的	5	0
2	超过15 000—30 000元的部分	10	750
3	超过30 000—60 000元的部分	20	3 750
4	超过60 000—100 000元的部分	30	9 750
5	超过100 000元以上的部分	35	14 750

（表中所称全年应纳税所得额是指依照《个人所得税法》的规定,以每一纳税年度的收入总额,减除成本、费用以及损失后的余额。）

(3) 稿酬所得,适用20%的比例税率,并按应纳税额减征30%。
(4) 劳务报酬所得,适用20%的比例税率,一次收入畸高的可加成征收。

【图例】

个人所得税税率表三(劳务报酬所得适用)

级　数	每次应纳税所得额	税率(%)	速算扣除数
1	不超过20 000元的部分	20	0
2	20 000—50 000元的部分	30	2 000
3	超过50 000元的部分	40	7 000

(5) 特许权使用费所得,财产租赁所得,财产转让所得,利息、股息、红利所得,偶然所得和其他所得,适用20%的比例税率。

(五) 个人所得税的免纳

下列各项个人所得,免纳个人所得税:(1)省级人民政府、国务院部委和中国人民解放军以上单位,以及外国组织、国际组织颁发的科学、教育、技术、文化、卫生、体育、环境保护等方面的奖金;(2)国债和国家发行的金融债券利息;(3)按照国家统一规定发给的补贴、津贴;(4)福利费、抚恤金、救济金;(5)保险赔款;(6)军人的转业费、复员费;(7)按照国家统一规定发给干部、职工的安家费、退职费、退休工资、离休工资、离休生活补助费;(8)依照我国有关法律规定应予免税的各国驻华使馆、领事馆的外交代表、领事官员和其他人员的所得;(9)中国政府参加的国际公约、签订的协议中规定免税的所得;经国务院财政部门批准免税的所得。

(六) 个人所得税的减征

有下列情形之一的,经批准可以减征个人所得税:(1)残疾、孤老人员和烈属的所得;(2)因严重自然灾害造成重大损失的;(3)其他经国务院财政部门批准减税的。

(七) 应纳税额的计算

(1) 工资、薪金所得,以每月收入额减除费用3 500元后的余额,为应纳税所得额。

$$应纳税额=应纳税所得额\times 适用税率-速算扣除数$$

纳税人在多处取得工资、薪金收入的,应当将其从各处取得的收入合并计算缴纳个人所得税。

【案例】

某公司职员为中国公民,本月取得工资收入2 900元,奖金收入1 500元,要求计算该职员本月应缴纳的个人所得税税额。

【分析】

$$应纳税所得额=(2\,900+1\,500)-3\,500$$
$$=900(元)$$

$$应纳税额=900\times 3\%$$
$$=27(元)$$

(2) 个体工商户的生产、经营所得,以每一纳税年度的收入总额,减除成本、费用以及损失后的余额,为应纳税所得额。

$$应纳税额 = 应纳税所得额 \times 适用税率 - 速算扣除数$$

【案例】

某个体户经营快餐店,2013年销售额250 000元,购进面粉、菜、肉等原材料费为120 000元,交纳水电费、房租、煤气费等35 000元,其他税费合计20 000元,原材料损失5 000元,要求计算该个体户2013年应缴纳的个人所得税税额。

【分析】

$$应纳税所得额 = 250\,000 - 120\,000 - 35\,000 - 20\,000 - 5\,000 = 70\,000(元)$$
$$应纳税额 = 70\,000 \times 30\% - 9\,750 = 11\,250(元)$$

(3) 对企事业单位的承包经营、承租经营所得,以每一纳税年度的收入总额,减除必要费用后的余额,为应纳税所得额。

$$应纳税额 = 应纳税所得额 \times 适用税率 - 速算扣除数$$

(4) 劳务报酬所得、稿酬所得、特许权使用费所得、财产租赁所得,每次收入不超过4 000元的,减除费用800元;4 000元以上的,减除20%的费用,其余额为应纳税所得额。

① 劳务报酬所得。

每次收入不超过4 000元的:应纳税额 = 应纳税所得额 × 适用税率 = (每次收入额 − 800) × 20%

每次收入在4 000元以上的:应纳税额 = 应纳税所得额 × 适用税率 = 每次收入额 × (1−20%) × 20%

每次应纳税所得额超过20 000元的:应纳税额 = 应纳税所得额 × 适用税率 − 速算扣除数 = 每次收入额 × (1−20%) × 适用税率 − 速算扣除数

【案例】

某歌星参加文艺演出,一次取得演出收入50 000元。要求计算其应缴纳的个人所得税税额。

【分析】

$$应纳税所得额 = 50\,000 \times (1-20\%)$$
$$= 40\,000(元)$$
$$应纳税额 = 40\,000 \times 30\% - 2\,000$$
$$= 10\,000(元)$$

② 稿酬所得。

每次收入不超过4 000元的:应纳税额 = 应纳税所得额 × 适用税率 × (1−30%) = (每次收入额 − 800) × 20% × (1−30%)

每次收入在4 000元以上的：应纳税额＝应纳税所得额×适用税率×(1－30%)＝每次收入额×(1－20%)×20%×(1－30%)

【案例】
某大学教师因编著的教材出版，获得稿酬收入10 000元。要求计算其应缴纳的个人所得税税额。

【分析】
$$应纳税所得额 = 10\,000 \times (1-20\%)$$
$$= 8\,000(元)$$
$$应纳税额 = 8\,000 \times 20\% \times (1-30\%)$$
$$= 1\,120(元)$$

③ 特许权使用费。

每次收入不超过4 000元的：应纳税额＝应纳税所得额×适用税率＝(每次收入额－800)×20%

每次收入在4 000元以上的：应纳税额＝应纳税所得额×适用税率＝每次收入额×(1－20%)×20%

(4) 财产租赁

$$应纳税额 = 应纳税所得额 \times 适用税率$$

(5) 财产转让所得，以转让财产的收入额减除财产原值和合理费用后的余额，为应纳税所得额。

$$应纳税额 = 应纳税所得额 \times 适用税率 = (收入总额－财产原值－合理费用) \times 20\%$$

(6) 利息、股息、红利所得，偶然所得和其他所得，以每次收入额为应纳税所得额。

$$应纳税额 = 应纳税所得额 \times 适用税率 = 每次收入额 \times 20\%$$

我国自1999年11月1日起，对储蓄存款利息所得恢复征收个人所得税，税率为20%。2007年8月15日起，将储蓄存款利息所得个人所得税的适用税率由20%调减为5%。从2008年10月9日起，对储蓄存款利息所得暂免征收个人所得税。

个人将其所得对教育事业和其他公益事业捐赠的部分，按照国务院有关规定从应纳税所得中扣除。

纳税义务人从中国境外取得的所得，准予其在应纳税额中扣除已在境外缴纳的个人所得税税额，但扣除额不得超过该纳税义务人境外所得依照本法规定计算的应纳税额。

(八) 个人所得税的征收管理

个人所得税采取源泉扣缴税款和自行申报两种纳税方法。以所得人为纳税义务人，以支付所得的单位或者个人为扣缴义务人。在两处以上取得工资、薪金所得和没有扣缴义务人的，纳税义务人应当自行申报纳税。扣缴义务人每月所扣的税，自行申报纳税人每月应纳的税，都应在次月7日内缴入国库，并向税务机关报送纳税申报表。

1. 谈谈你对"适当干预原则"的认识。
2. 店堂告示"未成年人需由成人陪伴方可入内"是否违反《消费者权益保护法》的规定?
3. 如何理解税收的"取之于民,用之于民"?
4. 作为一个消费者,你拥有哪些权利?
5. 作为一个经营者,你应承担哪些义务?
6. 你认为我国目前个税的免征额是否合理?
7. 有学者认为,稿酬收入税率过高不利于文化的繁荣。对此,你怎么看?
8. 减税是不是刺激消费的有效措施?

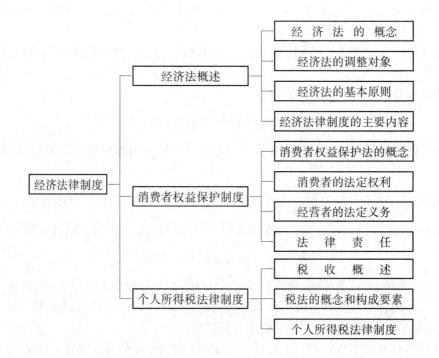

> 法律的基本原则是：为人诚实，不损害他人，给予每个人他应得的部分。
>
> ——[古罗马]查士丁尼

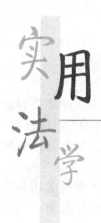

第五章　劳动法律制度

内容提示

劳动法基于承认劳动关系主体之间不平等的现实，以保护处于竞争劣势的劳动者合法权益为第一要义，是社会法的核心组成部分。我国劳动法律制度是一个内容丰富的完整体系，本章重点阐述了劳动法的有关理论、劳动合同制度、劳动基准制度、社会保险、劳动关系的程序保护，以期使学习者把握我国劳动法律制度的重要内容，提高解决劳动法律问题的应用能力。

学习要求

通过本章的学习，你应理解并掌握以下内容：

1. 劳动法的概念、调整对象及适用范围
2. 劳动合同的概念和特征
3. 劳动合同的内容
4. 劳动合同的订立、效力及履行
5. 劳动合同的解除
6. 最低工资及工资支付保障
7. 加班加点
8. 女职工及未成年工特殊保护
9. 社会保险
10. 劳动争议制度

第一节 劳动法概述

一、劳动法的涵义

(一)劳动法的概念

一般认为,劳动法是调整劳动关系以及与劳动关系有密切联系的社会关系的法律规范的总称。劳动法在中国特色的社会主义法律体系中归属于社会法,其核心在于保护劳动者合法权益,为构建和谐稳定的劳动关系提供法律保障。作为维护人权的重要法律部门,其在西方甚至被称为"第二宪法"。

劳动法有广义狭义之分。狭义的劳动法,指由国家最高权力机关颁布的关于调整劳动关系以及与劳动关系有密切联系的社会关系的综合性法典,即法典式的劳动法。例如1995年1月1日实施的《中华人民共和国劳动法》。

广义的劳动法,作为人们通常采用的劳动法的概念,指所有调整劳动关系以及与劳动关系有密切联系的社会关系的法律规范的总和。它不仅包括狭义的劳动法,还包括其他各种规范性文件中调整上述关系的所有法律规范。即法典式的劳动法之外,还有全国人民代表大会制定颁布的宪法和基本法律中的相关规定;全国人民代表大会制定颁布的基本法律之外的其他法律中的相关规定;国务院颁布的相关行政法规;人力资源和社会保障部颁布的部门规章;地方性劳动法规等等。

(二)主要劳动立法

劳动法制作为和谐社会的基石,其重要性日益为人们所认识,立法步伐呈加快之势。改革开放特别是近年来,国家制定颁布的主要劳动法典如下:

1.《中华人民共和国劳动法》

1995年1月1日起实施,作为我国第一部全面系统保障劳动者利益、调整劳动关系的法律,既是宪法有关劳动规定的明晰化,又是具体劳动立法的制定依据,为建立公平公正符合市场要求的劳动力市场提供了重要法律保障,标志着中国劳动法制建设的重大进展。该法共计13章107条,依次为:总则;促进就业;劳动合同和集体合同;工作时间和休息休假;工资;劳动安全卫生;女职工和未成年工特殊保护;职业培训;社会保险和福利;劳动争议;监督检查;法律责任;附则。

2.《中华人民共和国劳动就业促进法》

2008年1月1日起实施,对我国积极就业政策的实施,促进劳动者就业,具有重要意义。该法共计9章69条,依次为:总则、政策支持、公平就业、就业服务和管理、职业教育和培训、就业援助、监督检查、法律责任、附则。

3.《中华人民共和国劳动合同法》

2008年1月1日起实施,其尊重劳动,保护劳动者,完善了劳动保障法律体系,是自《劳动法》颁布实施以来我国劳动法制建设中的又一个里程碑。该法共计8章98条,依次为:总则、劳动合同的订立、劳动合同的履行和变更、劳动合同的解除和终止、特别规定、监督检查、法律责任和附则。

4.《中华人民共和国劳动争议调解仲裁法》

2008年5月1日起实施,为及时公正解决劳动争议,保护当事人合法权益,促进劳动关系和谐稳定,提供了重要的法律保障。该法共计 4 章 54 条,依次为:总则、调解、仲裁、附则。

5.《中华人民共和国社会保险法》

2011 年 7 月 1 日起实施,是我国第一部社会保险制度的综合性法律,奠定了民生领域社会保障的基本框架。该法共计 12 章 98 条,依次为:总则、基本养老保险、基本医疗保险、工伤保险、失业保险、生育保险、社会保险费征缴、社会保险基金、社会保险经办、社会保险监督、法律责任、附则。

二、劳动法的调整对象

从劳动法的概念出发,可以知道劳动法的调整对象是两大社会关系:一是劳动关系;二是与劳动关系有密切联系的社会关系。其中,劳动关系是主要调整对象。

(一)劳动关系

劳动法中的劳动关系,是指劳动者与劳动力使用者(即用人单位)在实现劳动过程中彼此之间发生的一种社会关系。劳动关系特征如下:

(1)劳动关系是劳动力所有者和劳动力使用者之间的社会关系。劳动关系有两大主体,对两大主体有特定身份的要求。一方主体是作为劳动力所有者和提供者的劳动者,另一方主体是作为生产资料支配者和劳动力需求者的用人单位。即劳动关系一定是发生在劳动力的所有者与劳动力的使用者之间。

(2)劳动关系是发生在劳动过程中的社会关系。劳动过程就是劳动力和生产资料在劳动组织内部相结合的生产过程。劳动者提供的劳动力被用人单位使用后,其所提供的活劳动,就被用人单位安排为与生产资料的结合,构成用人单位生产过程中的一个部分。在此过程中,劳动者与用人单位发生的社会关系构成劳动法所调整的劳动关系。

(3)劳动关系是用人单位与劳动者之间管理与被管理的社会关系。劳动关系建立意味着劳动者将劳动力提供给用人单位支配,成为用人单位中的一员。制定劳动规则是用人单位的权利和职责,遵守单位的劳动规则是劳动者的义务和责任。由此,劳动者与用人单位必然建立起一种以指挥和服从为特征的管理关系。

(二)与劳动关系密切联系的其他社会关系

劳动关系不是孤立单一的社会关系,而是处于广泛的社会联系之中。"与劳动关系有密切的社会关系",有的是发生劳动关系的必要前提,有的是劳动关系的直接后果,虽然本身并不是劳动关系,但是因为均与劳动关系有着直接或间接的联系,所以纳入劳动法的调整范围。主要包括以下六种。

(1)劳动行政管理方面的关系。指劳动行政主管部门与用人单位或劳动者或就业服务机构之间因就业、培训、工伤鉴定等问题而分别发生的关系。

(2)劳动服务方面的关系。指劳动服务机构与接受其服务的劳动者或用人单位分别形成的关系。

(3)社会保险方面的关系。指劳动者与用人单位以及社会保险机构之间发生的关系。

(4)处理劳动争议方面的关系。指劳动争议处理机构在调处劳动争议时与用人单位以及劳动者之间发生的关系。

(5)工会因履行职责与用人单位发生的关系。

(6)相关国家机关监督劳动法执行而与用人单位发生的关系。

【案例】

宏博健身器材公司为将新开发的健身产品推向市场,通过登广告寻找到赵某作为推销其产品的合作者。双方约定,赵某每推销一件产品,提成10%。后因宏博健身器材公司欠付赵某的提成5万元,协商不成赵某便诉至法院。但法院认为该案属于劳动争议,应先向劳动争议仲裁委员会申请仲裁。请问,法院的做法是否正确?为什么?

【分析】

法院的做法不正确。

劳动关系是指劳动者与劳动力使用者(即用人单位)在实现劳动过程中彼此之间发生的一种社会关系。赵某与宏博健身器材公司所签订的是一份销售协议,内容仅涉及产品销售及其提成问题,双方不存在管理与被管理的关系,与劳动过程无关。所以,赵某与公司构成劳务关系,不是劳动关系。因劳务关系产生的争议依法应由人民法院受理。

三、劳动法的适用范围

劳动法的适用范围是指劳动法的空间适用范围、时间适用范围、对人的适用范围。

1. 劳动法的空间适用范围。

劳动法的空间适用范围即劳动法适用的地域范围。具体而言,劳动法适用的地域范围,取决于劳动法律规范文件的制定机关。

2. 劳动法的时间适用范围。

劳动法的时间适用范围即劳动法的时间效力,具体而言,指劳动法生效和失效的时间。关于劳动法的生效时间一般有两种方式:自公布之日起生效,自实施时间开始时生效。关于劳动法的失效时间也有两种方式:法律本身规定失效时间或失效的特定条件;新法规颁布,原法规自然失效。

3. 劳动法对人的适用范围。

劳动法对人的适用范围即劳动法对主体的效力。具体而言,劳动法适用于基于订立劳动合同而形成劳动关系的劳动者与用人单位。《中华人民共和国劳动合同法》第2条规定:"中华人民共和国境内的企业、个体经济组织、民办非企业单位等组织(以下称用人单位)与劳动者建立劳动关系,订立、履行、变更、解除或者终止劳动合同,适用本法";"国家机关、事业单位、社会团体和与其建立劳动关系的劳动者,订立、履行、变更、解除或者终止劳动合同,依照本法执行。"据此,劳动法上的"用人单位"主要是指企业、个体经济组织、民办非企业单位,以及与劳动者建立劳动合同关系的事业单位、国家机关、社会团体。与之相应,只有在这六种用人单位管理下从事劳动并获取相应报酬的自然人,才可以成为劳动法上的"劳动者"。

四、劳动法的体系结构

劳动法的体系,是指构成劳动法律部门中不可或缺的具有内在联系的各项具体劳动法律制度的统一整体。其结构具体如下:

【图例】

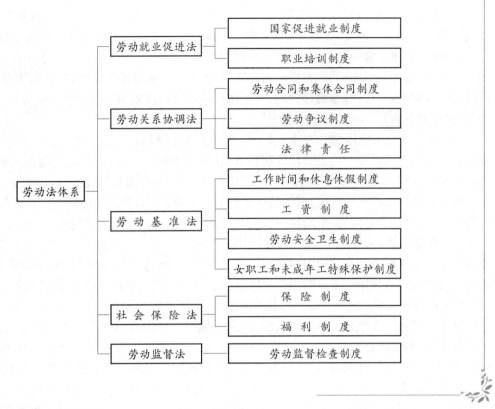

五、劳动法的基本原则

劳动法基本原则,是指贯穿整个劳动法体系,集中体现劳动法的本质特征,调整劳动关系以及与劳动关系有密切联系的社会关系应始终遵循的基本准则。

（一）保护劳动者合法权益原则

基于对劳动者相对弱势地位的补救,保护劳动者合法权益成为劳动法的首要原则,体现了"基于不平等而促进平等"的劳动法的初衷和追求目标,也是劳动法区别于其他法律部门的本质特征。

1. 保护劳动者合法权益原则的内容

根据我国法律规定,劳动者合法权益主要包括：平等就业权、劳动报酬权、休息休假权、职业安全卫生保护权、职业培训机会获得权、社会保险享受权、提请劳动争议处理权。

劳动者合法权益应得到全面和平等的保护。所谓全面的保护,是指对劳动者的合法权益无论法定权益还是约定权益（约定权益不得损害劳动者合法权益）、人身权益还是财产权益都应进行全方位的保护。所谓平等保护,是指对不同民族、种族、性别、年龄、文化程度、财产、宗教信仰、职业、户籍、健康的劳动者合法权益一律给予无歧视的平等保护。

2. 保护劳动者合法权益原则的实现方法

保护劳动者合法权益,采用基准化与合同化相结合的调整方法。劳动基准给予劳动者普遍的、最低层次的保护；劳动合同则规范个别的劳动关系,确认劳动者个体的劳动权益,集体合同则用以提升劳动者群体适用的劳动标准和福利。[①]

---

① 张志京主编：《劳动法学》,复旦大学出版社2008年版,第16页。

(二)三方性原则

三方性原则是指政府、工会组织、企业组织三方代表共同参与劳动关系的管理与协调。这一原则由国际劳工组织确立,规定于1976年通过的《三方协商以促进实施国际劳工标准公约》及《三方协商以促进实施国际劳工标准公约建议书》中。我国全国人大常委会于1990年批准该公约与建议书,成为我国实行"三方性原则"的法律依据。尽管目前还不完善,相信随着劳动法制建设的进一步发展,"三方性原则"的影响与作用在我国劳动法律的运行中将不断凸显。"三方性原则"应包括如下内容:

(1) 在劳动立法中体现三方性原则。在制定重要的劳动法律法规时,应由政府、工会和企业组织代表共同参与。工会代表劳动者利益,站在劳动者的立场,提出劳动者的需要程度;企业代表站在企业立场,提出企业最大承受力的可能程度;政府站在宏观高度立场,居于主导地位,听取工会和企业组织的意见和建议,采纳其合理建议。这样,劳动立法的内容更切合实际,更具有可执行性。三方代表对劳动关系的协调首先就是通过制定劳动立法来实现的。

(2) 在劳动关系建立中体现三方性原则。在劳动者和用人单位双方签订劳动合同时,政府通过劳动基准法对合同条款的内容进行一定的限制,如最低工资报酬、工作时间等,合同条款不得违反此类强制性规定。工会则负有帮助指导劳动者与用人单位签订劳动合同的职责。

(3) 在劳动关系运行中体现三方性原则。① 集体合同的签订。进行集体协商、签订集体合同同样要体现三方性原则。集体合同的签订必须由工会或职工代表与用人单位在劳动行政部门的指导下进行,集体合同的内容不仅要符合劳动基准法关于工资、工时、劳动安全卫生保障等方面的规定,而且集体合同签订后还必须交由劳动行政部门审核通过方能生效。② 突发性事件和劳动争议的解决。劳动过程中出现突发性事件和重大劳动争议时应通过三方协商,平息事态,使矛盾和争议得到妥善解决。③ 劳动法的监督执行。劳动行政部门通过劳动监察和劳动仲裁等方式监督企业劳动法的执行,工会对企业劳动法的执行也有监督之责。同样,工会代表和企业代表有权监督行政部门的执法行为。[①]

第二节 劳动合同

一、劳动合同的概念和特征

劳动合同是劳动者与用人单位确立劳动关系,明确双方权利和义务的协议。

劳动合同具有以下特征:

(1) 劳动合同具有人身属性。劳动合同的主体必须一方是劳动者,另一方是用人单位,具有特定身份的劳动者必须亲自履行劳动给付义务,不能让他人替代或者委托他人代理。

(2) 劳动合同是诺成、双务、有偿合同。诺成性表现为劳动合同只需主体双方意思表示一致即告成立;双务性表现为劳动合同主体双方在劳动关系中都既享有权利又承担义务;有偿性表现为劳动合同主体任何一方履行义务都有特定的物质性回报。

(3) 劳动合同是继续性合同。劳动合同所建立的劳动权利义务关系通常处于持续存在状态,即使是短期劳动合同也不是瞬间或短时即告终止。

---

① 张志京主编:《劳动法学》复旦大学出版社2008年版,第17—18页。

（4）劳动合同是附和合同。劳动合同的文本一般由用人单位依照法律规定事先置备，其中大多数合同条款劳动者只能附和，否则获得工作的概率很小。

二、劳动合同的内容

劳动合同的内容即劳动合同的条款，可分为法定必备条款和任意约定条款两类。

（一）法定必备条款

劳动合同的法定条款是指法律要求劳动合同必须具备的条款。劳动合同的法定条款包括以下方面：用人单位的名称、住所、法定代表人或者主要负责人；劳动者的姓名、住址和居民身份证或者其他有效身份证件号码；劳动合同期限；工作内容和工作地点；工作时间和休息休假；劳动报酬；社会保险；劳动保护、劳动条件和职业危害防护；法律、法规规定应当纳入劳动合同的其他事项。

（二）任意约定条款

任意约定条款是指在法定必备条款之外，可以由双方当事人自愿协商并约定的合同条款。劳动合同中经常出现的任意约定条款主要有试用期条款、服务期条款、竞业限制条款、保密条款等。

（三）特别注意的问题

1. 关于劳动合同期限

劳动合同期限分为固定期限、无固定期限、以完成一定工作为期限三种类型，作为劳动合同必备条款，用人单位和劳动者协商一致应在三种类型之中选择其一。

【观察】

无固定期限劳动合同只是双方没有约定合同的终止期限的劳动合同，并不是计划经济体制下的终身制"铁饭碗"。无固定期限合同和有固定期限合同在合同解除方面没有任何区别，遇到法定解除条件企业仍然能够依法行使解雇权利。《劳动合同法》为了引导企业多订立无固定期限劳动合同，还规定无固定期限劳动合同终止企业无需支付劳动者经济补偿，而固定期限劳动合同终止需要支付经济补偿。

从劳动者的就业保障角度看，无固定期限劳动合同相对于固定期限劳动合同对就业者更为有利和安全。许多国家在立法中把它作为常规性的劳动合同，或将它的地位置于固定期限合同之上。对此，我国企业需要增强自信，不断提高对劳动关系的管理能力，实行经营理念和经营方式的创新转型，而不是一味地排斥和回避无固定期限劳动合同。

为保持劳动关系的相对稳定，支持无固定期限劳动合同，《劳动合同法》规定了五项措施用以限制劳动合同的短期化。

（1）除用人单位维持或者提高劳动合同约定条件续订劳动合同，劳动者不同意之外，在固定期限劳动合同期满终止时，用人单位应当依法向劳动者支付经济补偿金。

（2）用人单位裁减人员时，应当优先留用与本单位订立较长期限的固定期限、无固定期限劳动合同的劳动者。

（3）有下列情形之一，除劳动者提出订立固定期限劳动合同，用人单位应当与劳动者订立无固定期限的劳动合同：劳动者在该用人单位连续工作满十年的；用人单位初次实行劳动合同制度或者国有企业改制重新订立劳动合同时，劳动者在该用人单位连续工作满十年且距法定退休年龄不足十年的；连续订立二次固定期限劳动合同，且劳动者没有劳动合同法第39条规定的过错和第40条第1、2项规定的不能胜任工作的情形，续订劳动合同的。

（4）用人单位自用工之日起满一年不与劳动者订立书面劳动合同的,视为用人单位与劳动者已订立无固定期限劳动合同。

（5）用人单位违反本法规定不与劳动者订立无固定期限劳动合同的,自应当订立无固定期限劳动合同之日起向劳动者每月支付二倍的工资。

【案例】
　　杜先生在同一家食品公司工作了30年,2006年和单位签订了一份3年期的劳动合同后,就一直未再续签。2012年他意识到签订劳动合同的重要性,要求单位与他签订无固定期限的劳动合同。单位愿意与杜先生续签,但最多只愿签为期一年的劳动合同,并拒绝签订无固定期限的劳动合同。双方多次协商未果,单位表示给杜先生一个月考虑时间,届时杜先生仍不同意,就终止双方的劳动关系。请就此争议进行分析。

【分析】
　　根据《劳动合同法》规定,因杜先生在食品公司连续工作了30年,食品公司不仅不能终止劳动合同,而且应该与杜先生订立无固定期限劳动合同。否则,食品公司自应当订立无固定期限劳动合同之日起向杜先生每月支付两倍的工资。

2. 试用期条款

试用期是指用人单位对劳动者是否符合录用标准进行考察,劳动者对用人单位是否符合自己要求进行了解的期限。试用期届满,被试用者即成为用人单位的正式职工。试用期条款虽然是属于任意约定条款,但是一旦选择约定试用期,双方当事人应当遵循《劳动法合同法》的相关规定：

（1）试用期必须包含在劳动合同的期限内,因而不能单独签订一个试用期合同。

（2）劳动合同如果仅约定试用期的,试用期不成立,该期限为劳动合同期限。

（3）劳动合同期限三个月以上不满一年的,试用期不得超过一个月；劳动合同期限一年以上不满三年的,试用期不得超过二个月；三年以上和无固定期限的劳动合同,试用期不得超过六个月；以完成一定工作为期限或者合同期限不满三个月的劳动合同,不得约定试用期。同一用人单位与同一劳动者只能约定一次试用期。

（4）劳动者试用期的工资不得低于本单位相同岗位最低档工资或者劳动合同约定工资的80%,并不得低于用人单位所在地的最低工资标准。

（5）试用期中,除劳动者有《劳动合同法》第39条和第40条第1、2项规定的情形外,用人单位不得解除劳动合同。用人单位在试用期解除劳动合同的,应当向劳动者说明理由。

（6）劳动者在试用期内解除劳动合同不需要说明理由,但应提前三日通知用人单位。

【案例】
　　小王2007年大学毕业,2008年2月被一家外资企业录取,签订了一年的劳动合同,期限是2008年2月1日到2009年1月31日,并约定3个月的试用期。2008年4月下旬单位领导跟小王谈话,说经过两个半月的考察,认为小王表现欠佳,不能胜任工作。明确表示试用期内单位如果觉得劳动者不符合录用条件,可以随时与劳动者解除合同,不需要支付经济补偿金,也不需要提前告之。请问,单位的做法是否正确？为什么？[①]

[①] 上海市劳动保障电话咨询中心编写：《劳动保障实用案例》,2008年11月,第3页。

【分析】

单位的做法不正确。一是根据《劳动合同法》规定,劳动合同期限1年以上不满3年的,试用期不得超过2个月。单位与小王约定了3个月的试用期,违反了法律规定。试用期应为2008年2月1日至3月31日共计2个月。二是2008年4月下旬已超过约定试用期,单位不能以试用期内劳动者不符合录用条件为由解除合同。如果单位认为小王不能胜任工作,经培训或调整岗位仍不能胜任而需要解除合同的,要提前30天以书面形式通知小王或额外支付其1个月工资(代通知金)后才能解除劳动合同,同时应支付经济补偿金。小王工作年限不满6个月,应支付其半个月工资的经济补偿。

3. 竞业限制条款

竞业禁止条款是指约定限制或禁止雇员从事或参与从事与用人单位同业竞争的活动,以保护用人单位商业利益的合同条款。竞业限制条款是任意约定条款,不是每个劳动者必须签订的内容。根据《劳动合同法》的规定:

(1) 竞业限制的人员限于用人单位的高级管理人员、高级技术人员和其他负有保密义务的人员。

(2) 竞业禁止的期限从合同终止后开始,具体时间由双方当事人约定,但最长不得超过2年。

(3) 劳动者按合同的约定履行竞业禁止(或限制)义务的,单位应当给予劳动者一定的经济补偿。

(4) 合理约定违反竞业禁止义务的违约金数额。

(5) 如果与竞业限制有关的技术秘密已为公众知悉,或者已不能为本单位带来经济利益或竞争优势,不具有实用性;或负有竞业限制的人员能够证明该单位未执行国家有关科技人员的政策,受到显失公平的待遇,以及本单位违反竞业限制不支付或无正当理由拖欠补偿费的,竞业限制条款自行终止[①]。

【案例】

现年35岁的季先生由于出色的专业技术和多年积累的管理才能,2008年2月被一家大型IT公司聘为项目经理,参与单位的软件开发研制工作,并签订3年劳动合同。由于涉及单位的商业秘密,单位在合同中与季先生约定了一年的竞业限制期,单位在这一年中会给他每月3 000元的经济补偿,如果季先生违反竞业限制规定,则要向单位支付5万元的违约金。2008年5月因为工作极为繁忙,季先生感到力不从心于是辞职,单位再三挽留不成,只得与其解除劳动关系,并根据约定每月支付季先生3 000元的补偿费。同年8月季先生朋友开了一家软件开发公司,邀请季先生担任副总经理,从事行政管理方面的工作。原单位得知此事,要求季先生支付5万元的违约金。季先生认为自己虽然到同类行业的公司工作,但并不从事同类工作,不应支付违约金。原单位则认为,不管季先生从事何种工作、担任何种职务,只要到与本单位从事同类业务的其他用人单位工作,就要支

[①] 《关于加强科技人员流动中技术秘密管理的若干意见》(国科发政字(1997)317号)

付违约金。请问：原单位的做法是否正确？季先生是否应当支付违约金？[①]

【分析】

原单位的做法是正确的，季先生应当支付违约金。

根据《劳动合同法》的规定，虽然季先生从事的是管理工作并非具体软件开发，但是他朋友的公司与原单位属于同类业务，具有竞争关系。因此，季先生应当向原单位支付违约金。

4. 服务期条款

服务期条款是指双方当事人约定，由用人单位出资培训或提供其他特殊待遇的劳动者，必须为该单位服务一定年限不得辞职的合同条款。服务期条款属于任意约定条款，根据《劳动合同法》的规定：

（1）如果约定的服务期长于劳动合同期限或者超过劳动合同尚未履行的期限的，当事人可以变更劳动合同期限，视为劳动合同的延续，劳动合同期满用人单位有权要求劳动者继续履行服务期。当事人未变更劳动合同期限，劳动合同期满由用人单位终止合同的，用人单位不得追索劳动者服务期的赔偿责任。

（2）劳动者违反服务期约定的，应当按照约定向用人单位支付违约金。违约金的数额不得超过用人单位提供的培训费用；中途辞职违约金不得超过服务期尚未履行部分所应分摊的培训费用。

（3）服务期的约定，不影响按照正常的工资调整机制提高劳动者在服务期期间的劳动报酬。

【案例】

2006年6月，张某与某制药公司签订了为期3年的劳动合同。2008年6月，制药公司送张某去某大学培训一年。双方为此签订补充协议，协议约定：制药公司负担1万元培训费，且支付张某学习期间的工资，但学成回公司后，张某要为制药公司服务至少3年。2009年6月，张某培训结束后，即离开制药公司，并受聘于某外商投资企业。为此，2009年8月，制药公司将张某和外商投资企业作为被诉人向市劳动争议仲裁委员会申诉，提出张某的合同期未满，不同意与张某解除劳动合同，要求张某继续履行合同，同时要求外商投资企业承担相应的法律责任。张某辩称，其与制药公司的劳动合同至2009年6月时就已届满，培训协议不应作为合同的内容，因此有权终止合同。外商投资企业则称其不知张某与制药公司的培训协议，不应承担法律责任。请问，(1) 本案中的培训协议是否有效？张某与制药公司之间的合同是否到期？(2) 外商投资企业是否需要向制药公司承担赔偿责任？

【分析】

（1）培训协议有效。《劳动合同法》规定，用人单位与劳动者订立劳动合同时，可以约定培训事项。本案中，培训协议是双方自愿达成的，应认定为是对原劳动合同的补充约定。因此，2009年6月张某与制药公司之间的劳动合同并未到期。按照培训协议的约定，劳动合同的到期日应为2012年6月。

[①] 上海市劳动保障电话咨询中心编：《劳动保障实用案例》，2008年11月。

(2) 本案中,在张某与制药公司之间劳动合同还未解除的情况下,张某即去其他公司任职,张某的行为属于违约,应当承担1万元的赔偿责任。《劳动法》及《劳动合同法》均规定,用人单位招用尚未解除劳动合同的劳动者,对原用人单位造成经济损失的,该用人单位应当依法承担连带赔偿责任。因此,外商投资企业是否需要承担连带责任,关键看其在聘用张某时是否知道张某与制药公司之间培训协议的存在。如果明知协议存在,应当承担连带责任,否则无需承担法律责任。

5. 保密条款

保密条款是指劳动者对用人单位的商业秘密和与知识产权相关的保密事项负有保密义务的合同条款。《劳动合同法》规定违反保密义务给用人单位造成损失的,劳动者应当承担相应的赔偿责任。在劳动合同中约定保密义务,需要注意以下问题:

(1) 保密义务人的范围。保密义务人的范围是指哪些人能够成为保密义务主体。通常情况下职位越高的雇员知悉单位商业秘密的机会越多。因此,有的国家规定承担保密义务雇员的职位须达到一定级别或其工资须达到一定数额。由于我国在立法上未作类似的区分,企业在适用该条款上存在保密义务人广泛化的趋势。

(2) 保密义务的失效。如果该商业秘密进入了公知状态,则约定的保密义务便自动失效。但该商业秘密进入公知状态不能是可以归责于保密义务人的事由所引起的。

(3) 保密义务人辞职的提前通知和脱密措施。用人单位与负有保密义务的员工在劳动合同中约定,如果该员工提出辞职时应在约定的期限内提前通知用人单位。在此期间,用人单位可采取将该员工调离原工作场所或岗位等相应的措施,使之脱离与本单位商业秘密的接触状态。

【案例】

小叶是刚刚参加工作的"90后",在一家通讯科技公司担任设计师助理,参与智能手机的研发工作。在小叶入职之初,公司与之签订了保密协议,约定一旦泄露公司核心技术机密,公司有权解除劳动合同并要求赔偿损失。公司还就核心技术保密问题进行了专门培训。

小叶平时酷爱微博和微信,2013年10月,他将实验室自拍照片上传至微博和微信朋友圈,照片背景中有一款公司新研发的智能手机实验机型。照片被大量转发后,导致该款智能手机实验机型被提前曝光,影响了该通讯科技公司的商业推广计划。为此,该公司将小叶辞退,并通过劳动仲裁向小叶索要赔偿。请就这一案例进行分析。

【分析】

"90后"职场新人是伴随着网络技术成长的一代人,微博、微信等即时沟通工具成为日常生活的一部分。这些网络技术的普及对企业商业秘密的保护提出了挑战,很多企业的商业信息通过网络被泄露。而劳动合同的保密义务是劳动者对用人单位忠诚义务的延伸。依据《劳动合同法》的相关规定,用人单位与劳动者可以约定保守用人单位的商业秘密以及与知识产权相关的保密事项。小叶疏忽大意违反保密义务给用人单位造成了损失,应当承担相应的赔偿责任。

三、劳动合同的订立

《劳动合同法》规定,用人单位与劳动者建立劳动关系应当订立劳动合同,订立劳动合同应当遵循合法、公平、平等自愿、协商一致、诚实信用的原则。

(一)劳动合同订立的主体

劳动合同的主体是劳动者和用人单位。劳动者应当是年满16周岁,具有劳动权利能力和劳动行为能力的自然人。用人单位应是依法成立或者核准登记的企业、个体经济组织、民办非企业单位、国家机关、事业单位、社会团体,具有用人的权利能力和行为能力。

用人单位与劳动者订立劳动合同时,均应如实告知对方自身的相关情况;用人单位不得扣押劳动者的居民身份证和其他证件;不得要求劳动者提供担保或者以其他名义向劳动者收取财物;劳动合同文本由用人单位和劳动者各执一份。

【案例】

夏某2012年2月进入一家服装工厂工作,单位与其订立了1年的劳动合同,约定试用期为2个月,试用期工资1800元,转正后的工资为2000元。还规定夏某如在合同期内提出辞职,要支付单位5000元违约金。劳动合同签订时一式两份,全部由单位保管。2012年10月夏某提出辞职,单位根据合同约定要求夏某支付违约金。请问,单位的做法是否正确?为什么?

【分析】

单位的做法不正确。

根据《劳动合同法》规定,劳动合同签订完毕后,劳动合同文本应由用人单位和劳动者各执一份。单位应将其中的一份劳动合同交由夏某保管。

夏某没有接受过单位的专项培训,不涉及服务期的约定,其工作也不涉及单位的商业秘密,不存在竞业限制问题,因此单位不能与夏某约定违约金。合同中有关违约金的条款无效。

(二)劳动合同的形式

1. 书面劳动合同

我国法律规定,劳动合同应当以书面形式订立。只有在非全日制用工条件下才允许当事人以口头协议形式订立劳动合同。

2. 不签订书面劳动合同的法律责任

为进一步强调订立书面劳动合同,《劳动合同法》及其实施条例规定:

(1)已建立劳动关系,未同时订立书面劳动合同的,用人单位应当自用工之日起1个月内订立书面劳动合同。

(2)自用工之日起一个月内,经用人单位书面通知后,劳动者不与用人单位订立书面劳动合同的,用人单位应当书面通知劳动者终止劳动关系,无需向劳动者支付经济补偿,但是应当依法向劳动者支付其实际工作时间的劳动报酬。

(3)用人单位自用工之日起超过1个月不满1年未与劳动者订立书面劳动合同的,应当向劳动者每月支付两倍的工资,并与劳动者补订书面劳动合同。劳动者不与用人单位订立书面劳动合同的,用人单位应当书面通知劳动者终止劳动关系,并支付经济补偿金。

(4) 用人单位自用工之日起已满1年未与劳动者订立书面劳动合同的,除应当向劳动者每月支付两倍的工资外,还视为自用工之日起满1年的当日已经与劳动者订立无固定期限劳动合同,立即与劳动者补订书面劳动合同。

四、劳动合同的效力

(一) 劳动合同的成立与生效

劳动合同的成立是指劳动合同的缔约双方因意思表示一致而达成协议的客观事实。劳动合同的生效是指依法成立的劳动合同,从成立之日起或约定生效之日起对当事人双方和第三人产生法律约束力。

如果当事人约定了成立的特殊要件,则劳动合同于该要件具备时成立。绝大多数劳动合同的成立与生效是同时发生的,也有一些劳动合同成立后因某种原因推迟生效或无法生效。因此,劳动合同的成立并不完全等同于劳动合同的生效。

劳动关系的建立以订立劳动合同为主要标志,针对实践中很多用人单位不与劳动者订立劳动合同的现象,《劳动合同法》规定,用人单位自用工之日起即与劳动者建立劳动关系。同时,应当建立职工名册备查,包括劳动者姓名、性别、公民身份号码、户籍地址及现住址、联系方式、用工形式、用工起始时间、劳动合同期限等内容。

【观察】

用人单位未与劳动者签订劳动合同,认定双方存在劳动关系时可参照下列凭证:

(1) 工资支付凭证或记录,缴纳社会保险费的记录。

(2) 用人单位向劳动者发放的"工作证"等能够证明身份的证件。

(3) 劳动者填写的用人单位招工招聘"登记表"等招用记录。

(4) 考勤记录。

(5) 其他劳动者证言等。

上述凭证中的(1)、(3)、(4)项,由用人单位负举证责任。

(二) 劳动合同的无效

1. 无效劳动合同的概念和情形

无效的劳动合同是指劳动合同因缺乏有效条件而对当事人全部或部分不产生约束力。

根据《劳动合同法》的规定,导致劳动合同全部无效或者部分无效的情形是:以欺诈、胁迫的手段或者乘人之危,使对方在违背真实意思的情况下订立或者变更劳动合同的;用人单位免除自己的法定责任、排除劳动者权利的;劳动合同违反法律、行政法规强制性规定的;劳动合同与依法签订的集体合同相抵触。

2. 无效劳动合同的确认机构和法律后果

劳动合同的无效根据不同的法律效果,分为全部无效和部分无效两种情况。劳动合同的效力,只有劳动争议仲裁委员会和人民法院有权予以确认。

劳动合同的无效具有追溯力,自劳动合同成立之时起就没有法律约束力。其无效的法律后果有以下方面:(1) 依法确认和保护劳动者的权益。劳动合同被确认无效,劳动者已付出劳动的,用人单位应当向劳动者支付劳动报酬。劳动报酬的数额,参照本单位相同或者相近岗位劳动者的劳动报酬确定。(2)取消全部无效的劳动合同。(3)修改部分无效的劳动合同。(4)赔偿损失,因劳动合同无效给对方造成损害,有过错一方应当承担赔偿责任。

【案例】
天宇公司于2008年初进行改制,按规定改制后的天宇公司与劳动者签订的劳动合同期限不能少于原劳动合同未履行的期限。员工小张的原劳动合同未履行期限为三年六个月,新企业的领导抓住小张在工作中多收钱款未开发票的错误,要求小张与公司签订期限只有一年的劳动合同,否则就给其曝光。劳动合同签订后,小张非常后悔。要求与单位签订至少三年半的劳动合同,单位对此不予理睬。小张遂向劳动争议仲裁委员会申请仲裁。请问:小张的请求会得到劳动仲裁委员会的支持吗?

【分析】
小张的请求能够得到劳动仲裁委员会的支持。
小张在与天宇公司签订劳动合同时,公司利用小张在工作中多收钱款未开发票的错误,减少了他的劳动合同期限,小张虽不情愿,但迫于公司将其错误行为"曝光"的压力,不得不接受这个条件。因此,这种劳动合同在劳动争议仲裁或诉讼时,就可能被认定为"乘人之危,使对方在违背真实意思的情况下订立"的无效合同。

【观察】
例1:用人单位若在劳动合同中约定"用人单位有权根据生产经营变化及劳动者的工作情况调整其工作岗位,劳动者必须服从单位的安排",违反了劳动合同变更必须双方协商一致的原则,实际上剥夺了劳动者协商一致变更劳动合同的权利,应当认定为无效条款。
例2:建筑公司的劳动合同往往设计这样的条款:"乙方(指员工)在工作期间,必须严格遵守安全操作规程。如果乙方违章操作导致自己负伤,不属于工伤,不能享受工伤待遇;甲方(指企业)也不为乙方缴纳工伤保险。"这种约定既排除了用人单位缴纳工伤保险的法定责任,又排除了劳动者享受工伤待遇的权利,当然也是无效的。[①]

五、劳动合同的履行、变更和终止

(一)劳动合同的履行
劳动合同的履行,是指劳动合同的当事人双方按照劳动合同的约定履行各自应承担的义务的行为。在履行过程中,应遵循全面履行与合法履行的原则。法律的具体要求是:
(1)用人单位变更名称、法定代表人、主要负责人或者投资人等事项,不影响劳动合同的履行。
(2)用人单位发生合并或者分立等情况,原劳动合同继续有效,劳动合同由承继其权利和义

---

① 韩宪量:《无效劳动合同》,110法律网,2011年11月4日。

务的用人单位继续履行。

(3) 用人单位应当按照约定和规定向劳动者及时足额支付劳动报酬,否则劳动者可以依法向当地人民法院申请支付令;用人单位应当严格执行劳动定额标准,不得强迫或者变相强迫劳动者加班。

(4) 劳动者拒绝用人单位管理人员违章指挥、强令冒险作业的,不视为违反劳动合同。

【观察】
　　支付令是人民法院依照民事诉讼法规定的督促程序,根据债权人的申请,向债务人发出的限期履行给付金钱或有价证券的法律文书。民事诉讼法规定的支付令制度被引入劳动争议的解决程序中,《劳动争议调解仲裁法》特别规定了劳动者申请支付令的程序:因支付拖欠劳动报酬、工伤医疗费、经济补偿或者赔偿金事项达成调解协议,用人单位在协议约定期限内不履行的,劳动者可以持调解协议书依法向人民法院申请支付令。人民法院应当依法发出支付令。
　　《劳动争议调解仲裁法》规定支付令的意义在于:一是迅速解决劳动争议,保护劳动者的切身权益。二是明确了调解协议的效力。

（二）劳动合同的变更

劳动合同的变更,是指劳动合同双方当事人因发生变更事由而对已经生效的劳动合同内容进行修改或补充的法律行为。《劳动合同法》规定,只要用人单位与劳动者协商一致就可以变更劳动合同,变更劳动合同当采用书面形式,变更后的劳动合同文本由用人单位和劳动者各执一份。

（三）劳动合同的终止

劳动合同的终止是指劳动合同因一定法律事实的出现而终结,其后果表现为劳动者与用人单位之间的权利义务归于消灭。

根据法律规定,劳动合同终止的法定情形包括:劳动合同期满的;劳动者开始依法享受基本养老保险待遇的;劳动者死亡,或者被人民法院宣告死亡或者宣告失踪的;用人单位被依法宣告破产的;用人单位被吊销营业执照、责令关闭、撤销或者用人单位决定提前解散的;法律、行政法规规定的其他情形。

六、劳动合同的解除

劳动合同的解除是指因发生一定事由,根据当事人的意愿而提前终止劳动合同效力的法律行为。劳动合同的解除可以是双方解除也可以是单方解除。

（一）双方协商解除劳动合同

《劳动合同法》规定,劳动合同可以经双方协商一致而解除。需要注意的是,"双方协商"一定是用人单位向劳动者提出解除建议时才适用。如果是劳动者向用人单位提出解除建议,则按劳动者辞职处理。双方协商解除劳动合同时,用人单位应给予劳动者经济补偿。

（二）用人单位单方面解除劳动合同

用人单位依据法定条件和程序做出意思表示,单方面提前终止劳动合同效力的行为。具体分为以下四类。

1. 即时解除

即时解除也称过失性解除,指用人单位由于劳动者的过错可以依法不必提前预告而立即解除劳动合同的行为。《劳动合同法》规定劳动者有以下情形之一,用人单位可以即时解除劳动合同:在试用期间被证明不符合录用条件的;严重违反用人单位的规章制度的;严重失职,营私舞弊,给用人单位造成重大损害的;同时与其他用人单位建立劳动关系,对完成本单位的工作任务造成严重影响,或者经用人单位提出,拒不改正的;以欺诈、胁迫的手段或者乘人之危,使用人单位在违背真实意思的情况下订立或者变更劳动合同,致使劳动合同无效的;被依法追究刑事责任的。

【案例】

小冯是 2013 年 7 月刚刚走出大学校园的"90 后"职场新人,在华达建筑监理公司工作。由于酷爱足球,小冯经常熬夜看球赛。2013 年 8 月恰逢伦敦奥运会足球决赛,小冯为了观看球赛直播,通过网络购买了一张病假证明,向单位请病假一周。

华达建筑监理公司人事部门经核实,发现小冯提交的病假证明是伪造的。公司经研究,认为建筑监理工作的特点要求员工应具有较高的诚信度,小冯违背诚信的行为构成了旷工,严重违反了单位的规章制度,决定解除与小冯的劳动合同。请就这一案例进行分析。

【分析】

华达建筑监理公司的做法是正确的。

诚实信用是劳动者的基本职业操守,考勤制度是企业劳动纪律管理的最基本工作。视考勤制度为儿戏,违背诚信的行为,不仅会导致用人单位对劳动者职业素养的消极评价,还会严重违反企业规章制度。根据《劳动合同法》规定,用人单位对严重违反规章制度的劳动者,有权解除劳动合同。

2. 预告性解除

预告性解除也称为非过失性辞退,指用人单位应当提前 30 日以书面形式通知劳动者或者额外支付劳动者一个月工资才能解除劳动合同的行为。《劳动合同法》规定劳动者有以下情形之一,用人单位可以预告性解除劳动合同:患病或者非因工负伤,在规定的医疗期满后不能从事原工作,也不能从事由用人单位另行安排的工作的;不能胜任工作,经过培训或者调整工作岗位,仍不能胜任工作的;劳动合同订立时所依据的客观情况发生重大变化,致使劳动合同无法履行,经用人单位与劳动者协商,未能就变更劳动合同内容达成协议的。

【案例】

2010 年 6 月 10 日,周某与新北公司签订了为期 3 年的劳动合同。在签订合同时,周某职务是部门经理,工作地点在市区的公司总部,每月工资 5 000 元。2010 年 9 月,公司总经理根据董事会的决定,将周某所在部门工作地点迁往郊区,周某每月增加郊区补贴 500 元,10 月 8 日起到新工作地点上班。周某不同意公司的决定,国庆节后仍然每天到总部上班。10 月 25 日公司认为周某连续旷工 15 天,严重违反劳动纪律,决定解除与周某的劳动合同。周某同意解除劳动合同,但要求公司给予经济补偿,遭公司拒绝。周某向当地劳动争议仲裁委员会提出申诉。请问:劳动争议仲裁委员会应否支持周某的请求?为什么?

【分析】

劳动争议仲裁委员会应支持周某解除劳动合同并支付经济补偿金的请求。

根据《劳动合同法》的规定,劳动合同订立时所依据的客观情况发生重大变化,致使原劳动合同无法履行,经当事人双方协商不能就变更劳动合同达成协议的,用人单位可以解除劳动合同。用人单位因客观情况发生重大变化而解除劳动合同,应按照有关规定支付劳动者经济补偿金。

工作地点变化属于劳动合同的变更,应双方协商一致。无法达成一致的情况下,周某按照原合同约定,到总部上班,不能认定为旷工。公司应解除劳动合同并支付经济补偿金。

3. 经济性裁员

经济性裁员是指企业为了克服经营困难而成批辞退富余人员的行为。由于成批裁员关系到被裁劳动者的切身利益,影响社会稳定,因此,《劳动合同法》采取慎重态度,规定了较为具体的条件和程序。

(1) 裁员的法定原因。依照企业破产法规定进行重整的;生产经营发生严重困难的;企业转产、重大技术革新或者经营方式调整,经变更劳动合同后,仍需裁减人员的;其他因劳动合同订立时所依据的客观经济情况发生重大变化,致使劳动合同无法履行的。

(2) 裁员程序。用人单位提前30日向工会或者全体职工说明情况,听取工会或者职工的意见后,裁减人员方案经向劳动行政部门报告后,方可裁减人员。

(3) 裁员的法定裁减人数。需要裁减人员20人以上或者裁减不足20人但占企业职工总数10%以上的,才能够裁减人员。否则,适用单个解除劳动合同的规定。

(4) 用人单位裁员应承担的社会责任。第一,裁员时应优先留用与本单位订立较长期限的固定期限劳动合同、与本单位订立无固定期限劳动合同、家庭有需要扶养的老人或者未成年人而无其他就业人员的劳动者。第二,用人单位裁员后在6个月内重新招用人员的,应当通知被裁减人员,并在同等条件下优先招用被裁减人员。

4. 预告性解除和裁员的限制情形

劳动者有下列情形之一,用人单位不得解除劳动合同:从事接触职业病危害作业的劳动者未进行离岗前职业健康检查,或者疑似职业病病人在诊断或者医学观察期间的;在本单位患职业病或者因工负伤并被确认丧失或者部分丧失劳动能力的;患病或者非因工负伤,在规定的医疗期内的;女职工在孕期、产期、哺乳期的;在本单位连续工作满15年,且距法定退休年龄不足5年的;法律、行政法规规定的其他情形。

【案例】

某厂为当时的主要生产线招用一批合同制工人,合同期5年。合同履行3年后。厂方为适应市场竞争需要而转产,淘汰该生产线,另上新生产线。厂方按新生产线的基本要求对工人进行考核,并对其中40名不合格者当即解除劳动合同。在被解除劳动合同的40人中,有一员工范某曾在工作中扎伤右手,劳动行政部门认定为工伤,劳动能力鉴定委员会鉴定为5级伤残,要求继续履行原合同。厂方不同意,坚持与范某解除劳动合同。请问:厂方的决定是否正确?为什么?

【分析】

厂方的决定不正确。

某厂因转产一次性裁员40人,属于经济性裁员。应提前30日向工会或者全体职工说明情况,听取工会或者职工的意见,裁减人员方案经向劳动行政部门报告后,方可裁减人员。

范某在本单位因工伤并被确认为部分丧失劳动能力,厂方不能按照经济性裁员的规定单方解除劳动合同。当然,劳动者因工负伤,被确认为部分丧失劳动能力的,经双方协商一致,并且用人单位按照规定支付一次性就业补助金与医疗补助金的,劳动合同也可以通过协商解除。

(三)劳动者单方面解除劳动合同

1. 立即辞职

用人单位以暴力、威胁或者非法限制人身自由的手段强迫劳动者劳动的,或者用人单位违章指挥、强令冒险作业危及劳动者人身安全的,劳动者可以立即解除劳动合同,不需事先告知用人单位。

2. 随时辞职

用人单位有下列情形之一,劳动者可以随时解除劳动合同:未按照劳动合同约定提供劳动保护或者劳动条件的;未及时足额支付劳动报酬的;未依法为劳动者缴纳社会保险费的;规章制度违反法律、法规的规定,损害劳动者权益的;以欺诈、胁迫的手段或者乘人之危,使劳动者在违背真实意思的情况下订立或者变更劳动合同致使劳动合同无效的;法律、行政法规规定劳动者可以解除劳动合同的其他情形。

3. 预告辞职

预告辞职即劳动者不需要提供任何理由,只需提前30日以书面形式通知用人单位,如是试用期则提前三日通知用人单位,即可解除劳动合同的情况。

【案例】

小孙于1990年出生,本科学历,专业为市场营销。2013年9月,小孙经过层层选拔,被一家奢侈品牌销售公司录用。培训结束后,小孙被派到公司下属专卖店担任店员,并被告知考核合格后可晋升为高级店员,如果连续年度销售业绩较佳,还可以被推荐为店长乃至区域经理。小孙认为虽然公司是大牌,可是从基层做起,熬到店长太遥远了。于是工作两个月后,就辞职离开了这家公司。2013年12月小孙入职一家IT公司销售部,但工作3个月后,又因工作环境与理想中的职业状态相差较大,再次辞职。请分析这一现象。

【分析】

虽然小孙几次辞职,均符合法律规定,提前30天书面通知用人单位,没有发生法律纠纷。但是,频繁的"闪辞"对小孙本人不利。一是降低用人单位对应聘者职业忠诚度的评价。二是频繁更换工作可能导致社会保险断缴,影响医疗保险报销及养老保险的缴费年限。三是如果劳动者与用人单位签订有服务期限协议,可能还会因为"跳槽"而承担违约金。

（四）劳动合同解除的法律后果

1. 用人单位的义务

（1）支付经济补偿金。

用人单位给予劳动者经济补偿的情形：由用人单位提出、双方协商一致解除劳动合同；用人单位单方面预告解除劳动合同和裁员解除劳动合同；除用人单位维持或者提高劳动合同约定条件续订劳动合同，劳动者不同意续订的情形外，劳动合同期满终止固定期限劳动合同；用人单位被依法宣告破产的、被吊销营业执照、责令关闭、撤销或者用人单位决定提前解散而终止劳动合同；用人单位违法解除或者终止劳动合同；法律、行政法规规定的其他情形。

经济补偿的标准：按劳动者在本单位的工作年限，每满1年给予相当于1个月工资的经济补偿。6个月以上不满1年的，按1年计算；不满6个月的，向劳动者支付半个月工资的经济补偿。所谓"一个月的工资"是按正常生产情况下，雇员解除合同前12个月的月平均工资计算。劳动者月工资高于用人单位所在直辖市、设区的市级人民政府公布的本地区上年度职工月平均工资3倍的，向其支付经济补偿的标准按职工月平均工资3倍的数额支付，向其支付经济补偿的年限最高不超过12年。如果单位未按以上规定给予补偿，除全额补发应发的经济补偿外，还须追加支付其数额50%的额外补偿金。

【案例】

小王研究生毕业后于2009年7月1日入职鸿达外贸服务公司，任人事主管，合同期限到2014年6月30日终止。小王前12个月平均工资为16 500元。请问：公司应支付小王经济补偿额为多少元？

【分析】

《劳动合同法》规定："劳动者月工资高于用人单位所在直辖市、设区的市级人民政府公布的本地区上年度职工月平均工资三倍的，向其支付经济补偿的标准按职工月平均工资三倍的数额支付，向其支付经济补偿的年限不超过十二年。"

根据《沪人社综发（2014）11号》文件规定，2013年度上海市职工月平均工资为5 036元，三倍即为15 108元。虽然小王合同终止前月平均工资为16 500元，但按照法律规定，计算其经济补偿时，月工资标准应按15 108元计算。小王的工作年限为5年，经济补偿额为15 108×5(元)。

【案例】

小丁于2013年8月1日进入公司工作，合同约定小丁每月工资1 900元，合同期限为1年。2013年10—11月小丁因身体不适请了2个月病假。2014年7月公司发出书面通知，决定合同到期终止。小丁合同终止前12个月平均工资为1 799元。请问：公司应支付的经济补偿数额是多少？

【分析】

《劳动合同法》规定，经济补偿按劳动者在本单位工作的年限，每满一年支付一个月工资的标准向劳动者支付。六个月以上不满一年的，按一年计算；不满六个月的，向劳动者支付半个月工资的经济补偿。其中月工资是指劳动者在劳动合同解除或者终止前十二个月的平均工资。《劳动合同法实施条例》规定,劳动者在劳动合同解除或者终止前12个月的平均工资低于当地最低工资标准的,按照当地最低工资标准计算。

2014年7月30日小丁劳动合同终止,其前12个月平均工资为1799元,低于最低工资标准1820元,因此在计算小丁经济补偿的月工资时,应按1820元计算。小丁在公司工作1年,公司应支付他1个月的经济补偿1820元。

(2) 支付医疗补助费。

由于劳动者患病或非因工负伤,经劳动鉴定委员会确认不能从事原工作,也不能从事用人单位另行安排的工作而解除劳动合同的,除按上述规定支付经济补偿外,还应发给劳动者不低于6个月工资的医疗补助费;患重病的还应再增加不低于50%的部分;患绝症的再增加的部分应不低于100%。

(3) 用人单位的其他义务。

向社会保险经办机构缴足应缴的社会保险费用;办理退工手续,并出具劳动关系终止的证明。

2. 劳动者的义务

劳动者因劳动关系终止而对用人单位的义务主要有:结束并移交有关事务及移交所保管的物品;按约定履行竞业禁止(或竞业限制)义务;赔偿因违约而给用人单位造成的损失。

【案例】

小何是某食品制造公司新招聘的"90后"大学生。公司出资6万元将小何送到美国培训了3个月,并签订了为期2年的服务期限合同。回国在公司工作一年后,有同学建议小何应利用自己的出国背景再找一份薪酬更高的工作,小何非常认同这个建议,便向该食品制造公司递交了辞职信。而该食品制造公司认为小何违反了双方约定的服务期限,要求小何承担违约金6万元。请就某食品制造公司的要求进行分析。

【分析】

根据《劳动合同法》的相关规定,用人单位为劳动者提供培训费用,安排劳动者进行专业技术培训的,双方可以订立协议,约定服务期限及违约金等事项。因此,公司与小何的服务期合同合法有效。小何违反服务期限的约定,在服务期限内提出辞职,需要依法向用人单位支付违约金。但是,小何培训结束后已在公司工作了一年,属于中途辞职。违约金不得超过服务期尚未履行部分所应分摊的培训费用,因此,小何依法应承担6万元的一半即3万元违约金。

第三节 劳动基准制度

一、工资

(一) 工资概述

1. 工资的概念

工资是指基于劳动关系,用人单位根据劳动者提供的劳动数量和质量,按照法律规定和合同约定,以法定货币形式直接支付给劳动者的劳动报酬。

2. 工资的形式

我国现行的工资形式主要有工资的基本形式和辅助形式两种。基本形式包括计时工资和计件工资,辅助形式包括奖金、津贴、补贴等。具体采用何种工资形式,一般由用人单位自主决定。

3. 工资的范围

根据1995年原劳动部发布的《劳动部关于贯彻执行〈中华人民共和国劳动法〉若干问题的意见》,劳动者的以下三项收入不应列入工资范围:一是单位支付给劳动者个人的社会保险福利费用,如丧葬抚恤救济费、生活困难补助费、计划生育补贴等;二是劳动保护方面的费用,如用人单位支付给劳动者的工作服、解毒剂、清凉饮料费用等;三是按规定未计入工资总额的各种劳动报酬及其他劳动收入,如国家根据规定发放的创造发明奖、国家星火奖、自然科学奖、科学技术进步奖、合理化建议和技术改进奖、中华技能大奖等,以及稿费、讲课费、翻译费等。

(二) 最低工资

1. 最低工资的概念

最低工资,是指劳动者在法定工作时间或依法签订的劳动合同约定的工作时间内提供了正常劳动的前提下,用人单位依法应支付的最低劳动报酬。

劳动和社会保障部制定的《最低工资规定》(2004年3月1日施行)是最低工资制度的法律依据。作为国家干预分配的一种方式,最低工资制度通过确定劳动者的最低工资标准,目的在于保证劳动者的基本生活需要,维护劳动力市场的健康运行,促进经济的发展和社会的稳定。

2. 最低工资标准的确定和发布

最低工资标准是指国家依法规定的单位劳动时间的最低工资数额。我国确定最低工资标准遵循基本生活保障、三方协商、地区差异等原则,综合参考下列因素:劳动者本人及平均赡养人口的最低生活费用;社会平均工资水平;劳动生产率;就业状况;地区之间经济发展水平的差异。各因素的具体指标以政府统计部门的统计数据为准,每两年至少调整一次最低工资标准。

最低工资标准的确定和调整方案,由省、自治区、直辖市人民政府劳动保障行政部门会同同级工会、企业联合会/企业家协会研究拟订,报国务院劳动行政主管部门备案,在未收到变更意见或根据变更意见修订后,报省、自治区、直辖市人民政府批准。最低工资标准方案在批准后的7日内应在当地政府公报上和至少一种全地区性报纸上发布,以保证劳动者的知情权。

3. 最低工资的适用范围

除劳动者由于本人原因在法定工作时间或依法签订的劳动合同约定的工作时间内未提供正常劳动之外,中华人民共和国境内的用人单位和与之形成劳动关系建立劳动合同的劳动者,均适用最低工资制度。

4. 最低工资的给付

最低工资标准一经公布,在适用范围内用人单位必须按照不低于最低工资的标准,以货币形式向劳动者支付工资。用人单位应在最低工资标准发布后10日内将该标准向本单位全体劳动者公示。

需要特别强调的是,下列各项收入不得作为最低工资的组成部分:延长工作时间工资;中班、夜班、高温、低温、井下、有毒有害等特殊工作环境、条件下的津贴;法律、法规和国家规定的社会保险、福利待遇等。

【案例】

某厂招收了20名女工,在劳动合同中约定6个月试用期,试用期间每月工资1500元(当地最低工资标准是1550元)。试用期满转正后每月工资2000元,其中包括用人单位每天提供三餐饭计500元,夜班津贴100元。请问:某厂的做法是否正确?为什么?

【分析】

某厂的做法不正确。

首先,试用期工资违法。试用期里劳动者只要在法定工作时间里提供了正常劳动,用人单位应当支付该岗位最低档工资的80%或不低于最低工资标准的工资。其次,转正后的工资发放违法,女工在法定工作时间的正常劳动所得低于当地最低工资标准。因为最低工资的组成中不应包括用人单位提供的三餐饭费、夜班津贴。

(三) 工资支付保障

1. 工资支付规则

(1) 法定货币支付。不得以实物及有价证券替代货币支付。

(2) 直接支付。用人单位应将工资支付给劳动者本人,并办理签收手续。用人单位可委托银行代发工资。用人单位在支付工资时应向劳动者提供一份其个人的工资清单。

(3) 定期支付。工资必须在用人单位与劳动者约定的日期支付。如遇节假日或休息日,应提前在最近的工作日支付工资。

(4) 按时支付。用人单位应当每月至少支付一次工资。实行周、日、小时工资制的可按周、日、小时支付工资。对完成一次性临时劳动或某项具体工作的劳动者,用人单位应按有关协议或合同规定在其完成劳动任务后即支付工资。

(5) 紧急支付。劳动者遇有疾病、生育、灾难等特殊情况,用人单位应允许在支付工资的日期以前支付其应得的工资。

(6) 劳动者提供正常劳动情况下,工资支付不得低于当地最低工资标准。

(7) 依法支付特殊情况下的工资。① 安排劳动者延长工作时间的,支付不低于工资的150%的工资报酬;休息日安排劳动者工作又不能安排补休的,支付不低于工资的200%的工资报酬;法定休假日安排劳动者工作的,支付不低于工资的300%的工资报酬。② 劳动者在法定工作时间内依法参加社会活动期间,用人单位应视同其提供了正常劳动而支付工资。③ 劳动者依法享受年休假、探亲假、婚假、丧假期间,用人单位应按劳动合同规定的标准支付劳动者工资。

【案例】

李某与公司签订的劳动合同中写明每月的十日为发薪日。由于单身,李某每月工资都有节余,于是在建设银行开设了零存整取的账户。工作的前几个月,公司遵照规定按时发工资,李某每月按时向银行存款。后公司财务出现问题,再也没能在十日准时向职工发工资,而是每月二十日后的某一天,具体哪天也不确定。李某与公司交涉,公司声称工资每月支付,只要在一个月内发放工资都是符合法律规定的。请问:

公司管理者的说法正确吗?① 为什么?

【分析】

公司管理者的说法不正确。根据《劳动法》和《工资支付暂行规定》的规定,用人单位应当每月至少支付一次工资,而且必须在用人单位与劳动者约定的固定日期支付。如遇节假日或休息日,通过银行发放工资的,不得推迟支付工资;直接发放工资的,应提前在最近的工作日支付工资。该案中,公司无正当理由在约定的每月十日未能支付工资,属于拖欠工资的违约行为,劳动行政部门有权责令用人单位限期支付劳动报酬。

2. 工资保障措施

用人单位不得克扣、无故拖欠劳动者工资。根据法律规定,用人单位可以代扣劳动者工资的情形:用人单位代扣代缴的个人所得税;用人单位代扣代缴的应由劳动者个人负担的各项社会保险费用;法院判决、裁定中要求代扣的抚养费、赡养费;法律法规规定可以从劳动者工资中扣除的其他费用。

根据《工资支付暂行规定》的规定,因劳动者本人原因给用人单位造成经济损失的,用人单位可按照劳动合同的约定要求其赔偿经济损失。经济损失的赔偿,可从劳动者本人工资中扣除。若扣除后的剩余部分低于当地月最低工资标准,则应按最低工资标准支付。

【观察】

根据沪府办发(2014)3号《关于本市应对极端天气停课安排和误工处理的实施意见》规定,职工因气象灾害红色预警造成误工的,用人单位不得作迟到、缺勤处理,不得扣减工资福利,不得用法定假日、休息日作补偿,不得以此理由对误工者给予纪律处分或解除劳动关系等。应当上班而不能按时到岗的职工,要及时与本单位联系。

二、工作时间和休息休假

(一) 工作时间和休息休假的概念和种类

1. 工作时间的概念和种类

工作时间是指劳动者根据国家法律规定,在一昼夜之内和一周之内用于完成本职工作的时间。其表现形式主要有工作小时、工作日、工作周。其范围不仅包括劳动者实际从事工作的时间,还包括从事与正常工作密切联系的其他事项的时间和法律法规规定的视为提供了正常工作的时间。具体包括,必要的预备性工作时间和收尾性工作时间、法定非劳动消耗时间如工间休息时间、视为提供正常工作时间如劳动者依法参加社会活动的时间等。

工作时间包括标准工作时间、计件工作时间、缩短工作时间、不定时工作时间以及综合计算工作时间。其中,标准工作时间是最常见、适用范围最广的一种工作时间的形式,是确定其他工作时间的基础。

标准工作时间是指由国家法律规定的,在正常情况下劳动者从事工作的时间。标准工作时

---

① 上海市劳动保障电话咨询中心编写:《劳动保障实用案例》,2008年11月,第120页。

间分为标准工作日和标准工作周两种形式。标准工作日是指根据法律规定在正常情况下一个工作日内的工作时间;标准工作周是指根据法律规定在正常情况下一个工作周内的工作时间。法律通常规定标准工作时间的最高限度,根据《劳动法》以及国务院《关于职工工作时间的规定》,我国的标准工作时间有两项基本内容:劳动者每日工作时间不超过8小时,每周工作时间不超过40小时;每周至少休息一日。

2. 休息休假的概念和种类

休息休假是指劳动者依照法律规定不必从事生产和工作,而由自己自行支配的时间。

休息休假的种类繁多,具体包括一个工作日内的休息时间、两个工作日之间的休息时间、公休日、法定节假日、探亲假、年休假、婚丧假和女职工的产假。

法定节假日是由国家法律统一规定的用于开展纪念、庆祝活动的休息时间。我国《劳动法》、《全国年节及纪念日放假办法》对法定节假日作了系统的规定。

(1) 属于全体公民放假的节日包括:① 元旦,放假1天(1月1日);② 春节,放假3天(农历正月初一、初二、初三);③ 清明节,放假1天(农历清明当日);④ 劳动节,放假1天(5月1日);⑤ 端午节,放假1天(农历端午当日);⑥ 中秋节,放假1天(农历中秋当日);⑦ 国庆节,放假3天(10月1日、2日、3日)。

(2) 属于部分公民放假的节日及纪念日包括:① 妇女节(3月8日),妇女放假半天;② 青年节(5月4日),14周岁以上的青年放假半天;③ 儿童节(6月1日),13周岁以下少年儿童放假一天;④ 中国人民解放军建军纪念日(8月1日),现役军人放假半天。

(3) 少数民族适用的节假日,由少数民族聚居地区的地方人民政府按照各该民族习惯具体规定。

(4) 其他纪念日如二七纪念日、五卅纪念日、七七抗战纪念日、九一八纪念日、记者节、植树节、护士节、教师节等其他节日,均不放假。

(5) 全体公民放假的假日,如果适逢星期六、星期日应当在工作日补假。部分公民放假的假日,如果适逢星期六、星期日则不补假。

【观察】

1. 婚假期间发工资吗?

婚假指劳动者本人结婚依法享受的带薪假期。婚假期间当然要发工资,这是劳动者的一项法定权益。

2. 上海地方立法中规定婚假究竟有几天呢?

上海地方立法规定:按法定结婚年龄(女20周岁,男22周岁)结婚的,可享受3天婚假;符合晚婚年龄(女23周岁,男25周岁)的初婚者,除享受国家规定的3天婚假外,增加晚婚假7天,晚婚假7天中遇法定休假日顺延;结婚时男女双方不在一地工作的,可视路程远近,另给予路程假;在探亲假(探父母)期间结婚的,不另给假期。

3. 再婚还有婚假吗?

再婚者可享受法定婚假,不能享受晚婚假。

4. 怎么支付婚假期间工资?

劳动者在依法享受婚假期间,用人单位应当按国家规定支付假期工资。根据《上海市企业工资支付办法》的规定,婚假期间的工资应当按这样的原则确定:"(一)劳动合同有约定的,按不低于劳动合同约定的劳动者本人所在岗位(职位)相对应的工资标准确定。集体合同(工资集体协议)确定的标准高于劳动合同约定标准的,按集体合同(工资集体协议)标准确定。(二)劳动合同、集体合同均未约定的,可由用人单位与职工代表通过工资集体协商确定,协商结果应签订工资集体协议。(三)用人单位与劳动者无任何约定的,假期工资的计算基数统一按劳动者本人所在岗位(职位)正常出勤的月工资的70%确定。按以上原则计算的假期工资基数均不得低于本市规定的最低工资标准。法律、法规另有规定的,从其规定。"

(二)加班加点

1. 加班加点概述

加班是指劳动者在公休日和法定节假日进行工作。加点是指劳动者超过日标准工作时间进行工作。二者统称为延长工作时间。

我国法律允许在加班加点的同时辅之以严格的限制条件,并规定了较高的补偿标准。目的在于防止用人单位滥用加班加点,以保障劳动者休息权和相关权益的实现。

2. 加班加点的主要规定

(1)禁止加班加点的劳动者范围。根据《劳动合同法》规定,禁止加班加点的劳动者范围是"怀孕7个月以上和哺乳未满1周岁婴儿的女职工和未成年工"。

(2)加班加点的一般条件。用人单位由于生产经营需要;用人单位与工会和劳动者协商达成一致;加班加点不得超过法定限制时间,即:一般每日不超过1小时;因特殊原因需要延长工作时间的,在保障劳动者身体健康的条件下,每日不得超过3小时,但是每月不得超过36小时。

(3)加班加点的特殊情形。加班加点遇有下列特殊情形可以不受法律规定的程序和长度的限制:发生自然灾害、事故或者因其他原因,威胁劳动者生命健康和财产安全,需要紧急处理的;生产设备、交通运输线路、公共设施发生故障影响生产和公众利益,必须及时抢修的;法律、行政法规规定的其他情形。

(4)加班加点的劳动报酬。《劳动法》规定,用人单位应当向劳动者支付高于正常工作时间工资的加班加点工资,具体标准是:安排劳动者延长工作时间的,支付不低于工资的150%的工资报酬;休息日安排劳动者工作又不能安排补休的,支付不低于工资的200%的工资报酬;法定休假日安排劳动者工作的,支付不低于工资的300%的工资报酬。

实际操作中应该注意以下问题:① 休息日安排劳动者工作应优先采用补休形式予以补偿,无法安排补休时用人单位应按法律规定支付劳动者加班工资;② 法定休假日安排劳动者工作的,则不能用补休替代加班工资;③ 实行计件工资的劳动者完成定额后多做的数额应视为加班加点,须按上述标准支付劳动者加班加点工资;④ 实行综合计算工时工作制的劳动者,其工作超过法定标准工作时间的部分应视为延长工作时间,工作日正好是法定节假日的也应视为加班,用人单位须按上述标准支付劳动者加班加点工资。

【案例】

陈某是厂里的设备维修人员,厂里表示该岗位属于不定时工作制,陈某每天朝九晚五按时上下班,在厂里带岗休息,机器设备出现问题才上岗。今年国庆的10月2日,厂里紧急通知陈某到厂维修设备,陈某即刻赶到厂里上岗工作。事后,陈某要求厂方支付其当天的加班工资,厂方说不定时工作制的岗位是没有加班工资的。请问:厂方的说法对吗?

【分析】

厂方的说法不正确。

《上海市企业工资支付办法》规定：经劳动保障行政部门批准实行不定时工时制的用人单位，在法定休假节日安排劳动者工作的，按照不低于劳动者本人日或小时工资标准的300%支付工资。厂方应支付陈某法定节日的加班工资。

三、女职工和未成年工特殊保护

（一）女职工特殊保护

1. 女职工特殊保护的概念

女职工系指所有以工资收入为主要生活来源的女性劳动者，包括从事体力劳动和脑力劳动的女性职工。女职工特殊保护是指国家为维护女职工的合法权益，根据女职工的生理特点以及养育子女的特殊需要，在劳动安全卫生方面给予其有别于男职工的特殊保障措施。

女职工的身体结构、生理机能、社会角色均与男性不同，对女职工给予特殊保护，能使其摆脱不利于健康的劳动环境，缓解繁重的工作与生活双重压力，获得与男性相同的发展机会，从而在完成孕育下一代任务的同时提升自身的工作能力，成为推进社会文明发展的不可或缺的一分子。

2. 女职工特殊保护的主要内容

（1）规定女职工禁忌劳动范围。

《劳动合同法》规定："禁止安排女职工从事矿山井下、国家规定的第四级体力劳动强度的劳动和其他禁忌从事的劳动。"

（2）对女职工生理机能变化过程中的保护。

第一，经期保护包括经期禁忌从事的劳动范围和经期卫生保健的相关规定。

第二，孕期保护包括孕期禁忌从事的劳动范围、孕期禁止夜间劳动及孕期休息权、孕期保健的相关规定。

《劳动法》和《女职工劳动保护规定》都规定，怀孕7个月以上的女职工，用人单位不得安排其延长工作时间和夜班劳动。"夜班劳动"指在当日22时至次日6时期间内从事劳动或工作。除此，还应当在正常的劳动时间之内，给女职工安排一定的作息时间。

第三，产期保护包括生育产假和流产产假的规定。

① 生育产假：法律规定女职工产假为不少于90天（其中产前休假15天），难产的增加15天，多胞胎生育的，每多生育一个婴儿，增加产假15天。所谓产前休假15天，系指预产期前15天的休假。产前假一般不得放到产后使用。若孕妇提前生产，可将不足的天数和产后假合并使用；若孕妇推迟生产，可将超出的天数按病假处理。

② 流产产假：女职工怀孕不满4个月流产的，应给予15天至30天的产假；怀孕期满4个月以上流产的，应给予42天的产假。

第四，哺乳期保护包括哺乳期（指哺乳未满1周岁婴儿的期间）禁忌从事的劳动范围、哺乳时间、哺乳期禁止延长工作时间和夜班劳动的规定。

（3）女职工劳动保护设施。

女职工较多的用人单位，应当根据需要建立女职工卫生室、孕妇休息室、哺乳室等。

（4）女职工权益被侵害的救济。

女职工作为一般劳动者,其合法权益受侵害或发生劳动争议时,相应的救济方法与途径是:双方协商、申请调解、申请仲裁和提起诉讼。除此,还有特殊的救济途径,包括向所在单位的主管部门或当地劳动部门提出申诉、向妇女组织投诉、向人民法院直接提起诉讼等。

【案例】

某服装厂录用的职工中80%为女性,为了保证企业生产的正常进行,经与部分职工协商,并征得超过半数职工的同意,制定了该服装厂的劳动规章制度。该规章规定,本厂职工带薪产假为80天,双胞胎产期延长10天。2013年10月6日,女工周红产下一对双胞胎,国庆节开始一直休假。产后身体恢复较慢,到该厂规定的产假期满也未能上班。为此,该厂从2014年1月1日起停发了周某的工资。周某不服,向当地劳动争议仲裁委员会申请仲裁。请问:(1)该厂规章是否合法?为什么?(2)仲裁委员会应如何裁决?

【分析】

(1)该厂制定的劳动规章不合法。劳动法规定女职工产假为不少于90天(其中产前休假15天),多胞胎生育的,每多生育一个婴儿,增加产假15天。企业劳动规章不得与国家的法律、法规和行政规章相冲突。服装厂的产假制度虽然征得了过半数职工的同意,但是违背了国家法律、法规和行政规章,因此是不合法的。

(2)仲裁委员会的裁决应当包括以下内容:由该服装厂补发周红被停发的工资;周红享有国家规定的产假期限,因周红生育双胞胎,产假应当顺延。

【案例】

刘某与单位之间劳动合同即将期满,单位通知刘某,不再续订劳动合同。但刘某此时已经怀孕1个多月,刘某向单位提交了怀孕证明,要求继续维持劳动合同关系。单位则认为,劳动合同期满属于自然终止,单位只是不再续订,并不存在侵犯妇女特殊权利的问题。[①] 请问:刘某该怎么办?

【分析】

刘某所在单位的决定是错误的,其理由不能成立,违反了劳动法关于女职工特殊权利保护的规定。刘某可向劳动争议仲裁委员会提起仲裁,要求继续维持劳动合同关系,直到刘某享受完毕法律规定的特殊保护期。

为保护女职工的合法权益,劳动法规定对"三期"(孕期、产期、哺乳期)内的女职工,企业不得因自己的原因或在女职工无主观过错的情况下,与其解除劳动合同。不过,在劳动合同终止的规定中,劳动法并没有对女职工作例外的保护规定,只是笼统地规定,劳动合同期满,劳动合同即行终止。由此看来,似乎单位与刘某终止劳动合同并无不妥。但是,原劳动部在关于贯彻劳动法若干问题的意见中,从女职工的生育及哺乳等实际情况出发,作了补充性规定:劳动者在孕期、产期、哺乳期内,劳动合同期限届满时,用人单位不得终止劳动合同,合同期限应自动延续至相应的期限届满为止。

---

① 资料来源:http://www.peopledaily.com.cn/GB/index.html。

【观察】

1. 女职工怀孕后单位能否以不胜任工作为由解除劳动合同？

《劳动合同法》第42条规定，女职工在孕期、产期、哺乳期的，用人单位不得以本法第40、41条的规定解除劳动合同。即怀孕期间的女职工受法律保护，如本人无严重过失行为，用人单位不得与其解除劳动合同。

2. 女职工怀孕后能否提前1小时下班（或工作间休息1小时）？

《上海市女职工劳动保护办法》规定，女职工妊娠7个月以上（按28周计算），应给予每天工间休息1小时。即女职工怀孕7个月以上，就有权利享受工间1小时的休息，单位不能因生产工作需要为由拒绝安排。至于能否将工间休息1小时改为提前1小时下班，需要由单位与女职工本人协商确定。

3. 女职工怀孕后单位能否安排其加班？

《劳动法》和《上海市女职工劳动保护规定》都规定，怀孕7个月以上的女职工，不得安排其延长工作时间和夜班劳动。"夜班劳动"指在当日22时至次日6时期间从事劳动或工作。

4. 女职工怀孕后能否申请产前假？

《上海市实施〈中华人民共和国妇女权益保障法〉办法》规定，经二级以上医疗保健机构证明有习惯性流产史、严重的妊娠综合症、妊娠合并症等可能影响正常生育的，本人提出申请，用人单位应当批准其产前假。

5. 女职工怀孕后能否调岗降薪？

《上海市实施〈中华人民共和国妇女权益保障法〉办法》规定，女职工在孕期或者哺乳期不适应原工作岗位的，可以与用人单位协商调整该期间的工作岗位或者改善相应的工作条件。用人单位不得降低其原工资性收入。

6. 女职工产假期满能否请求哺乳假？

《上海市实施〈中华人民共和国妇女权益保障法〉办法》规定，经二级以上医疗保健机构证明患有产后严重影响母婴身体健康疾病的，本人提出申请，用人单位应当批准其哺乳假。

《沪府(90)36号令》规定，女职工生育后，如有困难且工作许可，经本人申请领导批准，可请哺乳假6个半月。

（二）未成年工特殊保护

1. 未成年工特殊保护的概念

未成年工是指满16周岁未满18周岁的劳动者。未成年工特殊保护是指国家为保护未成年工的身心健康，在劳动安全卫生方面对未成年工采取的特殊保障措施。

未成年工仍处于身体的生长发育阶段，其文化知识和劳动技能还比较欠缺，需要法律给予特殊的保护。特殊保护措施也能够有效地遏止对青少年劳动力资源不负责任地过度开发与利用行为，使未成年人能在健康的劳动环境下步入成年与成熟阶段，成为身心两方面都合格的新一代劳动者。

2. 未成年工特殊保护的内容

（1）规定最低就业年龄为16周岁。我国最低就业年龄为16周岁。特殊行业需招收16周岁以下人员(如文艺、体育部门等)时,须经人力资源与社会保障部批准。

2002年10月1日国务院令第364号公布的《禁止使用童工规定》规定,国家机关、社会团体、企业事业单位、民办非企业单位或者个体工商户(即用人单位)均不得使用不满16周岁的未成年人。禁止任何单位或个人为不满16周岁的未成年人介绍就业,禁止不满16周岁的未成年人开业从事个体经营活动。用人单位录用人员时,必须核查被招用人员的身份证,对不满16周岁的未成年人,一律不得录用。

(2) 未成年工禁忌劳动范围。《劳动法》规定:"不得安排未成年工从事矿山井下、有毒有害、国家规定的第四级体力劳动强度的劳动和其他禁忌从事的劳动。"

(3) 用人单位应当对未成年工定期进行健康检查。法律规定用人单位为未成年工健康检查是法定的义务,需要承担体检的费用。定期检查的时间为:安排工作岗位之前;工作满1年;年满18周岁,距前一次的体检时间已超过半年。未成年工在规定的体检期间内体检视为工作期间,用人单位不得克扣其工资,同时根据未成年工的健康检查结果安排其从事适合的劳动,对未成年工的健康受到损害的,用人单位应当为其治疗。

(4) 未成年工登记制度。用人单位招收未成年工,除符合一般用工要求外,还须向所在地的县以上劳动行政部门办理登记。劳动行政部门根据未成年工健康检查表、未成年工登记表,核发《未成年工登记证》。未成年工必须持证上岗,《未成年工登记证》由国务院劳动行政部门统一印刷。

【案例】

陆某1988年5月出生,2003年3月因故辍学。经前程职业介绍所的介绍,于2003年9月到当地蒋某开的一家砖厂工作,当时双方说好是招用临时工,故未签订劳动合同。2004年4月,陆某在工作中因砖窑塌陷,致使下身瘫痪。陆某的家人要求砖厂按照工伤进行赔偿,但被蒋某以双方并未签订劳动合同为由拒绝。请问:(1) 蒋某的行为是否合法?是否应当支付陆某的医药费?(2) 砖厂招收陆某应当承担怎样的法律责任?(3) 前程职业介绍所为陆某介绍工作应否承担法律责任?

【分析】

(1) 陆某在进入蒋某的砖厂工作时年龄尚不到16周岁,我国《劳动法》及《禁止使用童工规定》都禁止单位招收未满16周岁的童工,蒋某雇佣陆某属于招收童工,是法律禁止的行为。

童工患病或者受伤的,用人单位应当负责送到医疗机构治疗,并负担治疗期间的全部医疗和生活费用。用人单位还应当一次性地对伤残的童工、死亡童工的直系亲属给予赔偿,赔偿金额按照国家工伤保险的有关规定计算。

(2) 用人单位使用童工的,由劳动保障行政部门按照每使用一名童工每月处以5000元罚款的标准给予处罚。劳动保障行政部门并应当责令用人单位限期将童工送回原居住地交其父母或者其他监护人,所需交通和食宿费用全部由用人单位承担。

(3) 根据法律有关规定,单位或者个人为不满16周岁的未成年人介绍就业的,由劳动保障行政部门按照每介绍一人处以5000元罚款的标准给予处罚;职业中介机构为不满16周岁的未成年人介绍就业的,并由劳动保障行政部门吊销其职业介绍许可证。

四、劳动安全卫生

（一）劳动安全卫生的概念与特征

1. 相关概念

（1）劳动安全卫生又称职业安全卫生，是指对劳动者在劳动过程中的生命安全和身体健康加以保护的法律制度。由安全技术规程、劳动卫生规程、劳动安全卫生管理制度等内容所构成。其基本方针是"安全第一，预防为主"。

（2）安全技术规程是以防止和消除劳动过程中伤亡事故的技术规则为基础内容，旨在保护劳动者安全的法规。

（3）劳动卫生规程是为了保护劳动者在生产过程中免受有毒有害物质的侵袭，导致人体中毒和职业病从而危害劳动者身体健康而制定的安全法规。

（4）劳动安全卫生管理制度是指为了保障劳动者在劳动过程中的安全和健康，由法律所规定的国家和用人单位在组织劳动和科学管理方面所采取的各项管理制度的统称。

2. 劳动安全卫生的特征

劳动安全卫生制度的实施具有强制性；劳动安全卫生制度保护范围限定为劳动过程；劳动安全卫生制度以改善劳动条件和劳动环境为主要途径。

【观察】

在炎热的夏日，劳动保障监察机构监察员在公司实地调查中发现，一些企业的厂房内温度已达35度。人事经理表示公司在高温期间，已经向员工提供了冷饮等免费饮料，所以不再支付高温补贴。

如何看待这一现象呢？显然，企业的做法违反了相关规定。根据国家安全监管总局、卫生部、人力资源社会保障部、全国总工会《防暑降温措施管理办法》的规定，用人单位应当为高温作业、高温天气作业的劳动者提供足够的、符合卫生标准的防暑降温饮料及必需的药品；用人单位安排劳动者在35度以上高温天气从事室外露天作业以及不能采取有效措施将工作场所温度降低到33度以下的，应当向劳动者发放高温津贴，并纳入工资总额；同时明确规定防暑降温饮料不得冲抵高温津贴。《上海市人力资源和社会保障局关于调整本市企业高温季节津贴标准的通知》规定，企业每年6月至9月安排劳动者在高温天气下露天工作以及不能采取有效措施将工作场所温度降低到33度以下的（不含33度），应当向劳动者支付高温季节津贴，标准为每月200元。因此，企业即使提供了防暑降温饮品，也不能以此冲抵高温津贴。如有违反，劳动监察机构将依法责令改正。

（二）劳动安全卫生的主要内容

安全技术规程包括：工厂安全技术规程、建筑安装工程安全技术工程、矿山安全技术规程。

劳动卫生规程包括：防止有毒物质危害、防止粉尘危害、防止噪音和强光危害、防暑降温和防冻取暖、保证工作场所的通风和照明、个人防护用品和保健、职业病防治及处理。

劳动安全卫生管理制度包括：安全生产责任制度、劳动安全生产教育制度、劳动安全卫生标准制度、劳动安全卫生认证制度、劳动安全卫生设施"三同时"制度、劳动安全卫生检查与监督制度、伤亡事故统计报告和处理制度。

【案例】

建民家具厂某产品的最后一道工序是表面喷漆,因为喷漆工作台只有一个,造成半成品大量积压。为赶工期,厂长当即决定临时在一个废旧厂房中进行喷漆作业。该废旧厂房没有窗户,不具备通风条件。两小时后,被强行安排作业的职工不同程度地出现了头晕、恶心、呕吐等症状。后经医院诊断,作业职工均因吸入大量的有机溶剂,造成了有机物急性中毒。请问:(1)职工是否有权拒绝进入废旧厂房作业,为什么?(2)职工对建民家具厂厂长的行为可行使什么权利?

【分析】

(1)作业职工有权拒绝进入废旧厂房作业。因为,我国《劳动法》规定,劳动者对用人单位管理人员违章指挥,强令冒险作业,有权拒绝执行;《劳动合同法》规定,劳动者拒绝用人单位管理人员违章指挥、强令冒险作业的,不视为违反劳动合同。

(2)《劳动合同法》规定,劳动者对危害生命安全和身体健康的劳动条件,有权对用人单位提出批评、检举和控告。因此,作业职工对建民家具厂厂长的行为可行使提出批评、检举和控告权。

第四节 社 会 保 险

一、社会保险概述

(一)社会保险的涵义

社会保险是国家依法对劳动者因年老、疾病、伤残、失业和生育而丧失劳动能力和劳动机会时,提供一定的物质补偿和帮助,以维持其基本生活水平的法律制度。

劳动者个人力量难以独立解决因年老、疾病、伤残、失业和生育而造成的经济困难。国家通过立法建立社会化的保险机制,将众多社会组织与劳动者个人的部分资金逐渐集聚起来,形成巨大的货币支付能力,妥善解决劳动者的困难,保障劳动者个人及其家庭的基本生活需要。社会保险制度的建立和完善,是发展社会主义市场经济的客观要求和必要条件,是实现社会公平、促进经济可持续发展,维护社会和谐稳定的重要保证。

(二)社会保险的特征

(1)强制性。所谓强制性,是指作为社会保险制度主干部分的国家基本保险,由国家立法强制实行,用人单位和劳动者个人必须参加。

(2)互济性。所谓互济性,是指由于每个劳动者的遭遇不同,保险资金的储存、使用以及数量也不同,需要劳动者之间互相帮助,互相调剂。

(3)保障性。所谓保障性,是指当劳动者遭遇劳动风险失去劳动报酬之后,依靠社会保险仍能获得基本生活保障,这也是实施社会保险的根本目的所在。

(4)非盈利性。所谓非盈利性,是指社会保险以帮助劳动者摆脱生活困难为目的,属于公益性服务事业,国家对保险所需资金负有一定的支持责任。

(三)社会保险的结构

社会保险结构是指社会保险的主要形式。我国采用的是多层次的社会保险结构,由以下三个部分组成。

(1) 国家基本社会保险。国家基本社会保险由国家统一立法,强制实施,在社会保险结构中是最基本的一个层次,也是最重要的组成部分,适用于各类用人单位和每个劳动者。其费用通常由国家、用人单位和劳动者个人三方出资负担,并实行社会统筹。

(2) 用人单位补充保险。用人单位补充保险由用人单位建立并负担费用,是社会保险结构的中间层次,国家对此持鼓励态度。

(3) 个人储蓄保险。个人储蓄保险是完全由劳动者根据自己的意愿和条件以个人储蓄方式建立的社会保险,属于第三层次的保险,国家提倡劳动者个人进行储蓄性保险。

(四) 社会保险与社会保障的区别

社会保障是指由社会法调整的各种具有经济福利性的、社会化与体系化的国民生活安全保障制度[1]。

【图例】

我国社会保障体系包括社会保险、社会福利、社会优抚、社会救助四个部分。其中,社会福利是以提高公民的生活质量为目的的保障制度;社会救助是对贫困与不幸的社会成员予以接济和扶助的保障制度;社会优抚则是以军人及其家属作为优待和帮助对象的保障制度。社会保险制度作为社会保障体系中的一个子系统,是一种特定的社会保障制度。两者的最大区别在于社会保险关系中享受保障待遇的主体必须是劳动者,具备劳动法意义上的劳动经历;而社会保障关系中的保障受益人是全体公民,不以是否存在劳动经历为限。

二、社会保险制度的构成

(一) 养老保险

所谓养老保险,是指劳动者因年老丧失劳动能力的情况下,能够从社会获得物质帮助的一种社会保险制度。养老保险基金主要来源于三个渠道:国家财政补贴、用人单位和劳动者缴纳,此外还有按规定收取的滞纳金、基金存储的利息和依法投资运营的收益。

【观察】

上海市查询和打印个人社保缴费记录的方法:
(1) 市社保中心定期向参保人员寄发个人权益记录单。

---

[1] 参见郑功成著:《社会保障学》,商务印书馆2000年版。

(2) 参保人员可持有效身份证到就近的市社保中心区(县)分中心自助查询机上查询、打印。

(3) 访问登陆上海市人力资源和社会保障局网 http//www.12333.sh.gov.cn/后,通过点击"便民查询"——"养老保险个人账户查询",进行查询打印。

(二) 失业保险

失业保险是指对于因失业而中断生活来源的劳动者,在法定期限内由国家给予一定的物质帮助,以保障其基本生活并促进其再就业的一种社会保险制度。失业保险基金由以下各项构成:城镇企业事业单位、企事业单位职工缴纳的失业保险费;失业保险基金的利息;财政补贴;依法纳入失业保险基金的其他资金。

(三) 医疗保险

医疗保险是指劳动者及其供养亲属非因工患病或负伤后,在医疗上获得物质帮助的一种社会保险制度。基本医疗保险基金由统筹账户和个人账户构成,职工个人缴纳的基本医疗保险费,全部计入个人账户。用人单位缴纳的基本医疗保险费分为两部分,一部分用于建立统筹基金,一部分划入个人账户。划入个人账户的具体比例由统筹地区根据个人账户的支付范围和职工年龄等因素确定。退休人员个人不缴费。

(四) 工伤保险

工伤保险是职工因工而致伤、病、残、死亡,依法获得医疗救治和经济补偿及物质帮助的一种社会保险制度。工伤保险基金由用人单位缴纳的工伤保险费、工伤保险基金的利息和依法纳入工伤保险基金的其他资金构成。职工个人不缴纳工伤保险费。工伤保险中的赔偿责任采取无过错责任原则,即只要是劳动者在劳动过程中遭遇工伤,无论用人单位有无过错,都应当承担赔偿责任。

(五) 生育保险

生育保险是国家通过立法对女性劳动者在怀孕、分娩过程中给予生活保障和物质帮助的一项社会制度。生育保险基金的来源是由参加统筹的单位交纳,职工个人不缴纳生育保险费。

三、社会保险主要待遇介绍

(一) 基本养老保险待遇

1. 基本养老金

养老保险最基本的待遇是养老金的领取。

养老金由社会保险经办机构从养老保险统筹基金和个人账户储存额中开支,一般按月发给,直至死亡。能够按月领取养老金的前提条件是缴费满 15 年,并且达到法定退休年龄。机关事业单位一般退休年龄为 55/60 周岁,企业一般退休年龄为 50/60 周岁。缴费年限累计不满 15 年者,不发给基础养老金,个人账户储存额一次性支付给本人。被保险人死亡后,其个人账户中的余额,可由其供养亲属或其他法定继承人依法继承。

2. 丧葬抚恤补助费

丧葬抚恤补助费,是指用于已纳入基本养老保险基金开支范围的离休、退休、退职人员死亡丧葬补助费用及其供养直系亲属的抚恤和生活补助费用。

【案例】

刘某年满60周岁后，单位要按有关规定为其办理退休手续。但是，考虑到退休后待遇不如在职好，刘某表示不同意退休，理由是其与单位之间订立的劳动合同尚未到期。但单位拒绝了刘某的要求。① 请问：单位的做法正确吗？

【分析】

单位的做法是正确的，刘某应当结束与单位之间的劳动合同。

我国法律规定，在履行劳动合同时，当事人必须具备法定的资格，即当事人要有劳动权利能力和劳动行为能力。劳动法律法规中规定劳动者的劳动权利能力和行为能力为开始于16周岁，终止于60周岁（女性55周岁）。劳动者一旦丧失了劳动权利能力，即丧失了就业的权利，应该退出劳动岗位，享受相应的福利保障待遇。所以，刘某年满60周岁时，单位依照国家有关规定，为他办理退休手续的做法是正确的。刘某与单位签订的劳动合同随着李某的退休应依法归于终止。

【案例】

焦某是上海城镇户籍人员，2008年3月年满55周岁，由其所在单位为其办理了特殊工种提前退休手续。每月12日领取养老金。2013年3月5日，焦某突发脑溢血，救治无效于当晚死亡。焦某上有85岁老母，在浙江原籍居住，无生活来源，主要依靠焦某寄给的生活费度日。焦某妻子52岁，为农村户口且卧病在床，经上海市劳动能力鉴定委员会鉴定为完全丧失劳动能力。焦某儿子26岁，待业在家。请问，焦某因病死亡后的待遇是怎样的？

【分析】

焦某死亡当月的养老金仍可领取。

焦某病故后，根据沪劳保养发(2004)36号文规定，直系亲属可享受以下三项待遇：

(1) 丧葬补助金。标准为2个月养老人员死亡时上年度全市职工月平均工资。

(2) 供养直系亲属一次性救济金。标准按本人死亡前的月基本养老金确定，供养1人的，救济金为6个月。救济2人的，救济金为9个月。3人或3人以上的，救济金为12个月。焦某的母亲和妻子符合供养直系亲属的条件，其儿子不符合，因此可领取9个月养老金标准的一次性救济金。

(3) 遗属生活困难补助费。可参照本市城镇居民最低生活保障标准。

焦某病故后，其个人养老保险账户储存额如有余额的，剩余部分可作为遗产由法定继承人申领。

(二) 失业保险待遇

失业保险待遇包括失业保险金、失业保险金期间的医疗补助金、失业保险金期间死亡的失业人员的丧葬补助金和其供养的配偶以及直系亲属的抚恤金、失业保险金期间接受职业培训和职

---

① 资料来源：http://www.peopledaily.com.cn/GB/index.html, 2002年4月22日。

业介绍的补贴等。其中,失业保险金是最主要的失业保险待遇。

1. 失业保险金取得的条件

按照规定参加失业保险,所在单位和个人已经按照规定履行缴费义务满1年的;非因本人意愿中断就业;已经办理失业登记,并有求职要求的。

2. 失业保险金的领取期限

失业人员失业前所在单位和本人按照规定累计缴费时间满1年不足5年的领取失业保险金的期限最长为12个月;累计缴费时间满5年不足10年的,领取失业保险金的期限最长为18个月;累计缴费时间满10年以上的,领取失业保险金的期限最长为24个月。重新就业后再次失业的,缴费时间重新计算,领取失业保险金的期限可以与前次失业应领取而尚未领取的失业保险金的期限合并计算,但最长不得超过24个月。

3. 失业保险金的标准

按照低于当地最低工资标准、高于城市居民最低生活保障标准的水平,由省、自治区、直辖市人民政府确定。

4. 停止享受失业保险待遇的情形

重新就业的;应征服兵役的;移居境外的;享受基本养老保险待遇的;被判刑收监执行或者被劳动教养的;无正当理由,拒不接受当地人民政府指定的部门或者机构介绍的工作的;有法律、行政法规规定的其他情形的。

【案例】

刘某1995年进入一家国有企业工作,2005年辞职,当时即在领取《劳动手册》之后进行了失业登记,要求申领失业救济金,被告知不符合领取条件。2006年2月又找到一份工作,在2012年1月合同到期后离职。刘某在职期间,参加了社会保险,缴纳了相关社会保险费用。2012年底,刘某去街道办理失业登记手续,再次要求申领失业救济金。请问:(1)刘某能否两次申领失业保险金?为什么?(2)刘某能够领取多长时间的失业保险金?

【分析】

(1)根据法律规定,刘某只能领取一次失业保险金。因为第一次失业,是刘某自己辞职离开企业的,不符合"非本人意愿中断就业"的条件,所以不能领取失业保险金。第二次是刘某的劳动合同到期终止,非他本人意愿中断就业,因此能够享受失业保险金待遇。

(2)刘某在1995年到2005年和2006年到2012年就业期间,累计缴纳失业保险费16年。根据法律规定,刘某可享受24个月的失业保险金。

(三)医疗保险待遇

医疗保险待遇的项目主要包括:规定范围内的药品费用,规定的检查费用和医疗费用,规定标准的住院费用。其中,(小额)医疗费用主要由个人账户支付;住院(大额)医疗费用主要由统筹基金支付。

统筹基金有明确的起付标准和最高支付限额,起付标准原则控制在当地职工年平均工资的10%左右,最高支付限额一般为当地职工年平均工资的4倍左右。起付标准以上、最高支付限额以下的医疗费用,主要从统筹基金中支付,个人也要负担一定比例。退休人员个人负担医药费的比例适当低于在职职工。

(四) 工伤保险待遇

1. 工伤的认定

(1) 应当认定为工伤的情况。① 在工作时间或工作场所内,因工作原因受到事故伤害的。② 工作时间前后在工作场所内,从事有关预备或收尾工作受到事故伤害的。③ 在工作时间和工作场所内,因履行工作职责受到暴力等意外伤害的。④ 患职业病的。⑤ 因工外出期间,由于工作原因受到伤害或下落不明的。⑥ 在上下班途中,受到机动车事故伤害的。⑦ 法律、行政法规规定应当认定为工伤的其他情形。

(2) 视同工伤的情况。① 在工作时间和工作岗位,突发疾病死亡或者在48小时之内经抢救无效死亡的。② 在抢险救灾等维护国家利益、公共利益活动中受到伤害的。③ 职工原在军队服役,因战、因公负伤致残,已取得革命伤残军人证,到用人单位后旧伤复发的。

(3) 不得认定为工伤或者视同工伤的情况。① 因犯罪或者违反治安管理伤亡的。② 醉酒导致伤亡的。③ 自残或自杀的。

2. 工伤的申请与鉴定

职工发生事故伤害或按照《职业病防治法》被诊断鉴定为职业病,所在单位应当自事故伤害发生之日或者被诊断、鉴定为职业病之日起30日内,向统筹地区劳动保障行政部门提出工伤认定申请。遇有特殊情况,经报劳动保障行政部门同意,申请时限可以适当延长。用人单位未在规定的期限内提出工伤认定申请的,受伤害职工或其直系亲属、工会组织在事故伤害发生之日或被诊断、鉴定为职业病之日起一年内,可以直接提出工伤申请认定。

劳动保障行政部门应当自受理工伤认定申请之日起60日内作出工伤认定决定。认定决定包括工伤或视同工伤的认定决定、不属于工伤或不视同工伤的认定决定。

职工或者直系亲属认为是工伤,用人单位不认为是工伤的,由该用人单位承担举证责任。用人单位拒不举证的,劳动保障行政部门可以根据受伤害职工提供的证据依法作出工伤认定结论。

3. 工伤医疗待遇

职工因工作遭受事故伤害或者患职业病进行治疗,可以享受工伤医疗待遇,包括工伤治疗的相关费用支付、停工留薪待遇两项内容。其中,职工需要暂停工作接受工伤医疗的,一般不超过12个月。伤情严重或者情况特殊,经设区的市级劳动能力鉴定委员会确认,可以适当延长,但延长不得超过12个月。工伤职工在停工留薪期满后仍需治疗的,继续享受工伤医疗待遇。生活不能自理的职工在停工留薪期间需要护理的,由所在单位负责。在停工留薪期间,原工资福利待遇不变,由所在单位按月支付。

4. 工伤伤残待遇

(1) 职工因工致残被鉴定为一级至四级伤残的,保留劳动关系,退出工作岗位,享受以下待遇:① 从工伤保险基金中按伤残等级支付一次性伤残补助金。② 从工伤保险基金中按月支付伤残津贴。伤残津贴实际金额低于当地最低工资标准的,由工伤保险基金补足差额。③ 工伤职工达到退休年龄并办理退休手续后,停发伤残津贴,享受基本养老保险待遇。基本养老保险待遇低于伤残津贴的,由工伤保险基金补足差额。

职工因工致残被鉴定为一级至四级伤残的,由用人单位和职工个人以伤残津贴为基数,缴纳基本医疗保险费。

(2) 职工因工致残,被鉴定为五至六级伤残的,享受以下待遇:① 从工伤保险基金中按伤残等级支付一次性伤残补助金。② 保留与用人单位的劳动关系,由用人单位安排适当工作。难以安排工作的,由用人单位按月发给伤残津贴,并由用人单位按照规定为其缴纳应缴纳的各项社会保险费。伤残津贴实际金额低于当地最低工资标准的,由用人单位补足差额。

经工伤职工本人提出,该职工可以与用人单位解除或者终止劳动关系,由用人单位支付一次性工伤医疗补助金和伤残就业补助金。

(3) 职工因工致残被鉴定为七级至十级伤残的,享受以下待遇:① 从工伤保险基金中按伤残等级支付一次性伤残补助金。② 劳动合同期满终止或者职工本人提出解除劳动合同的,由用人单位支付一次性工伤医疗补助金和伤残就业补助金。具体标准由省、自治区、直辖市人民政府规定。

(4) 职工再次发生工伤,根据规定应当享受伤残津贴的,按照新认定的伤残等级享受伤残津贴待遇。

5. 因工死亡待遇

(1) 职工因工死亡,其直系亲属按照下列规定从工伤保险基金中领取丧葬补助金、供养亲属抚恤金和一次性工亡补助金:① 丧葬补助金为6个月的统筹地区上年度职工月平均工资。② 供养亲属抚恤金按照职工本人工资的一定比例,发给由因工死亡职工生前供养的无劳动能力的亲属。③ 一次性工亡补助金标准为48个月至60个月的统筹地区上年度职工月平均工资。

(2) 职工因工外出期间发生事故或者在抢险救灾中下落不明的,从事故发生之日起3个月内照发工资,从第4个月起停发工资,由工伤保险基金向其供养亲属按月支付供养亲属抚恤金。生活有困难的,可以预支一次性支付50%的工亡补助金。

6. 职工停止享受工伤保险待遇的情况

丧失享受工伤保险待遇条件的;拒不接受劳动能力鉴定的;拒绝治疗的;被判刑正在收监执行的。

【案例】

2010年9月,某皮革厂领导在录用职工顾凯时说,我们是私营企业,经不起工伤事故的风险。如你本人能够注意安全,就予以录用。但是如果发生工伤,企业不负责赔偿,任何员工都不例外。顾凯考虑再三,同意来厂工作。2011年12月,顾凯操作机器时违规操作,不慎砸伤左手致使手骨骨折,住院治疗20天,花去手术费、住院费、药费共计9 800元,由顾凯本人垫付。皮革厂在此期间照付顾凯所有工资。出院后,顾凯与皮革厂交涉,要求赔偿有关医疗等费用。皮革厂声称有言在先,况且违规操作责任在职工本人,企业不负责工伤赔偿。请问:皮革厂的说法是否正确?为什么?

【分析】

皮革厂的说法不正确。

顾凯的请求应得到支持。根据《劳动法》有关规定,用人单位不得与劳动者约定伤亡事故免责的条款。皮革厂虽与胡凯有此约定,但因不合法而认定为无效。由于工伤保险中的赔偿责任采取无过错责任原则,即只要是劳动者在劳动过程中遭遇工伤,无论用人单位有无过错都应当承担赔偿责任。因此,尽管顾凯违规操作导致手被砸伤,但是仍应认定为工伤,皮革厂需要承担顾凯的工伤医疗费用和相关费用。

(五) 生育保险待遇

(1) 产假。根据国家法律和法规规定,给予女职工在生育过程中休息的期限。

(2) 生育津贴。国家法律与法规规定对于女职工因为生育而离开工作岗位期间，所给予的生活费用。实行生育保险社会统筹的地区，支付标准按本企业上年度职工平均工资的标准支付，期限不少于 90 天。

(3) 生育医疗保健服务。女职工生育的检查费、接生费、手术费、住院费和药费由生育保险基金支付，超出规定的费用个人自理。女职工生育出院后，因生育引起疾病的医疗费由生育保险基金支付，其他疾病的医疗费按照医疗保险待遇的规定办理。女职工产假期满后，因疾病需要休息治疗的，按照有关病假待遇和医疗保险待遇规定办理。女职工生育或流产后，由本人或所在企业持当地计划生育部门签发的计划生育证明、婴儿出生、死亡或流产证明，到当地社会保险经办机构办理手续，领取生育津贴和报销生育医疗费。

【案例】

女职工张某 2013 年 5 月至 2013 年 8 月在 A 单位工作并参保缴费。2013 年 9 月在 B 单位工作并参保缴费。其中，A 单位 2013 年度职工月平均工资为 3 000 元，B 单位 2013 年度职工月平均工资为 12 000 元。张某于 2014 年 4 月生育一孩，2014 年 5 月申领生育保险待遇。请问：其月生育生活津贴的标准如何计算？

【分析】

根据《关于贯彻实施〈社会保险法〉调整本市现行有关生育保险政策的通知》(沪府发 (2011) 35 号) 的有关规定，"从业妇女生产或者流产前 12 个月内变动工作单位的，其月生育生活津贴按照其生产或者流产前 12 个月内所工作的各用人单位上年度职工月平均工资的加权平均数计发"。

因此，张某月生育生活津贴的计发标准按上述规则计算，即为 $(3\,000 \times 4 + 12\,000 \times 8) \div 12 = 9\,000$ 元。

第五节 劳动关系的保护程序

一、劳动监察制度

对劳动法执行情况监督检查可以简称为劳动法监督，是指法定监督主体为保护劳动者合法权益，依法对用人单位和劳动服务主体遵守劳动法的情况，实行检查、督促、纠偏、处罚等一系列监督活动。我国的劳动监督体系是由行政监督和社会监督相结合而构成的。其中，行政监督由劳动监察和相关行政监督组成，社会监督主要由工会监督和群众监督所组成。

(一) 劳动监察的概念

劳动监察，即劳动行政部门对劳动法执行情况的监督检查，是指法定专门机关代表国家对劳动法的遵守情况依法进行的检查、纠举、处罚等一系列的监督活动。

(二) 劳动监察的属性

(1) 法定性。劳动监察规则直接为法律所规定，并且这种法律规定是强行规范，监察主体必须严格依据法律实施检查活动，被监察主体不得以协议或其他任何方式规避监察。

(2)行政性。劳动监察属于行政执法和行政监督的范畴,是劳动行政部门行使行政权力的具体行政行为。因此,对于劳动监察处罚决定书不服的,当事人可以提起行政诉讼。

(3)专门性。劳动监察是由法定的专门机关针对劳动法的遵守所实施的专门监督。

(4)唯一性。在劳动监督体系中,仅有劳动监察是以国家名义对劳动法的遵守实施统一和全面监督。

(三)劳动监察职权与职责

目前,由国务院劳动保障行政部门主管全国的劳动保障监察工作,县级以上地方各级人民政府劳动保障行政部门主管本行政区域内的劳动保障监察工作。同时,县级以上各级人民政府有关部门应当根据各自职责,支持、协助劳动保障行政部门的劳动保障监察工作。

各级劳动监察机构行使的职权如图例所示。其中,更为强调的职责是督促用人单位贯彻执行劳动保障法律、法规和规章;检查用人单位遵守劳动保障法律、法规和规章的情况。

【图例】

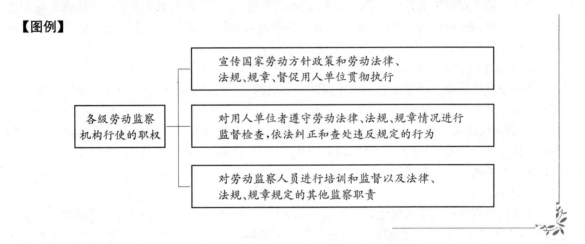

(四)劳动监察的范围

劳动监察相对人的范围可以明确为用人单位。劳动监察事项的范围非常广泛。除劳动安全卫生监督检查外,《劳动保障监察条例》规定了如下管辖事项:(1)用人单位制定内部劳动保障规章制度的情况;(2)用人单位与劳动者订立劳动合同的情况;(3)用人单位遵守禁止使用童工规定的情况;(4)用人单位遵守女职工和未成年工特殊劳动保护规定的情况;(5)用人单位遵守工作时间和休息休假规定的情况;(6)用人单位支付劳动者工资和执行最低工资标准的情况;(7)用人单位参加各项社会保险和缴纳社会保险费的情况;(8)职业介绍机构、职业技能培训机构和职业技能考核鉴定机构遵守国家有关职业介绍、职业技能培训和职业技能考核鉴定的规定的情况;(9)法律、法规规定的其他劳动保障监察事项。

(五)劳动监察的程序

我国现行立法所规定的劳动监察程序,有劳动监督程序与劳动保护监察程序,一般检查程序与查处违法行为程序之分。

二、劳动争议制度

(一)劳动争议的概念与范围

1. 劳动争议的概念

劳动争议又称劳动纠纷,国外也称劳资争议、劳资纠纷,是指劳动关系当事人之间在劳动过程中因享受劳动权利和履行劳动义务发生分歧而引起的纠纷。

2. 劳动争议的范围

《劳动争议调解仲裁法》规定：因确认劳动关系发生的争议；因订立、履行、变更、解除和终止劳动合同发生的争议；因除名、辞退和辞职、离职发生的争议；因工作时间、休息休假、社会保险、福利、培训以及劳动保护发生的争议；因劳动报酬、工伤医疗费、经济补偿或者赔偿金等发生的争议；法律、法规规定的其他劳动争议。

（二）劳动争议处理的机构

根据《劳动争议调解仲裁法》的规定，我国目前处理劳动争议的机构有：企业劳动争议调解委员会，依法设立的基层人民调解组织，在乡镇、街道设立的具有劳动争议调解职能的组织，劳动争议仲裁委员会和人民法院。

1. 企业劳动争议调解委员会

企业劳动争议调解委员会由职工代表、企业代表组成，职工代表由工会成员担任或者由全体职工推举产生，企业代表由企业负责人指定。企业劳动争议调解委员会主任由工会成员或者双方推举的人员担任。

2. 劳动争议仲裁委员会

劳动争议仲裁委员会是处理劳动争议的专门机构，按照统筹规划、合理布局和适应实际需要的原则设立。省自治区人民政府可以决定在市、县、设立；市辖区人民政府可以决定在区县设立；直辖市、设区的市也可以设立一个或者若干个。劳动争议仲裁委员会负责处理本辖区内发生的劳动争议。各级仲裁委员会由劳动行政部门代表、工会代表、企业方面代表组成，其工作接受本行政区域的劳动行政部门指导。

3. 人民法院

作为国家审判机关的人民法院是处理劳动争议的重要机构。劳动争议当事人对仲裁裁决不服，有权在法定期间向人民法院提起诉讼。人民法院对劳动争议案件的受案范围主要是对仲裁裁决不服的案件。

（三）劳动争议的处理程序

我国劳动争议的处理形式主要有四种，包括劳动争议和解，劳动争议调解，劳动争议仲裁和劳动争议诉讼。其中，劳动争议和解不受程序约束，劳动争议调解、劳动争议仲裁和劳动争议诉讼是解决劳动争议的三个主要程序。

1. 劳动争议调解程序

劳动争议调解委员会属于社会组织，作为一种民间调解，在程序和形式上相对宽松，其达成的调解书具有合同性质，不被视为强制执行的依据。需要注意的是，调解委员会在申请调解之日起15日内未能达成调解协议，当事人可依法申请仲裁。

【案例】

小黄与公司因加班工资问题发生争议，经公司劳动争议调解委员会调解达成协议。但公司经理李某说他本人没有同意该协议，因此调解协议无效。如果小黄坚持索要加班工资，只能去申请劳动仲裁。请问：小黄应该怎么办呢？

【分析】

调解协议具有法律效力，小黄不需要再进行劳动仲裁。根据《劳动争议调解仲裁法》

规定,因支付拖欠劳动报酬、工伤医疗费等事项达成调解协议,用人单位在协议约定期限内不履行的,劳动者可以持调解协议书依法向人民法院申请支付令。人民法院应当依法发出支付令。小黄可持调解协议书到所在地人民法院申请支付令,要求公司履行调解协议。

2. *劳动争议仲裁程序*

劳动争议仲裁程序,是法定的必经程序,是人民法院受理案件的前置程序。这是劳动争议仲裁与民商事仲裁最显著的不同。

(1) 仲裁时效。

劳动争议申请仲裁的时效期间为1年,时效期间从当事人知道或者应当知道其权利被侵害之日起计算。特别强调一点,劳动关系存续期间因拖欠劳动报酬发生争议的,劳动者申请仲裁不受1年的仲裁时效期间的限制;但劳动关系终止的,应当自劳动关系终止之日起1年内提出。

(2) 仲裁管辖。

劳动争议仲裁委员会负责管辖本区域发生的劳动争议。劳动争议由劳动合同履行地或者用人单位所在地的劳动争议仲裁委员会管辖。双方当事人分别向劳动合同履行地和用人单位所在地的劳动争议仲裁委员会申请仲裁的,由劳动合同履行地的劳动争议仲裁委员会管辖。

(3) 仲裁程序。

① 仲裁申请。仲裁委员会仲裁劳动争议必须基于当事人的申请。申请人申请仲裁应当提交书面仲裁申请。申请书应载明下类事项:第一,劳动者的姓名、性别、年龄、职业、工作单位和住所,用人单位的名称、住所、法定代表人和主要负责人的姓名、职务;第二,仲裁请求和所根据的事实理由;第三,证据和证据来源、证人姓名和住所。

② 仲裁受理及仲裁庭的组成。仲裁委员会应当在收到仲裁申请5日内作出是否受理的决定并通知当事人。决定受理的劳动争议案件,应5日内将仲裁庭的组成情况书面通知当事人。仲裁庭由3名仲裁员组成,设首席仲裁员。对事实清楚,案情简单,适用法律法规明确的简单劳动争议案件,可由仲裁委员会指定一名仲裁员独任处理。

③ 仲裁调解。仲裁庭在作出裁决前应当先行调解。调解达成协议的,仲裁庭应当制作调解书。调解书经双方当事人签收后发生法律效力,调解不成或者调解书送达前,一方当事人反悔的,仲裁庭应当及时作出裁决。

④ 仲裁裁决。仲裁裁决应当按照多数仲裁员的意见作出,少数仲裁员的不同意见应当记入笔录。仲裁庭不能形成多数意见时,裁决应当按照首席仲裁员的意见作出。仲裁庭审理作出裁决后,应制作仲裁裁决书,裁决书由仲裁员署名,加盖仲裁委员会印章,送达双方当事人。对裁决持不同意见的仲裁员可以签名也可以不签名。

⑤ 仲裁期限。裁决劳动争议案件,应当自仲裁委员会受理仲裁申请之日起45日内结束。案情复杂需要延期的,经仲裁委员会主任批准后可适当延长,但延长期限不得超过15日。逾期未作出仲裁裁决的,当事人可以就该劳动争议事项向人民法院提起诉讼。

⑥ 仲裁裁决的法律效力。劳动争议仲裁并非终局的判定,劳动争议当事人不服仲裁裁决的,应于收到裁决书之日起15日内向人民法院起诉。逾期不起诉,仲裁裁决即发生法律效力。一方当事人不履行,另一方当事人可以向人民法院申请强制执行。仲裁调解书自送达之日起生效,一方当事人不履行,另一方当事人可以向人民法院申请强制执行。

需要特别注意的是,法律规定下列仲裁裁决为终局裁决,裁决书自作出之日起发生法律效力:一是追索劳动报酬、工伤医疗费、经济补偿或者赔偿金,不超过当地月最低工资标准12个月金额的争议;二是因执行国家的劳动标准在工作时间、休息休假、社会保险等方面发生的争议。

3. 劳动争议诉讼程序

劳动争议当事人不服仲裁裁决的,应于收到裁决书之日起15日内向人民法院起诉。诉讼程序是处理劳动争议的最终程序。

劳动争议案件的诉讼,实体上适用劳动法律法规,程序上适用民事诉讼法律,《最高人民法院关于审理劳动争议案件适用法律若干问题的解释》等规范也是重要的依据。

【案例】

某服装加工厂以赶工期避免违约为由,屡次安排职工加班。但是,服装厂拒付职工的加班工资。职工与厂方协商未果,便推举2名职工代表30名职工向当地劳动争议仲裁委员会申请仲裁。该委员会收到申请书8日后决定受理,并于3个月后作出裁决,裁定该厂应依法支付职工的加班工资及经济补偿金。请问:(1)此案中职工推举2名代表申请仲裁是否正确?为什么?(2)劳动争议仲裁委员会在此案处理过程中是否有错?为什么?

【分析】

(1)职工推举2名代表申请仲裁的做法是正确的。《劳动争议调解仲裁法》规定发生劳动争议的劳动者一方在10人以上,并有共同请求的,可以推举代表参加调解、仲裁或者诉讼活动。本案涉及职工一方人数为30人,属于集体劳动争议,可以推举代表申请仲裁。

(2)劳动争议仲裁委员会在此案处理过程中有两个错误:一是劳动争议仲裁委员会收到集体劳动争议申请书8日后才决定受理,超过了应该5日内受理的规定。二是《劳动争议调解仲裁法》规定审理劳动争议,应自劳动争议仲裁委员会受理仲裁申请之日起45天内结案,有需要延长期限的最长不得超过15天。本案结案时间长达3个月,远远超过了法定的期限。

思考题

1. 劳动法的适用范围是什么?
2. 劳动合同的概念与特征是什么?
3. 结合你自己的经历,谈谈劳动合同的常见瑕疵有哪些?
4. 没有订立书面劳动合同要承担哪些法律责任?
5. 法律采取哪些措施来限制劳动合同的短期化问题?你认为是否合理?
6. 当事人约定试用期时应遵循哪些规定?
7. 用人单位单方面解除劳动合同的法定情形有哪些?
8. 法律对用人单位单方面解除劳动合同的限制是什么?
9. 劳动者在什么情况下可以单方面解除劳动合同?
10. 劳动合同解除的法律后果是什么?
11. 工资支付保障的具体措施是什么?
12. 加班加点的主要规定有哪些?实践中的常见问题是什么?

13. 社会保险的概念及结构是怎样的？
14. 社会保险的主要待遇是什么？
15. 处理劳动争议的机构和形式有哪些？
16. 仲裁裁决的法律效力是怎样的？

知识网络

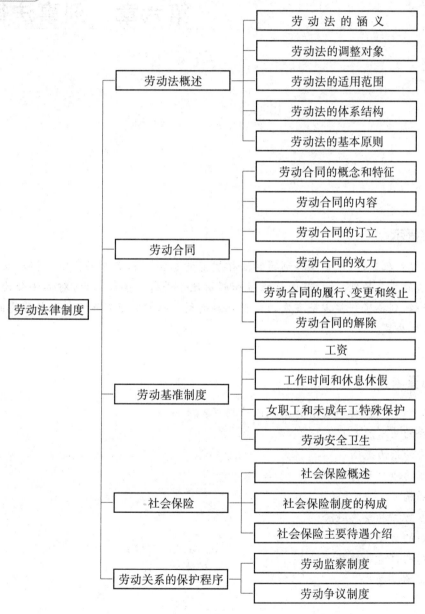

对于犯罪最强有力的约束力量不是刑罚的严酷性,而是刑罚的必定性……,因为,即便是最小的恶果,一旦成了确定的,就总令人心悸。

——[意] 贝卡利亚

第六章 刑事法律制度

内容提示

刑法是规定犯罪、刑事责任和刑罚的法律规范的总称。本章根据我国《刑法》及各修正案的内容,对刑法的基本原则、效力范围及犯罪和刑罚理论进行了阐述,同时对刑法分论的内容进行了适当的介绍,列举了一些常见多发的典型犯罪类型。以期学习者能明辨罪与非罪的界限,做遵纪守法的合格公民。

学习要求

通过本章的学习,你应理解并掌握以下内容:
1. 刑法的基本原则
2. 刑法的效力范围
3. 犯罪的概念和特征
4. 犯罪构成
5. 正当防卫和紧急避险
6. 刑罚的种类
7. 刑罚的裁量和执行
8. 犯罪的类型

第一节 刑法概述

一、刑法的概念

刑法就是规定犯罪、刑事责任和刑罚的法律规范的总和。

具体地说,刑法是统治阶级为了本阶级政治上的统治和经济上的利益,根据自己的意志,规定哪些行为是犯罪和应负刑事责任,并给犯罪人以何种刑罚处罚的法律。人民法院在审理刑事案件的时候,首先应依据刑法确定行为人是否实施了刑法规定为犯罪的行为;其次是依据刑法确定行为人应该承担多大的刑事责任,有没有可以从轻、减轻或者免除刑事责任的因素,有没有可能从重处罚的因素;最后还应依据刑法确定是否给予行为人刑事处罚,以及给予怎样的刑事处罚。可见,犯罪、刑事责任和刑罚是刑法的三个部分,它们共同构成了刑法的主要内容。

刑法有广义和狭义之分。广义的刑法是指一切刑事法律规范的总和,包括刑法典、单行刑法和附属刑法;狭义的刑法仅指以法典形式表现出来的,即刑法典。我国在1979年制定了刑法典,并于2007年进行了修订。

二、我国刑法的基本原则

刑法的基本原则是刑法的核心和精髓,是刑法所固有的、贯穿于刑法的制定和实施全过程的全局性、根本性的准则。《刑法》第3条至第5条确立了我国刑法的三大基本原则。

(一) 罪刑法定原则

罪刑法定原则,是指认定一个行为是否构成犯罪,构成什么样的犯罪,承担什么样的刑事责任并给予什么样的刑罚处罚,必须以刑法明文规定为前提。如果刑法没有对该行为作出明文规定,即使社会危害性很大,也不能认定为犯罪、追究刑事责任和给予刑罚处罚,即法无明文规定不为罪,法无明文规定不处罚。

罪刑法定原则是实现法治的基石,是对人权的最基本保障。《刑法》第3条规定:"法律明文规定为犯罪行为的,依照法律定罪处刑;法律没有明文规定为犯罪行为的,不得定罪处刑。"

(二) 平等适用刑法原则

平等适用刑法原则,也称刑法面前人人平等原则、适用刑法人人平等原则,是对宪法确立的"法律面前人人平等"原则的具体落实。《刑法》第4条规定:"对任何人犯罪,在适用法律上一律平等。不允许任何人有超越法律的特权。"刑法面前人人平等原则的基本含义是:就犯罪人而言,任何人犯罪,都应当受到法律的追究,不允许任何人有超越法律的特权;对于一切犯罪行为,不论犯罪人的社会地位、家庭出身、财产状况等,都一律平等地适用刑法,在定罪量刑时不应有所区别,应一视同仁,依法惩处;就被害人而言,任何人受到犯罪侵害,都应当受到同样的保护。

(三) 罪刑相适应原则

罪刑相适应原则,是指刑罚的轻重应与所犯的罪行和应承担的刑事责任相适应,重罪重罚,轻罪轻罚,罪刑相当。我国《刑法》第5条规定:刑罚的轻重,应当与犯罪分子所犯的罪行和承担的刑事责任相适应。根据这一规定,刑事立法对各种犯罪的处罚原则的规定、对刑罚裁量、对刑罚执行制度以及对各种犯罪法定刑的设置,不仅要考虑犯罪的社会危害性,而且要考虑行为人主观恶性和人身危险性。另外,在刑事司法中,法官对犯罪分子裁量刑罚,不仅要看犯罪行为及其所造成的危害结果,而且也要看整个犯罪事实包括罪行和罪犯各方面因素综合体现的社会危害性程度,讲究刑罚个别化。司法实践中唯有真正贯彻这一原则,才能防止量刑失衡、畸轻畸重,有效地同犯罪作斗争。

三、我国刑法的效力范围

刑法的效力范围,又称刑法的适用范围,是指刑法适用于什么地方、什么人和什么时间,以及是否有溯及既往的效力。根据刑法适用范围的具体内容,可以将刑法的效力范围分为空间效力和时间效力两部分。

（一）我国刑法的空间效力

1. 属地管辖权

《刑法》第6条规定："凡在中华人民共和国领域内犯罪的,除法律有特别规定的以外,都适用本法。凡在中华人民共和国船舶或者航空器内犯罪的,也适用本法。犯罪的行为或者结果有一项发生在中华人民共和国领域内的,就认为是在中华人民共和国领域内犯罪。"这一规定是基于主权原则所产生的属地管辖权,是我国刑法在空间上适用范围的基本原则。

所谓"法律有特别规定",主要指享有外交特权和豁免权的人须通过外交途径解决,民族自治地区有变通或补充规定,其他刑事法律有特别规定以及香港、澳门特别行政区基本法的例外规定等情况。除此以外,不论是我国公民,还是外国人、无国籍人,只要在我国领域内犯罪,都适用我国刑法。这就是说,刑法的效力适用于我国的全部领域,即我国国境以内的全部空间区域以及驻外使、领馆、船舶和航空器。

【案例】

被告人某甲,日本国籍。2012年10月,在上海某展览会上,某甲借故与展台工作人员交谈,乘其不备,偷走展台内的一公文包,内有20多万现金及其他财物若干。请问:可否适用我国刑法对某甲定罪量刑?

【分析】

某甲虽为日本国籍,但其在我国领域内实施了犯罪行为。根据我国《刑法》的规定,凡在中华人民共和国领域内犯罪的,除法律有特别规定的以外,都适用本法。某甲在我国境内,以非法占有为目的,秘密窃取他人财物,且数额巨大,其行为已经构成盗窃罪,因此,可适用我国《刑法》对其定罪量刑。

2. 属人管辖权

《刑法》第7条第1款规定："中华人民共和国公民在中华人民共和国领域外犯本法规定之罪的,适用本法,但是按本法规定的最高刑为3年以下有期徒刑的,可以不予追究。"根据这一规定,我国公民即使在我国领域外犯罪,原则上也适用我国刑法,但考虑到我国公民在我国领域外犯罪的实际情况,对法律规定的最高刑为3年以下有期徒刑的较轻的犯罪,可以不予追究。

此外,《刑法》第7条第2款还规定："中华人民共和国国家工作人员和军人在中华人民共和国领域外犯本法规定之罪的,适用本法。"这样规定,是由于国家工作人员和军人的身份特殊,若在境外犯罪会比一般人带来更恶劣的影响和更大的危害。

3. 保护管辖权

《刑法》第8条规定:"外国人在中华人民共和国领域外对中华人民共和国国家或者公民犯罪,而按本法规定的最低刑为三年以上有期徒刑的,可以适用本法,但是按照犯罪地的法律不受处罚的除外。"

据此,外国人在我国领域外对我国国家或者公民犯罪,同时具备以下三个条件时我国刑法具有管辖权:(1)这些犯罪必须是侵犯了我国国家或公民的利益,否则不能适用我国刑法;(2)这些犯罪必须是我国刑法规定的最低法定刑为3年以上有期徒刑的;(3)这些犯罪按照犯罪所在地的法律也应受到刑罚处罚,否则即使我国刑法认定其是犯罪也不应追究刑事责任。

4. 普遍管辖权

《刑法》第9条规定:"对于中华人民共和国缔结或者参加的国际条约所规定的罪行,中华人民共和国在所承担条约义务的范围内行使刑事管辖权的,适用本法。"据此,凡是我国缔结或者参加的国际条约中规定的罪行,不论犯罪人是中国人还是外国人,也不论其罪行发生在我国领域内还是领域外,只要犯罪人处于我国领域之内,我国就应当在所承担条约义务的范围内依照我国刑法对罪犯予以惩处。当然,适用普遍管辖权应当注意以下两个问题:一是注意我国缔结或者加入的国际条约的有关内容,把握我国所承担的义务;二是只有当该罪犯在我国境内并不予引渡时,我国才能对其实施管辖。

【案例】

美国公民乔治在日本劫持了新加坡航空公司的一架民用飞机到泰国,后逃至我国领域内,被我国公安机关抓获。请问:我国对乔治有无管辖权?

【分析】

根据我国缔结或者参加的国际条约的规定,对劫机行为享有普遍管辖权。因此,乔治被我国公安机关抓获后,我国司法机关可适用《中华人民共和国刑法》对乔治追究刑事责任。

(二)我国刑法的时间效力

刑法的时间效力,是指刑法的生效和失效时间以及刑法对它生效前的行为是否具有溯及力。

1. 我国刑法的生效时间

刑法的生效时间与其他法律的生效时间相似,主要有两种方式:一是从公布之日起生效;二是规定具体的生效日期。如1997《刑法》明确规定"本法自1997年10月1日起施行"。

2. 我国刑法的失效时间

刑法的失效时间,即刑法效力终止的时间,通常要由立法机关作出决定。我国刑法的失效基本上包括两种方式:一是由立法机关明确宣布某些法律失效,如现行《刑法》第452条第2款规定,列于附件一的全国人大常委会制定的《中华人民共和国惩治军人违反职责罪暂行条例》等15件单行刑法,自1997年10月1日起予以废止;二是自然失效,即新法施行后代替了同类内容的旧法,或者由于原来特殊的立法条件已经消失,旧法自行废止。

3. 我国刑法的溯及力问题

刑法的溯及力,又称刑法的溯及既往的效力,是指刑法生效后,对其生效前发生的未经审判或者判决未确定的行为能否具有追溯适用的效力。如果刑法对其生效前的行为能够适用,说明刑法有溯及力;反之,则没有溯及力。

按照罪刑法定原则的要求,刑法规范不能溯及既往。某一行为是否构成犯罪以及应判处何种刑罚,原则上应根据行为当时的法律来确定,因为法律作为一种规定权利与义务的规范,只有生效后才具有约束力,而人们只能根据行为时已经生效的法律抉择行为,不能预见行为后立法机关会颁布什么新法律。但是基于罪刑法定原则的保障人权和自由的根本宗旨,各国法律都对溯及力的问题有例外规定,我国刑法亦然。

《刑法》第12条第1款规定:"中华人民共和国成立以后本法施行以前的行为,如果当时的法律不认为是犯罪的,适用当时的法律;如果当时的法律认为是犯罪的,依照本法总则第四章第八节的规定应当追诉的,按照当时的法律追究刑事责任,但是如果本法不认为是犯罪或者处刑较轻的,适用本法。"可见,在刑法溯及力的问题上,我国刑法采用"从旧兼从轻原则"。

第二节 犯 罪

一、犯罪的概念和特征

(一) 犯罪的概念

我国《刑法》第13条规定:"一切危害国家主权、领土完整和安全,分裂国家、颠覆人民民主专政的政权和推翻社会主义制度,破坏社会秩序和经济秩序,侵犯国有财产或者劳动群众集体所有的财产,侵犯公民私人所有的财产,侵犯公民的人身权利、民主权利和其他权利,以及其他危害社会的行为,依照法律应当受刑罚处罚的,都是犯罪,但是情节显著轻微危害不大的,不认为是犯罪。"简言之,我国刑法中的犯罪,是指严重危害我国社会,触犯刑法并且应受刑罚处罚的行为。

(二) 犯罪的基本特征

1. 严重的社会危害性

所谓社会危害性,是指行为对刑法所保护的社会关系造成这样或那样损害的特性。在我国,犯罪行为的表现形式虽然千变万化,但总体上讲,它们都从不同的方面危害我国国家和人民的利益。如果行为不具有社会危害性,就不是犯罪;如果社会危害性没有达到相当程度,也不构成犯罪。严重的社会危害性是犯罪的首要特征,也是其本质特征。

2. 刑事违法性

犯罪的本质特征是行为具有严重的社会危害性,即只有当行为对社会的危害达到了相当严重的程度时,才能确认它们是犯罪。不过,在社会生活中,某一危害社会的行为是否已达到"相当严重"的程度,人们的认识不尽一致,这就需要通过权力机关以国家立法的形式去加以规定。因此,行为的社会危害性是刑事违法性的基础,刑事违法性是社会危害性在刑法上的表现。只有当行为不仅具有社会危害性,而且违反了刑法,具有刑事违法性,才能被认定为犯罪。

3. 刑罚当罚性

所谓刑罚当罚性,是指危害社会的行为不仅要达到触犯刑事法律规范的严重程度,而且必须是应当给予刑罚处罚的,才属于犯罪。刑罚当罚性是区分犯罪与其他违法行为及不道德行为的一个重要表征。任何违法行为,都应当承担相应的法律责任。民事违法行为要承担赔偿损失、返还财产等民事责任;行政违法行为要受到罚款、行政拘留等行政处罚,或者记过、降职等行政处分;对于刑事违法行为来讲,则要承担刑罚制裁的后果。犯罪是适用刑罚的前提,刑罚是犯罪的法律后果,如果一个行为不应受到刑罚处罚,也就意味着它不是犯罪。

上述三个基本特征并不是相互孤立、彼此割裂的,而是紧密结合的,是任何犯罪都必须具备、缺一不可的。

二、犯罪构成

我国刑法中的犯罪构成,是指刑法规定的,决定某一具体行为的社会危害性及其程度,而为该行为构成犯罪所必须具备的一切主观要件和客观要件的总和。犯罪构成是犯罪概念的具体化,主要解决犯罪的形成及法定条件问题,在犯罪认定问题上占有核心地位。犯罪构成要件对区分罪与非罪、此罪与彼罪有着重要意义,同时也是应否追究行为人刑事责任的依据。通过对各个具体犯罪构成要件的抽象和概括,可以发现所有犯罪都必须同时具备犯罪客体、犯罪客观方面、犯罪主体和犯罪主观方面四个构成要件。

(一)犯罪客体

犯罪客体是我国刑法所保护的、并且为犯罪行为所侵害的社会主义社会关系。它作为犯罪构成必须具备的要件之一,说明犯罪行为危害了什么社会利益,是犯罪行为具有严重社会危害性的本质体现。没有犯罪客体,就没有犯罪问题可言。

根据犯罪侵犯的社会关系的范围或者性质不同,可以把犯罪客体分为一般客体、同类客体和直接客体。它们之间是一般与特殊,共性与个性的关系。犯罪的一般客体,是指我国刑法所保护的社会主义社会关系的整体。《刑法》第2条和第13条中对刑法所保护的各类社会关系的规定,就是犯罪一般客体的主要内容。犯罪的同类客体,是指某一类犯罪行为所共同危害的、我国刑法所保护的社会关系的某一部分或者某一方面。《刑法》将其所规定的全部犯罪划分为十类,并在分则中规定为十章,其主要依据就是犯罪的同类客体。犯罪的直接客体,是指某一犯罪行为所直接侵犯的社会关系。

(二)犯罪客观方面

犯罪客观方面,是指我国刑法规定的、构成犯罪所必须具备的各种客观事实,即犯罪活动的客观外在表现,包括危害行为、危害结果、危害行为与危害结果之间的因果关系以及犯罪的时间、地点、方法等。其中,危害行为是所有犯罪的必要条件,而危害结果、危害行为与危害结果之间的因果关系以及犯罪的时间、地点、方法等则是构成犯罪的选择要件。

1. 危害行为

刑法上的危害行为,即犯罪行为,是指被刑法所明文禁止,表现人的意识和意志的危害社会的身体动静或者言辞。危害行为有作为和不作为两种形式。

(1)作为,是指行为人以积极的活动进行刑法上所禁止实施的行为,即"不当为而为"。

(2)不作为,则是指行为人消极地不履行其有能力实施的特定义务的行为,即"当能为而不为"。刑法中不少罪名只能由不作为构成,如遗弃罪,拒传军令罪等。构成不作为犯罪需要同时具备以下三个条件:① 行为人负有实施某种积极行为的义务。构成不作为犯罪的特定义务有三种:一是法律明文规定的义务,如父母子女之间的扶养义务;二是职务、业务上要求履行的义务,如消防队员的灭火义务;三是行为人先行行为引起的义务,如机动车驾驶员交通肇事撞伤人后立即将伤者送医救治的义务。② 行为人有履行义务的实际可能而未履行。③ 行为人不履行特定义务产生了严重后果,即具有严重的社会危害性。

【案例】
甲,男,25岁,要回老家过年,亲戚托其把自己5岁的小孩先带回去。半道上,这孩子又哭又闹,他招呼不住,一不耐烦,便把小孩遗弃在一个小树林子里面,自己就走了。由于天气寒冷,孩子在当夜冻饿而死。请问:甲的行为是作为还是不作为?

【分析】
甲受托带孩子回去,就有保证孩子安全的义务,行为人把孩子带出后又弃之不管,导致死亡结果,在有能力履行其职责的情况下却未尽职责,导致了严重结果的发生,符合不作为犯罪的条件,行为人应该负责。

2. 危害结果

刑法上的危害结果,即犯罪结果,是指危害行为对直接客体所造成的损害。危害结果有如下特征:(1)危害结果是客观存在的。危害结果是一种不以人的意志为转移的客观实在,且这种实际存在的损害事实是由行为人的危害行为直接造成的;(2)危害结果的形态是多样化的。危害结果既可以是物质性的有形损害,也可以是非物质性的无形损害;(3)危害结果是由刑法规定的。

作为犯罪客观方面的一个特殊条件,危害结果本身具有"法定性",只有刑法分则明文规定了才能成为构成某些特定犯罪的必备要件。如《刑法》规定的过失犯罪,就必须是已经造成严重危害后果的才构成犯罪。

3. 危害行为与危害结果之间的因果关系

危害行为与危害结果之间的因果关系,简称为刑法上的因果关系,是指危害行为规律性地引起某种危害结果的内在联系。按照刑法罪责自负的基本原理,一个人只能对自己的危害行为及其造成的危害结果承担刑事责任。只有当危害行为与危害后果之间存在必然联系时,才能要求行为人承担刑事责任。当然,这并不是说行为人要对其所有与危害结果有因果关系的行为都承担刑事责任,若其主观上既没有故意也没有过失,就是意外事件,不构成犯罪。

4. 犯罪的时间、地点、方法

任何犯罪都是在一定时间、一定地点采取一定方法实施的,因此犯罪的时间、地点、方法也是犯罪客观方面的内容之一。对绝大多数犯罪而言,不论在什么时间、地点,采用什么方法,一般不影响犯罪的成立,只会影响到犯罪行为本身的社会危害性程度,对司法机关的量刑产生一定影响。但当刑法把特定的时间、地点和方法明文规定为某些犯罪构成必备的要件时,这些因素就对某些行为是否构成犯罪具有决定性作用,如《刑法》第340条和第341条规定的非法捕捞水产品罪和非法狩猎罪。

(三)犯罪主体

犯罪在客观上首先表现为危害社会的行为,而危害行为是由一定的人来完成的,因此,没有犯罪主体,就没有危害社会的行为,也就没有刑事责任可言。犯罪主体作为犯罪构成的一个必备要件,需要具备刑法规定的一系列条件。根据我国刑法的规定,犯罪主体是指具备刑事责任能力、实施了严重危害社会的行为、依法应当承担刑事责任的自然人和单位。

1. 自然人犯罪主体

自然人犯罪主体,是指具备刑事责任能力、实施危害社会的行为并且依法应负刑事责任的自然人。自然人刑事责任能力的有无及程度与多种因素有关,包括行为人的年龄、精神状况、重要的生理功能状况等。

(1) 刑事责任年龄

刑事责任年龄,是指刑法所规定的,行为人对自己实施的刑法所禁止的危害社会的行为承担刑事责任必须达到的年龄。《刑法》第 17 条将刑事责任年龄分为三个阶段:① 完全不负刑事责任年龄阶段。不满 14 周岁的人,一律不负刑事责任。② 相对负刑事责任年龄阶段。《刑法》第 17 条第 2 款规定:"已满 14 周岁不满 16 周岁的人,犯故意杀人、故意伤害致人重伤或者死亡、强奸、抢劫、贩卖毒品、放火、爆炸、投毒罪①的,应当负刑事责任。"因此,这一年龄阶段的人只对刑法规定的 8 种严重犯罪承担刑事责任,除了这 8 种犯罪之外,对刑法规定的其他犯罪则不负刑事责任。③ 完全负刑事责任年龄阶段。已满 16 周岁的人犯罪,应当负刑事责任。刑事责任年龄的计算方法是从过生日的第二天起算为满周岁。

考虑到未成年人及老年人的生理和心理特点,刑法在对未成年人和老年人犯罪案件的处理问题上,还有两项特殊的处理原则:① 从宽处罚原则。已满 14 周岁不满 18 周岁的人犯罪,应当从轻或者减轻处罚;已满 75 周岁的人故意犯罪的可以从轻或者减轻处罚,过失犯罪的应当从轻或者减轻处罚。② 不适用死刑原则。犯罪的时候不满 18 周岁的人,不适用死刑;审判的时候已满 75 周岁的人,不适用死刑,但以特别残忍手段致人死亡的除外。

【案例】

小明,男,15 岁。一天,小明与同学小强因一件小事发生争吵,继而扭打起来。扭打中,小明被打得鼻青脸肿,在极度恼怒之下,小明掏出一把水果刀猛地向小强腹部捅去,致小强重伤倒地。小明随后扬长而去。小强经抢救后脱险。请问:小明是否应为其行为承担责任?

【分析】

小明已满 14 周岁,根据我国刑法规定,14—16 周岁,属于相对负刑事责任年龄阶段,其对故意重伤行为应承担刑事责任。

(2) 刑事责任能力

刑事责任能力,是指行为人构成犯罪和承担刑事责任所必需的、行为人所具备的刑法意义上辨认和控制自己行为的能力。简言之,就是在刑法意义上,行为人辨认和控制自己行为的能力。

① 精神状况。达到一定年龄而精神健全的人,由于其知识和智力得到一定程度的发展,刑法上就认定其具备刑事责任能力,一旦实施刑法规定的危害行为就应当承担相应的刑事责任。但是,有些人即使达到了相应的刑事责任年龄,却由于各种原因导致大脑不能正常思维,存在一定精神障碍,这种情况下,就不能要求其承担刑事责任。对此,《刑法》第 18 条第 1 至 3 款规定:"精神病人在不能辨认或者不能控制自己行为的时候造成危害结果,经法定程序鉴定确认的,不负刑事责任,但是应当责令他的家属或者监护人严加看管和医疗;在必要的时候,由政府强制医

---

① 根据 2001 年 12 月 29 日通过的《中华人民共和国刑法修正案(三)》和 2002 年 3 月 15 日《最高人民法院、最高人民检察院关于执行〈中华人民共和国刑法〉确定罪名的补充规定》,《刑法》第 114 条和 115 条第 1 款规定的投毒罪罪名已被取消,现罪名确定为"投放危险物质罪"。

疗。间歇性的精神病人在精神正常的时候犯罪,应当负刑事责任。尚未完全丧失辨认或者控制自己行为能力的精神病人犯罪的,应当负刑事责任,但是可以从轻或者减轻处罚。"

② 生理功能丧失。一些重要生理功能对人的辨认和控制能力的程度具有一定的影响作用,因此法律对丧失某些重要生理功能的自然人犯罪,规定了从宽处罚的原则。《刑法》第19条规定:"又聋又哑的人或者盲人犯罪,可以从轻、减轻或者免除处罚。"

③ 醉酒。《刑法》第18条第4款规定:"醉酒的人犯罪,应当负刑事责任。"据此,法律认定行为人对其醉酒状态下实施的行为是具有刑事责任能力的,将其与精神病人进行了明确区分。

2. 单位犯罪主体

单位犯罪是指公司、企业、事业单位、机关、团体以单位名义实施的,按照刑法规定应当承担刑事责任的危害社会的行为。单位犯罪主体在我国刑法中不具有普遍意义,只有刑法分则明文规定单位可以成为犯罪主体的犯罪,才存在单位犯罪及单位承担刑事责任的问题。《刑法》第31条规定了单位犯罪的处罚原则:"单位犯罪的,对单位判处罚金,并对其直接负责的主管人员和其他直接责任人员判处刑罚。本法分则和其他法律另有规定的,依照规定。"可见对单位犯罪,一般采取双罚制的原则,但少数情况下会用单罚制,如私分罚没财物罪、资助危害国家安全犯罪活动罪等,就只处罚直接责任人员,而不处罚单位。

(四) 犯罪主观方面

犯罪主观方面,是指我国刑法所规定的、行为人对其危害行为及其已经或者可能造成的危害社会的结果所具有的心理态度,包括罪过(即犯罪的故意或者过失)、犯罪目的和犯罪动机等。其中,行为人的罪过是一切犯罪构成都必须具备的主观要件;犯罪目的只是构成某些特定犯罪所必备的主观要件;犯罪动机则不是犯罪构成的要件,一般不影响定罪,只影响量刑。

1. 犯罪故意

犯罪故意是罪过形式之一。根据《刑法》第14条第1款的规定,犯罪故意是指行为人明知自己的行为会发生危害社会的结果,并且希望或者放任这种危害结果发生的心理态度。犯罪故意有直接故意和间接故意两种类型。

(1) 犯罪的直接故意。犯罪的直接故意,是指行为人明知自己的行为必然或者可能会发生危害社会的结果,并且希望这种结果发生的心理态度。所谓"希望",是指行为人积极追求危害结果的发生,想方设法克服困难、创造条件、排除障碍,积极地甚至顽强地实现犯罪目的,造成犯罪结果。

(2) 犯罪的间接故意。犯罪的间接故意,是指行为人明知自己的行为可能造成危害社会的结果,并且放任这种结果发生的心理态度。所谓"放任",是指行为人在当时的情况下,对于危害结果是否真的会发生,处于一种不能肯定的状态之下,虽然不希望这种结果发生,但又不设法防止其发生,而是采取听之任之、无所谓的态度,不发生危害结果他不懊悔,发生危害结果也不违背他的本意。

【案例】

甲与乙发生婚外恋情,欲与妻子离婚,但妻子丙坚决不同意,于是甲决定杀害丙。某日,甲趁丙不注意,在丙的饭碗中放置剧毒药物。不料吃饭时甲3岁的儿子吵着要母亲喂饭吃,于是丙就端起自己的饭碗一边喂儿子一边自己吃。甲害怕自己下毒的事情败露,便没有阻止,结果导致儿子与妻子丙一起中毒身亡。

【分析】

　　本案中，甲给丙下毒，是积极追求丙死亡这一危害结果的发生，故所持的心理态度是直接故意；而对其儿子，甲虽并不希望其死，但明知丙喂食有毒饭菜而不阻止，属于放任的态度，因而是间接故意。

　　2. 犯罪过失

　　犯罪过失是罪过的另一种形式。根据《刑法》第 15 条第 1 款的规定，犯罪过失是指行为人应当预见行为可能会发生危害社会的后果，因疏忽大意而没有预见，或者已经预见但轻信能够避免，以致发生这种结果的心理态度。犯罪过失有疏忽大意的过失和过于自信的过失两种类型。

　　（1）疏忽大意的过失。疏忽大意的过失，是指行为人应当预见自己的行为可能会发生危害社会的结果，但因为疏忽大意而没有预见，以致发生这种结果的心理态度。简言之，就是"应当预见而没有预见"。所谓"应当预见"，是指行为人在行为时负有预见到该行为可能导致危害结果发生的义务，这种义务来源于法律的规定，职务、业务上的要求或者日常生活准则的普遍要求。如果行为人没有预见能力，就不存在预见义务，也就不存在疏忽大意的过失犯罪。

【案例】

　　吴江，男，34 岁。2014 年 7 月 5 日下午 15 时许，其来到姐姐家，提出要带姐姐的儿子赵刚（男，9 岁）去附近水库游泳。姐姐告诉吴江，赵刚不会游泳，叮嘱吴要照看好赵刚。约 16 时许，吴带着赵到达水库，租了两个救生圈，二人一起下水游泳约 1 小时，而后，一起上岸休息。休息片刻后，赵刚要求再次下水。吴江开始不允许，但经不住赵的再三请求，乃表示同意。赵刚独自带一个救生圈下水，吴则在岸上抽烟，并与人闲聊，没有照看赵刚。赵刚下水后不久，因救生圈脱落而沉入水中，岸上的人发现后，喊叫起来，吴江闻讯急忙下水施救，但为时已晚。赵刚被送往医院，经抢救无效死亡。经诊断，赵刚系溺水窒息而死亡。请问：吴的主观心理态度是什么？

【分析】

　　吴的主观方面是疏忽大意的过失，本案中，吴对赵的死亡既然没有伤害的故意，也没有杀人故意，只是由于疏忽大意而导致赵的死亡结果，属于应预见自己的行为可能发生被害人死亡的结果，由于疏忽大意而没有预见，以致发生这种结果的心理态度。

　　（2）过于自信的过失。过于自信的过失，是指行为人已经预见到自己的行为可能会发生危害社会的结果，但轻信能够避免，以致发生这种结果的心理态度。简言之，就是"应当避免而没有避免"，行为人之所以实施该行为，是轻信自己能够避免危害结果的发生。所谓"轻信"，是指行为人过高地估计了可以避免危害结果发生的自身能力方面的技术、经验、知识、体力等因素以及自然等客观方面的有利因素，过低地估计了自己行为导致危害结果发生的可能程度。

【图例】

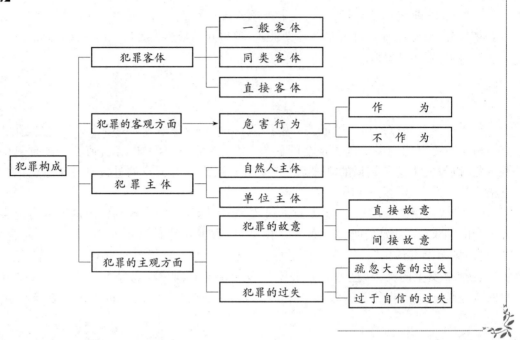

三、排除犯罪性的行为

排除犯罪性的行为,是指某一行为虽然在客观上具备了刑法对某一犯罪规定的行为形式,但是由于其行为本身实质上是有利于社会、并且是国家积极提倡和鼓励的,从而不具有社会危害性,或者由于行为人缺乏主观罪过,从而不具有主观危险性,因此刑法明确规定该行为不构成犯罪的情形。《刑法》第16、20、21条明确规定了排除犯罪性行为的三种情况,即意外事件、正当防卫和紧急避险。

(一)意外事件

意外事件,是指行为虽然在客观上造成了损害结果,但行为人不是出于故意或者过失,而是由于不能抗拒或者不能预见的原因所引起的情形。无罪过即无刑事责任,这是我国刑法坚持的主客观相统一的定罪原则和刑事责任原则。由于意外事件的行为人在主观上根本不存在罪过,所以《刑法》第16条明确规定排除其犯罪的成立,行为人对此不负刑事责任。

(二)正当防卫

正当防卫,是指为了国家、公共利益、本人或者他人的人身、财产和其他权益免受正在进行的不法侵害,而采取的制止不法侵害、对不法侵害人造成损害的行为。正当防卫是法律赋予公民与违法犯罪行为作斗争的一项权利,即使造成不法侵害人利益损害,也不承担刑事责任。实施正当防卫必须同时具备以下条件。

(1)起因条件。正当防卫是公民受到不法侵害时行使的权利,没有不法侵害的存在,正当防卫也就无从谈起。因此,正当防卫的起因就是必须有不法侵害的存在。"不法侵害"既包括犯罪行为,也包括其他侵害程度强烈、危害性较大的违法行为。对合法行为不能实施正当防卫。

(2) 目的条件。实施正当防卫必须出于保护合法权益免受不法侵害的防卫意图。不具有正当防卫的意图而实施的所谓防卫不是正当防卫,如防卫挑拨、互相斗殴等。

(3) 时间条件。正当防卫必须是对正在进行的不法侵害行为实施的。所谓"正在进行的不法侵害",是指不法侵害处于已经开始并且尚未结束的进行状态。若侵害行为尚未开始,尚未危及合法利益时,或者侵害行为已经结束,危害结果已经发生时,防卫行为也就失去了它的意义。

(4) 对象条件。实施正当防卫的目的在于制止正在进行的不法侵害,保护合法权益,这就决定了正当防卫只能对不法侵害人本人实施,而不能对没有实施侵害行为的第三人实施。

(5) 限度条件。防卫行为只能在必要限度内进行,不能明显超过必要限度给不法侵害人造成重大损害,否则就是防卫过当。防卫过当应当负刑事责任,但是应当减轻或者免除处罚。

此外,《刑法》第20条第3款规定:"对正在进行行凶、杀人、抢劫、强奸、绑架以及其他严重危及人身安全的暴力犯罪,采取防卫行为,造成不法侵害人伤亡的,不属于防卫过当,不负刑事责任。"据此,对于危及人身安全的暴力犯罪可以行使无限防卫权,这是出于遏制犯罪、鼓励公民同犯罪人作斗争的考虑。

【案例】
一天晚上,田华从同学家归来,路过一条偏僻的胡同时,从胡同口处跳出一个持刀青年黄某。黄某把刀逼向田华并让他交出钱和手表。田华扭头就跑,结果跑进了死胡同,而黄某持刀紧随其后,慌乱害怕中,田华拿起墙角的一根木棒,向黄某挥去,黄某应声倒下。田华立即向派出所投案,后经查验,黄某已死亡。请问:田华的行为是正当防卫还是防卫过当?为什么?

【分析】
田华的行为是正当防卫。根据《刑法》第20条第3款规定:对正在进行的行凶、杀人、抢劫、强奸、绑架以及其他严重危及人身安全的暴力犯罪,采取防卫行为,造成不法侵害人死亡的,不属于防卫过当,不负刑事责任。本案中,田华对正在进行持刀抢劫的黄某采取防卫行为,将之打死,属于正当防卫。

(三) 紧急避险

紧急避险,是指为了使国家、公共利益、本人或者他人的人身、财产和其他权益免受正在发生的危险,不得已采取损害另一较小的合法权益,以保护较大的合法权益的行为。

紧急避险通常是在两个合法权益发生冲突、又只能保全一个的紧急情况下实施的,它是人们与自然灾害及各种危险作斗争的重要手段,因此刑法排除其构成犯罪,行为人不负刑事责任。实施紧急避险必须同时具备以下条件。

(1) 起因条件。紧急避险的前提是有危险的现实存在,无危险也就无所谓避险,更无所谓紧急避险。这种危险,既有来自自然界,如地震、洪水、动物侵袭等,也有来自人类社会,如各种违法侵害、人为事故等。

(2) 目的条件。紧急避险只能是为了保护合法权益才能进行,为了保护非法利益不能实施紧急避险。

(3) 时间条件。紧急避险只能针对正在发生的危险进行。所谓"正在发生的危险",是指足以造成合法权益遭受严重损害的紧急情况已经出现,且正处在继续状态而尚未结束的情形。若危险尚未发生,人们可以采取其他预防措施,不需要损害他人合法权益;若危险已经结束,实施避险行为已不能保全合法权益或者恢复权益,则应通过其他方法对危险造成的损害进行补救。

(4) 对象条件。紧急避险的本质特征,就是为了保全一个较大的合法权益,而将其面临的危险转嫁给另一个较小的合法权益。因此,紧急避险的对象,只能是与危险的发生毫无关系的第三者的合法权益,即通过损害无辜者的合法权益保全公共利益、本人或者他人的合法权益。

(5) 限制条件。紧急避险只能是出于迫不得已、无法排除危险的情况下才能进行。所谓"迫不得已",是指在发生危险的紧急情况之下,除了损害第三者的合法权益之外,不可能用其他方法来保全另一较大的合法权益。

(6) 限度条件。紧急避险不能随心所欲地进行,不能超过必要限度造成不应有的损害,否则就是避险过当。避险过当应当负刑事责任,但是应当减轻或者免除处罚。必要限度是指紧急避险行为所引起的损害必须小于所避免的损害,认定标准一般为:① 人身权益大于财产权益;② 在人身权利中,生命权是最高权利;③ 在财产权益中,以财产价值大小为标准;④ 当公共利益与个人利益不能两全时,应根据权益的性质及内容来确定,并非公共利益永远高于个人利益。

【案例】
　　甲驾驶一辆载有35名乘客的长途客车由A市驶向B市。当车翻越一座高山后,下山时,客车后轮松动,刹车失灵,摇晃着向下滑行,随时可能翻车坠入山沟。此时,对面有一辆大货车正在爬坡,甲为了避免翻车事故的发生,迎着大货车开去。客车因与大货车相撞而停住,但是大货车司机受伤,车辆和货物被严重损坏。请问:本案应如何定性?

【分析】
　　甲的行为属于紧急避险。紧急避险是指为了使国家、公共利益、本人或者他人的人身、财产和其他权利免受正在发生的危险,不得已采取的以损害较小的合法权益来保护较大的合法权益。本案中,甲为了保护35名乘客的生命安全,不得已撞向大客车,因此甲的行为构成紧急避险,不承担刑事责任。

此外,《刑法》第21条第3款规定:"关于避免本人危险的规定,不适用于职务上、业务上负有特定责任的人。"据此,在职务上或者业务上负有特定责任的人,即使无法排除和避免正在发生的危险,不仅不能进行紧急避险,还必须根据自己特定的义务积极地履行职责,同危险作斗争。

四、故意犯罪的停止形态

故意犯罪在行为人确立犯罪意图以后,自开始犯罪行为到完成犯罪,是一个过程。但其发展并不总是完整顺利的,由于各种因素的影响与制约,在发展中可能会停止下来,出现种种不同的表现形态和结局。因此,所谓故意犯罪的停止形态,就是指故意犯罪在其发展过程中,由于某种原因而停止下来所呈现的各种状态,即犯罪既遂、犯罪预备、犯罪未遂和犯罪中止。研究故意犯罪停止形态的意义,在于准确地定罪和恰当地量刑。

【图例】

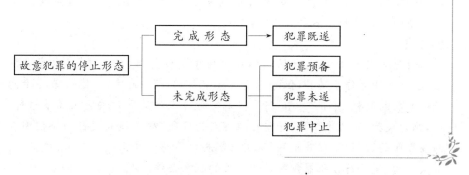

(一)犯罪既遂

犯罪既遂,是指行为人故意实施的犯罪行为已经具备了刑法分则规定的该种犯罪构成的全部要件,即已经达到了犯罪的完成形态。由于刑法分则关于各种犯罪构成和法定刑的规定都是以既遂犯为标准来设置的,因此,刑法总则就无需再专门对既遂犯规定特殊的处罚原则,处理时只要直接按照刑法分则具体条文中的法定刑幅度处罚即可。

(1)结果犯。结果犯指不仅实施了具体犯罪行为,而且须发生法定的犯罪结果,才构成既遂。我国刑法规定的犯罪,多数是结果犯。

(2)行为犯。行为犯指只要行为人实施了刑法规定的某种危害行为,就构成犯罪的既遂。例如,脱逃罪,只要实施了脱离司法机关监禁、羁押的逃跑行为,就可以构成既遂。

(3)危险犯。危险犯指行为人实施了某种危害行为,造成法律规定的发生某种危害结果的危险状态,就可以构成犯罪的既遂。这类犯罪的既遂,不要求一定的物质性的危害结果。例如,破坏交通工具罪,只要行为人实施破坏交通工具的行为,造成了足以使交通工具发生倾覆、毁坏的危险状态,即使交通工具没有发生实际倾覆、毁坏的结果,也构成犯罪的既遂。再如,放火罪也是危险犯。

(4)举动犯。举动犯指行为人一着手犯罪的实行行为,就构成犯罪既遂。例如:组织、领导、参加恐怖活动组织罪,只要行为人一着手实施了组织、领导或者参加恐怖活动组织的任一行为,就构成犯罪的既遂。

(二)犯罪预备

1. 犯罪预备的概念

犯罪预备,是指行为人为实施犯罪创造条件,由于其意志以外的原因而未能着手实施犯罪的一种行为状态。《刑法》第22条规定:"为了犯罪,准备工具、制造条件的,是犯罪预备。对于预备犯,可以比照既遂犯从轻、减轻处罚或者免除处罚。"

2. 犯罪预备的特征

(1)行为人已经进行了犯罪的准备活动;(2)行为人尚未着手犯罪的实行行为;(3)未能着手实施犯罪是由于行为人意志以外的原因造成的。

【案例】

被告人林某因被害人孙某,曾经向有关部门举报其非法行医一事,产生不满心理。2012年9月4日晚,被告人林某酒后携带火柴和汽油来到被害人孙某居住地,欲对被害人孙某居住的房屋实施放火行为。当被告人林某站在该房屋东侧的简易仓房上,准备向房屋的顶部攀爬时,因踩破仓房的瓦片从简易仓房的顶部跌落下来,声响惊动了他人从而被抓。请问:本案是否属于犯罪预备?

【分析】

针对放火案件来说,开始点燃目的物才是放火罪的"着手"。本案的被告人林某携带了火柴、汽油等作案工具,但并没有开始点燃被害人的住宅,他仅是处于向目的物即住宅顶部攀爬的过程,并非"着手"行为。本案被告人林某因对被害人的举报行为,产生不满心理,携带火柴、汽油等工具,并前往被害人的住所,欲实施放火行为。但因其向被害人居住房屋攀爬的过程中,踩破瓦片,从借助攀爬的简易仓房上跌落下来,被抓,而未继续去实施放火行为,完全符合犯罪预备必须具备的三个条件。

(三) 犯罪未遂

1. 犯罪未遂的概念

犯罪未遂,是指行为人已经着手实施犯罪,由于其意志以外的原因而未能完成犯罪的一种停止形态。《刑法》第23条规定:"已经着手实行犯罪,由于犯罪分子意志以外的原因而未得逞的,是犯罪未遂。对于未遂犯,可以比照既遂犯从轻或者减轻处罚。"

2. 犯罪未遂的特征

(1) 行为人已经着手实行犯罪;(2) 犯罪未得逞;(3) 犯罪未得逞是由于行为人意志以外的原因所致。

【案例】

甲趁乙打手机时,欲从乙背后抢夺其手机,被乙老公丙发现,冲过去把甲给抓住了,如何认定甲行为的性质?

【分析】

甲已开始实施犯罪行为,因自己意志以外的原因未能成功,属于犯罪未遂。

(四) 犯罪中止

1. 犯罪中止的概念

犯罪中止,是指在犯罪过程中,行为人自动放弃犯罪或者自动有效地防止犯罪结果发生,而未完成犯罪的一种停止形态。《刑法》第24条规定:"在犯罪过程中,自动放弃犯罪或者自动有效地防止犯罪结果发生的,是犯罪中止。对于中止犯,没有造成损害的,应当免除处罚;造成损害的,应当减轻处罚。"犯罪中止可以分为自动停止型犯罪中止和结果防止型犯罪中止。

2. 自动停止型犯罪中止的成立

(1) 必须在犯罪过程中停止;(2) 行为人必须自动停止犯罪行为,即"能干而不再干了";(3) 行为人彻底放弃了原来的犯罪,而不是暂时中断犯罪。

3. 结果防止型犯罪中止的成立

(1) 只能发生在犯罪行为实行终了之后、犯罪结果发生之前;(2) 行为人必须采取积极的措施来防止犯罪结果的发生,如刺伤被害人后很懊悔,立刻将其送往医院救治;(3) 行为人必须有效地防止犯罪结果的发生,即行为人的这种防止行为必须奏效,实际上阻止了犯罪结果的发生。若行为人在采取积极措施后,犯罪结果仍然发生,则不能成立犯罪中止,如给被害人喝下毒药后很懊悔,立刻将其送往医院救治,但被害人终因抢救无效死亡,则仍构成故意杀人既遂,而不能成立犯罪中止。

【案例】

甲因父仇欲重伤乙,将乙推倒在地举刀便砍,乙慌忙抵挡喊着说:"是丙逼我把你家老汉推下粪池的,不信去问丁。"甲信以为真,遂松开乙。请问:对甲的行为如何认定?

【分析】

甲的行为属于故意伤害中止。犯罪中止是指在犯罪过程中,行为人自动放弃犯罪或自动有效地防止犯罪结果发生,而未完成犯罪的一种犯罪停止形态。犯罪中止强调自动性,行为人必须是自动地放弃犯罪或自动有效地防止犯罪结果发生。本案中,甲可以继续实施而放弃实施,符合犯罪中止的特征。

五、共同犯罪

(一)共同犯罪的构成要件

《刑法》第 25 条第 1 款规定:"共同犯罪是指二人以上共同故意犯罪。"可见,构成共同犯罪必须具备如下条件。

(1)共同犯罪的客体。共同犯罪的客体是各个共同犯罪人的犯罪行为共同指向的客体。实践中,尽管各个共同犯罪人可能有不同的分工,行为指向的对象不同,但他们侵犯的客体是一致的、统一的。

(2)共同犯罪的客观方面。共同犯罪的客观方面是各共同犯罪人具有共同的犯罪行为。共同的犯罪行为,并不意味着他们的行为完全一致,而是指他们为了同一个目的或结果,彼此联系,相互配合。

(3)共同犯罪的主体。共同犯罪的主体必须是二人以上,可以是自然人,也可以是单位。其中,自然人必须达到刑事责任年龄、具有相应的刑事责任能力。

(4)共同犯罪的主观方面。各共同犯罪人必须具有共同的犯罪故意。即他们之间通过意识联络,认识到他们的共同行为会发生危害社会的结果,并决意参加共同行为,希望或者放任这种危害结果的发生。

【案例】

甲(20岁)、乙(21岁)经共同谋划后到丙家盗窃,两人分头搜索财物。后甲进入保姆的房间,将独自在家睡觉的小保姆强奸。对此,乙并不知情。

【分析】

甲乙均为具有刑事责任能力的人,两人有共同盗窃的故意,并共同实施了盗窃行为,所以构成盗窃的共同犯罪;而乙对甲强奸小保姆一事并不知情,所以不构成共犯。因此,应认定甲构成盗窃罪和强奸罪,乙构成盗窃罪。

(二) 共同犯罪人的种类及其刑事责任

对共同犯罪人进行正确的分类,是确定共同犯罪人刑事责任的前提。而一般来讲,各共同犯罪人在共同犯罪中的地位、作用及分工是不同的,据此,我国刑法将共同犯罪人分为主犯、从犯、胁从犯和教唆犯。

(1) 主犯。主犯,是指组织领导犯罪集团进行犯罪活动的或者在共同犯罪中起主要作用的犯罪分子。犯罪集团①是三人以上为共同实施犯罪而组成的较为固定的犯罪组织。根据《刑法》第 26 条第 3、4 款的规定,对组织、领导犯罪集团的首要分子,按照集团所犯的全部罪行处罚;对其他主犯,应当按照其所参与的或者组织、指挥的全部犯罪处罚。

(2) 从犯。从犯,是指在共同犯罪中起次要作用或者辅助作用的犯罪分子。《刑法》第 27 条第 2 款规定:"对于从犯,应当从轻、减轻处罚或者免除处罚。"

(3) 胁从犯。胁从犯,是指被胁迫参加共同犯罪的犯罪分子。《刑法》第 28 条规定:"对于被胁迫参加犯罪的,应当按照他的犯罪情节减轻处罚或者免除处罚。"

(4) 教唆犯。教唆犯,是指故意唆使他人犯罪的犯罪分子。《刑法》第 29 条规定:"教唆他人犯罪的,应当按照他在共同犯罪中所起的作用处罚。教唆不满 18 周岁的人犯罪的,应当从重处罚。如果被教唆的人没有犯被教唆的罪,对于教唆犯,可以从轻或者减轻处罚。"

第三节 刑 罚

一、刑罚的概念

刑罚,是刑法中明文规定的、由国家审判机关依法对犯罪人所适用的、限制或者剥夺其某种权益的最严厉的法律制裁方法。

一般认为,刑罚的目的主要在于预防犯罪,具体表现为特殊预防和一般预防。特殊预防是指通过对犯罪人适用与执行刑罚,以预防其再次犯罪。一般预防则是指国家通过制定、适用和执行刑罚,警戒社会上的不稳定分子,防止他们走上犯罪的道路。我国刑罚的特殊预防和一般预防是紧密结合、相辅相成的,对于任何一个犯罪人适用刑罚,都包含着特殊预防与一般预防的目的。

二、刑罚的种类

(一) 主刑

主刑,是指只能独立适用的主要刑罚方法。主刑不能附加适用,并且一个罪只能适用一个主刑。主刑包括管制、拘役、有期徒刑、无期徒刑和死刑。

1. 管制

管制,是指对犯罪人不予关押,但限制其一定自由,依法实行社区矫正的刑罚方法。管制作为刑罚方法,是我国的一个创造。管制的期限,为 3 个月以上 2 年以下;数罪并罚时,管制的刑期最高不能超过 3 年;减刑时,减刑以后实际执行的刑期不能少于原判刑期的 1/2。管制的刑期,

---

① 日常生活中还有"犯罪团伙"的说法,但犯罪团伙与犯罪集团不同,它不是一个法律概念。在处理时应具体情况具体分析,若符合犯罪集团的基本特征,则按犯罪集团处理;若不符合,则按一般共同犯罪处理。

从判决执行之日起计算；判决执行以前先行羁押的，羁押1日折抵刑期2日。

2. 拘役

拘役，是指短期剥夺犯罪人的人身自由，就近实行强制劳动改造的刑罚方法。拘役的执行机关是公安机关。拘役的期限，为1个月以上6个月以下；数罪并罚时，拘役的刑期最高不能超过1年；减刑时，减刑以后实际执行的刑期不能少于原判刑期的1/2。拘役的刑期，从判决执行之日起计算；判决执行以前先行羁押的，羁押1日折抵刑期1日。

3. 有期徒刑

有期徒刑，是指在一定期限内剥夺犯罪人的人身自由，在监狱等场所强制进行劳动改造的刑罚方法。有期徒刑是我国刑法中适用范围最广泛的一种刑罚。有期徒刑的期限，一般为6个月以上15年以下；但在死缓执行期间，犯罪分子若确有重大立功表现，2年期满以后减为25年有期徒刑；数罪并罚时，有期徒刑的刑期最高不能超过20年；减刑时，减刑以后实际执行的刑期不能少于原判刑期的1/2。有期徒刑的刑期，从判决执行之日起计算；判决执行以前先行羁押的，羁押1日折抵刑期1日。

4. 无期徒刑

无期徒刑，是指剥夺犯罪人终身自由，在监狱进行强制劳动改造的刑罚方法。它是仅次于死刑的一种严厉的刑罚。无期徒刑没有刑期限制，也不存在折抵刑期的问题，但在服刑期间如果符合法定条件，可以予以减刑、假释或者赦免。

5. 死刑

死刑，又称生命刑，是剥夺犯罪人生命的刑罚方法。在我国，死刑包括死刑立即执行和死刑缓期二年执行两种情况。死刑是最严厉的刑罚方法，限制或者废除死刑已成为国际刑法发展的趋势，但我国目前还不具备废除死刑的条件，故《刑法》对死刑的适用进行了限制性规定。

(1) 死刑适用对象的限制。死刑只适用于罪行极其严重的犯罪分子。对于应当判处死刑的犯罪分子，如果不是必须立即执行的，可以判处死刑同时宣告缓期二年执行。并且，犯罪的时候不满18周岁的人和审判的时候怀孕的妇女，不适用死刑；审判的时候已满75周岁的人，不适用死刑，但以特别残忍手段致人死亡的除外。

(2) 死刑适用程序的限制。死刑除依法由最高人民法院判决的以外，都应当报请最高人民法院核准。死刑缓期执行的，可以由高级人民法院判决或者核准。

(3) 死刑执行制度的限制。对于应当判处死刑的犯罪分子，如果不是必须立即执行的，可以判处死刑同时宣告缓期二年执行。被判处死缓的犯罪分子，在2年期满以后，有三种处理方法：① 在死刑缓期执行期间没有故意犯罪，2年期满以后，减为无期徒刑；② 如果确有重大立功表现，2年期满以后，减为25年有期徒刑；③ 如果故意犯罪，查证属实的，由最高人民法院核准，执行死刑。

(二) 附加刑

附加刑又称从刑，是补充主刑适用的刑罚方法。它既可以随主刑附加适用，也可以独立适用，并且在附加适用时可以同时适用两个以上。附加刑包括罚金、剥夺政治权利、没收财产三种。此外，对犯罪的外国人可以驱逐出境。

1. 罚金

罚金，是指强制犯罪人向国家缴纳一定数量金钱的刑罚方法。判处罚金，应当根据犯罪情节决定罚金数额，既要考虑违法所得数额、造成损失的大小，又要考虑犯罪人的实际经济负担能力。如果由于遭遇不能抗拒的灾祸缴纳确实有困难的,可以酌情减少或者免除。

2. 剥夺政治权利

剥夺政治权利,是指剥夺犯罪人参加国家管理和政治活动权利的刑罚方法。《刑法》对剥夺政治权利规定的主要内容是:(1)适用对象。对于危害国家安全的犯罪分子应当附加剥夺政治权利;对于故意杀人、强奸、放火、爆炸、投毒、抢劫等严重破坏社会秩序的犯罪分子,可以附加剥夺政治权利;对于被判处死刑、无期徒刑的犯罪分子,应当剥夺政治权利终身。此外,刑法分则对31个轻微犯罪规定可以独立适用剥夺政治权利。(2)期限计算。剥夺政治权利的期限,除主刑为死刑、无期徒刑外,为1年以上5年以下;判处管制附加剥夺政治权利的,剥夺政治权利的期限与管制的期限相等,同时执行;在死刑缓期执行减为有期徒刑或者无期徒刑减为有期徒刑的时候,应当把附加剥夺政治权利的期限改为3年以上10年以下。附加剥夺政治权利的刑期,从徒刑、拘役执行完毕之日或者从假释之日起计算;剥夺政治权利的效力当然施用于主刑执行期间。

3. 没收财产

没收财产,是指将犯罪人个人财产的一部或者全部强制无偿收归国有的刑罚方法。没收财产的范围,仅限于没收犯罪分子个人所有的财产,不得没收属于犯罪分子家属所有或者应有的财产,并且应当对犯罪分子个人及其扶养的家属保留必需的生活费用。同时,没收财产以前犯罪分子所负的正当债务,需要以没收的财产偿还的,经债权人请求,应当偿还。

4. 驱逐出境

驱逐出境,是指强迫犯罪的外国人或者无国籍人离开我国国(边)境的刑罚方法。它是一种专门适用于犯罪的外国人和无国籍人的特殊附加刑,不适用于中国公民。《刑法》第35条规定:"对于犯罪的外国人,可以独立适用或者附加适用驱逐出境。"

三、刑罚的裁量

(一)刑罚裁量的概念

刑罚裁量,又称量刑,是人民法院对构成犯罪的人依法裁量决定刑罚的审判活动。

(二)刑罚裁量的原则

《刑法》第61条规定:"对于犯罪分子决定刑罚的时候,应当根据犯罪的事实、犯罪的性质、情节和对于社会的危害程度,依照本法的有关规定判处。"由此,量刑的原则可以概括为:以犯罪事实为根据,以刑事法律为准绳。

(三)刑罚裁量情节

刑罚裁量情节即量刑情节,是指对犯罪分子量刑时,影响刑罚轻重的各种事实。量刑情节包括法定情节和酌定情节。法定情节是刑法明文规定的情节,在量刑时必须遵循、参照,包括从重、从轻、加重、减轻和免除处罚的情节,如累犯应当从重处罚、自首可以从轻或减轻处罚等;酌定情节是刑法没有明确规定、但由法官根据刑事政策和审判经验及案件具体情况予以掌握的情节,如犯罪的时间、地点、被害人的具体情况、犯罪动机、犯罪后的态度、犯罪人一贯的表现等。

(四)刑罚裁量制度

1. 累犯

累犯,是指受过一定的刑罚处罚,在刑罚执行完毕或者赦免以后,在法定期限内又犯应当被判处一定刑罚之罪的犯罪分子。累犯分一般累犯和危害国家安全罪的特殊累犯两种。一般累犯,是指年满 18 周岁、因故意犯罪被判处有期徒刑以上刑罚,在刑罚执行完毕或者赦免以后,5年内再因故意犯罪应当判处有期徒刑以上刑罚的犯罪分子。但是,只要前后两罪都是危害国家安全犯罪、恐怖活动犯罪、黑社会性质的组织犯罪这三类犯罪之一,不管前后两罪判的是什么刑罚,也不管前后两罪间隔多长时间,就构成特殊累犯。《刑法》第 65 条规定,对于累犯,应当从重处罚。

2. 自首

自首,是指犯罪人在犯罪以后自动投案,如实供述自己罪行,或者被采取强制措施的犯罪嫌疑人、被告人和正在服刑的罪犯,如实供述司法机关还未掌握的本人其他罪行的行为。由此,自首分为一般自首和特别自首。《刑法》第 67 条规定,对于自首的犯罪分子,可以从轻或者减轻处罚。其中,犯罪较轻的,可以免除处罚。此外,犯罪嫌疑人虽不具有自首情节,但是如实供述自己罪行的,可以从轻处罚;因其如实供述自己罪行,避免特别严重后果发生的,可以减轻处罚。

3. 立功

立功,是指犯罪分子在到案后揭发他人犯罪行为、经查证属实的,或者有提供重要线索、从而得以侦破其他案件等行为的情况。《刑法》第 68 条规定,犯罪分子有立功表现的,可以从轻或者减轻处罚;有重大立功表现的,可以减轻或者免除处罚。

4. 缓刑

（1）缓刑的概念

缓刑,是指对被判处一定刑罚的犯罪分子,在一定期限内附条件地不执行原判刑罚的制度,包括一般缓刑和战时缓刑。

（2）一般缓刑

一般缓刑必须具备三个条件:① 缓刑只适用于被判处拘役或者 3 年以下有期徒刑的犯罪分子;② 同时符合犯罪情节较轻、有悔罪表现、没有再犯罪的危险、宣告缓刑对所居住社区没有重大不良影响 4 个方面的,可以宣告缓刑;对其中不满 18 周岁的人、怀孕的妇女和已满 75 周岁的人,应当宣告缓刑;③ 犯罪分子不是累犯或犯罪集团的首要分子。

（3）战时缓刑

战时缓刑是指《刑法》第 449 条规定的:"在战时,对被判处三年以下有期徒刑没有现实危险宣告缓刑的犯罪军人,允许其戴罪立功,确有立功表现时,可以撤销原判刑罚,不以犯罪论处。"

（4）缓刑的考察期

《刑法》第 73 条对被宣告缓刑的犯罪分子设定了考察期间:拘役的缓刑考验期限为原判刑期以上 1 年以下,但是不能少于 2 个月;有期徒刑的缓刑考验期限为原判刑期以上 5 年以下,但是不能少于 1 年;缓刑考验期限,从判决确定之日起计算。

（5）缓刑的后果

一般缓刑的后果,根据《刑法》第 76、77 条的规定,有以下三种:① 在缓刑考验期限内,依法实行社区矫正,如果没有《刑法》第 77 规定的情形,缓刑考验期满,原判的刑罚就不再执行,并公开予以宣告;② 在缓刑考验期限内犯新罪或者发现判决宣告以前还有其他罪没有判决的,应当撤销缓刑,对新犯的罪或者新发现的罪作出判决,把前罪和后罪所判处的刑罚,依照《刑法》第 69 条的规定,决定执行的刑罚;③ 在缓刑考验期限内,违反法律、行政法规或者国务院有关部门关于缓刑的监督管理规定,或者违反人民法院判决中的禁止令,情节严重的,应当撤销缓刑,执行原判刑罚。

此外，缓刑的效力不及于附加刑，被宣告缓刑的犯罪分子，如果被判处附加刑，附加刑仍须执行。

四、刑罚的执行

刑罚执行，简称行刑，是指法定的司法机关将生效的刑事判决所确定的刑罚付诸实施的刑事司法活动。我国的刑罚执行制度主要包括减刑和假释两项制度。

（一）减刑

1. 减刑的概念

减刑，是指被判处管制、拘役、有期徒刑、无期徒刑的犯罪分子，根据其在刑罚执行期间的悔改或者立功表现，而适当减轻其原判刑罚的制度。减刑分为"可以减刑"和"应当减刑"两种情况。

2. 可以减刑的条件

认真遵守监规，接受教育改造，确有悔改表现，或者有立功表现。

3. 应当减刑的条件

阻止他人重大犯罪活动；检举监狱内外重大犯罪活动，经查证属实；发明创造或者重大技术革新；在日常生产、生活中舍己救人；在抗御自然灾害或者排除重大事故中，有突出表现以及对国家和社会有其他重大贡献等重大立功表现之一。

但是，对被判处死刑缓期执行的累犯以及因故意杀人、强奸、抢劫、绑架、放火、爆炸、投放危险物质或者有组织的暴力性犯罪被判处死刑缓期执行的犯罪分子，人民法院根据犯罪情节等情况可以同时决定对其限制减刑。

4. 减刑后实际执行的刑期限制

减刑以后实际执行的刑期不能少于下列期限：（1）判处管制、拘役、有期徒刑的，不能少于原判刑期的 1/2；（2）判处无期徒刑的，不能少于 13 年；（3）对上述限制减刑的死刑缓期执行的犯罪分子，若 2 年期满后依法减为无期徒刑的，不能少于 25 年，若 2 年期满后依法减为 25 年有期徒刑的，不能少于 20 年。

（二）假释

1. 假释的概念

假释，是指对于被判处有期徒刑、无期徒刑的犯罪分子，在执行一定刑期以后，因其确有悔改表现，没有再犯罪的危险而附条件地将其提前释放的刑罚执行制度。

2. 假释的条件

一般情况下，被判处有期徒刑的犯罪分子，执行原判刑期 1/2 以上，被判处无期徒刑的犯罪分子，实际执行 13 年以上，如果认真遵守监规，接受教育改造，确有悔改表现，没有再犯罪的危险的，可以假释。如果有特殊情况，经最高人民法院核准，可以不受上述执行刑期的限制。此外，对累犯以及因故意杀人、强奸、抢劫、绑架、放火、爆炸、投放危险物质或者有组织的暴力性犯罪被判处 10 年以上有期徒刑、无期徒刑的犯罪分子，不得假释。

3. 假释的考验期限

《刑法》第 83 条对假释设定了考验期限：有期徒刑的假释考验期限，为没有执行完毕的刑期；无期徒刑的假释考验期限为 10 年。假释考验期限，从假释之日起计算。

4. 假释的法律后果

根据《刑法》第 85、86 条的规定，假释的法律后果有二：一是认为原判刑罚已经执行完毕，即在假释考验期限内,依法实行社区矫正,如果没有《刑法》第 86 条规定的情形,假释考验期满,就认为原判刑罚已经执行完毕,并公开予以宣告;二是撤销假释,又有三种具体情况:(1)在假释考验期限内犯新罪,应当撤销假释,依照"先减后并"的方法数罪并罚;(2)在假释考验期限内,发现在判决宣告以前还有其他罪没有判决,应当撤销假释,依照"先并后减"的方法数罪并罚;(3)在假释考验期限内,有违反法律、行政法规或者国务院有关部门关于假释的监督管理规定的行为,尚未构成新的犯罪的,应当依照法定程序撤销假释,收监执行未执行完毕的刑罚。

五、追诉时效

追诉时效,是指刑法规定的对犯罪分子追究刑事责任的有效期限。《刑法》第 87 条规定:"犯罪经过下列期限不再追诉:(一)法定最高刑为不满 5 年有期徒刑的,经过 5 年;(二)法定最高刑为 5 年以上不满 10 年有期徒刑的,经过 10 年;(三)法定最高刑为 10 年以上有期徒刑的,经过 15 年;(四)法定最高刑为无期徒刑、死刑的,经过 20 年。如果 20 年以后认为必须追诉的,须报请最高人民检察院核准。"

第四节 犯罪的种类

一、危害国家安全罪

危害国家安全罪,是指故意危害中华人民共和国的主权、领土完整与安全,破坏国家统一,颠覆国家政权、推翻社会主义制度以及其他危害国家安全利益的依照刑法应予刑罚处罚的行为。《刑法》分则第一章规定了背叛国家罪、分裂国家罪、叛逃罪、间谍罪、资敌罪等 12 个罪名。

二、危害公共安全罪

危害公共安全罪,是指故意或者过失地实施危害不特定的多数人的生命、健康或者重大公私财产安全的行为。《刑法》分则第二章规定了放火罪、投放危险物质罪、资助恐怖活动罪、交通肇事罪、危险驾驶罪等 47 个罪名。

(一)放火罪

放火罪是指故意以引起公私财物等客体燃烧的方法危害公共安全的行为。本罪在客观方面表现为行为人实施了放火行为,即引起客体燃烧的行为。需要注意的是,放火行为必须具有危害公共安全的现实可能,否则不构成本罪。放火的客体主要是一定的财物,无论是否属于自己所有。本罪在主观方面表现为故意。需要注意的是,放火罪属于危险犯罪,放火行为只要产生了具体的危及公共安全的危险,即构成既遂,无论是否出现《刑法》第 115 条第一款所规定的严重后果。[①]

(二)交通肇事罪

交通肇事罪,是指违反交通运输管理法规,因而发生重大事故,致人重伤、死亡或者使公私财

---

① 参见陈兴良主编:《刑法》,复旦大学出版社 2005 年版,第 456 页。

产遭受重大损失的行为。本罪在客观方面表现为交通肇事的行为。首先,有违反交通运输管理法规的行为;其次,必须发生重大事故,致人重伤、死亡或者使公私财产遭受重大损失;最后,重大交通事故必须发生在交通运输过程中以及与交通运输有直接关系的活动中。本罪的主体是除航空人员、铁路人员以外从事交通运输的人员及其他一切同交通运输有关的人员,包括非交通运输人员。需要注意的是,本罪主体并不限于从事机动交通运输的人员。本罪的主观方面表现为过失。

(三)投放危险物质罪

投放危险物质罪,是指行为人故意投放毒害性、放射性、传染病病原体等物质危害公共安全的行为。本罪在客观方面表现为实施投放毒害性、放射性、传染病病原体等物质的行为;主观方面表现为故意。

(四)以危险方法危害公共安全罪

以危险方法危害公共安全罪,是指故意使用放火、决水、爆炸、投放危险物质以外的危险方法危害公共安全的行为。本罪在客观方面表现为以危险方法危害公共安全,但必须不属于放火、决水、爆炸、投放危险物质的方法;本罪在主观方面表现为故意。

【观察】

在闹市区驾车撞人、偷盗正在使用的井盖、私设电网等,都是属于以危险方法危害公共安全的行为,都应按本罪论处。

三、破坏社会主义市场经济秩序罪

破坏社会主义市场经济秩序罪,是指违反我国国家市场经济管理法规,破坏和扰乱市场经济秩序,严重危害市场经济秩序,妨害国民经济正常发展的行为。《刑法》分则第三章分八节规定了生产、销售不符合安全标准的食品罪,走私货物罪,非国家工作人员受贿罪,伪造货币罪,信用卡诈骗罪,逃税罪,假冒注册商标罪,组织、领导传销活动罪等107个罪名。

(一)生产、销售伪劣产品罪

生产、销售伪劣产品罪,是指生产者、销售者故意在产品中掺杂、掺假,以假充真,以次充好或者以不合格产品冒充合格产品,销售金额较大的行为。本罪在客观方面表现为生产者、销售者在产品中掺杂、掺假,以假充真,以次充好或者以不合格产品冒充合格产品的行为。行为人生产、销售的必须是伪劣产品,即假产品和劣质产品。本罪的主体是自然人和单位。主观方面表现为故意。

(二)走私普通货物、物品罪

走私普通货物、物品罪,是指违反海关法规,逃避海关监管,非法运输、携带、邮寄国家禁止进出口的武器、弹药、核材料、假币、珍贵动物及其制品、珍稀植物及其制品、淫秽物品、毒品以及国家禁止出口的文物、金银和其他贵重金属以外的货物、物品进出境,偷逃应缴纳关税额5万元以上的行为。本罪所侵犯的客体是国家对外贸易管制。其对象是除武器、弹药、伪造的货币,国家禁止出口的文物、黄金、白银和其他贵重金属,国家禁止进出口的珍贵动物及其制品、珍稀植物及其制品、淫秽物品、毒品、固体废物以外的一切货物与物品。本罪在客观上表现为违反海关法规,逃避海关监管,走私普通货物、物品,偷逃应缴纳关税额数额较大的行为。本罪主观方面只能是故意,且以牟利为目的。

【观察】

李晓航曾是海南航空公司空姐,2012年因网售走私化妆品行为被一审判刑11年,罚金50万元,引起广泛关注,甚至有不少人为其喊冤。但海外代购的商品本质具有牟利性,因此属于货物,无论金额多少,都要纳税。通过本案,我们确实看到这其中存在着逃避海关监管、偷逃税款的现象,让人警醒。所以,不要为了赚取不该赚的"利益"而存在侥幸心理。

四、侵犯公民人身权利、民主权利罪

侵犯公民人身权利、民主权利罪,是指故意、过失侵犯他人人身及与人身直接相关的权利,或故意非法剥夺、妨害公民自由行使依法享有的管理国家和参加社会政治活动以及其他民主权利的行为。《刑法》分则第四章规定了故意杀人罪、强奸罪、绑架罪、拐卖妇女儿童罪、侮辱罪、强迫劳动罪、重婚罪等42个罪名。

(一)故意杀人罪

故意杀人罪,是指故意非法剥夺他人生命的行为。本罪在客观方面表现为非法剥夺他人的生命,其方式可以是作为,也可以是不作为;客体是他人的生命;主观方面是故意。

【案例】

2010年10月20日23时许,药家鑫驾驶红色雪佛兰小轿车从西安长安区送完女朋友返回市区,当行驶至西北大学长安校区外西北角学府大道时,撞上前方同向骑电动车的张某,后药某下车查看,发现张某倒地呻吟,因怕张某看到其车牌号,以后找麻烦,便产生杀人灭口之恶念,遂转身从车内取出一把尖刀,上前对倒地的张某连捅数刀,致张某当场死亡。请问:本案应如何定性?

【分析】

药某的开车撞人行为是过失造成的,但药某担心张某找其麻烦而故意实施了杀人行为。故应认定药某的行为属于故意杀人罪,而不是交通肇事罪。

(二)强奸罪

强奸罪,是指违背妇女意志,使用暴力、胁迫或其他手段,强行与妇女性交,或者与不满14周岁的幼女发生性关系的行为。本罪在客观方面表现为强行奸淫妇女的行为,但对奸淫幼女而言,强行的手段并非其必要条件,只需与不满14周岁的幼女发生性关系即可构成本罪;本罪的行为客体为女性;本罪的主体即直接实行犯必须为年满14周岁的男性,女性可以成为共同犯罪中的帮助犯、教唆犯;本罪在主观方面表现为故意。

【观察】

通常认为,夫妻之间既已结婚,即相互承诺共同生活,有同居义务。这一义务是从双方自愿结婚行为推定出来的伦理义务。因此,丈夫一般不能成为强奸罪的主体,司法实践中一般也不能将"婚内强奸"行为作为强奸罪处理。但在特殊情况下,婚姻关系处于非正常期间,如离婚诉讼期间,婚姻关系已进入法定的解除程序,虽然婚姻关系还存在,但已不能再推定女方对性行为是一种同意的承诺。在这种情形下,如强行与妇女发生性行为,符合强奸罪的特征。也就是说,在特殊情形下,丈夫也可成为强奸罪的主体。

(三) 故意伤害罪

故意伤害罪,是指故意非法损害他人身体健康的行为。本罪在客观方面表现为实施非法损害他人身体健康的行为,包括破坏人体组织的完整性(如砍断四肢)和破坏人体器官的正常机能(如丧失听力);本罪的行为客体是他人的身体健康;主观方面为故意。

五、侵犯财产罪

侵犯财产罪,是指故意非法占有、挪用和毁坏公私财物的行为。《刑法》分则第五章规定了抢劫罪、盗窃罪、诈骗罪、敲诈勒索罪、拒不支付劳动报酬罪等13个罪名。

(一) 抢劫罪

抢劫罪,是指以非法占有为目的,以暴力、胁迫或其他方法,强行劫取公私财物的行为。本罪在客观方面表现为使用暴力、胁迫或其他方法,强行劫取公私财物的行为。本罪的行为客体有双重性:一是行为人违反被害人的意思取得财物;二是行为侵害了被害人的生命、身体,使被害人的人身权利处于高度危险状态。本罪的主观方面为故意,且具有强取他人财物的意思。

(二) 抢夺罪

抢夺罪,是指以非法占有为目的,乘人不备或者来不及反抗而公然夺取财物的行为。本罪在客观方面表现为乘人不备或者来不及反抗而公然夺取财物的行为;客体为公私财产所有权,但抢夺之物必须为动产;主观方面为故意,且具有非法占有的目的。

(三) 盗窃罪

盗窃罪,是指以非法占有为目的,盗窃数额较大的公私财物或者多次盗窃的行为。本罪在客观方面表现为违背占有人的意思,秘密窃取他人财物的行为。主观方面为故意,且只能是直接故意。

【观察】

抢劫、抢夺和盗窃的主要区别在客观方面。抢劫罪的犯罪行为具有明显的强制性,即采用暴力、胁迫或者其他方法,使被害人不能、不敢或不知抗拒而公然劫取财物;抢夺罪的客观行为不具有强制性,只有公然夺取财物;盗窃罪的客观方面是,有秘密窃取公私财物的行为。

(四) 侵占罪

侵占罪,是指将代为保管的他人财物非法占为己有,数额较大,拒不退还的,或者将他人的遗忘物或者埋藏物非法占为己有,数额较大,拒不交出的行为。本罪在客观方面表现为代为保管的他人财物非法占为己有或者将他人的遗忘物或者埋藏物非法占为己有的行为;本罪的客体包括保管物、遗忘物、埋藏物三种;主观方面为故意。另外,本罪也是属于告诉才处理的案件。

六、妨害社会管理秩序罪

妨害社会管理秩序罪,是指妨害国家机关对社会的管理活动,破坏社会秩序,情节严重的行为。《刑法》分则第六章分九节规定了妨害公务罪,招摇撞骗罪,编造、故意传播虚假恐怖信息罪,寻衅滋事罪,组织、领导、参加黑社会性质组织罪,开设赌场罪,窝藏、包庇罪,污染环境罪,组织卖淫罪等124个罪名。

(一) 寻衅滋事罪

寻衅滋事罪,是指在公共场所无事生非,肆意挑衅,起哄捣乱,进行破坏骚扰,破坏社会秩序,情节恶劣或者后果严重的行为。

本罪在客观方面表现为以下四种形态:(1)随意殴打他人,情节恶劣的;(2)追逐、拦截、辱骂、恐吓他人,情节恶劣的;(3)强拿硬要或者任意损毁、占用公私财物,情节严重的;(4)在公共场所起哄闹事,造成公共场所秩序严重混乱的。本罪在主观方面必须出于故意,而且一般是出于耍威风、取乐、寻求精神刺激等动机。

(二)窝藏包庇罪

窝藏包庇罪,是指明知是犯罪的人而为其提供隐藏处所、财物,帮助其逃匿或者作假证明包庇的行为。本罪在客观方面表现为为犯罪人提供隐藏处所、财物,帮助其逃匿或者作假证明包庇犯罪人的行为;客体即行为人窝藏、包庇的人必须是犯罪的人,需要注意的是,根据《刑法》第362条的规定,包庇罪的客体扩大到一般违法的卖淫、嫖娼者;本罪的主体是一般主体,但包庇卖淫、嫖娼人员构成本罪的,其主体只能是旅馆业、饮食服务业、文化娱乐业、出租汽车业等单位的人员;主观方面表现为故意。

七、危害国防利益罪

危害国防利益罪,是指故意或过失地违反国家国防法律法规规定,拒不履行国防义务或以其他方式危害国防利益,应受刑罚处罚的行为。《刑法》分则第七章规定了阻碍军人执行职务罪、阻碍军事行动罪、冒充军人招摇撞骗罪等23个罪名。

八、贪污贿赂罪

贪污贿赂罪,是指国家工作人员利用职务上的便利,贪污、挪用、索取收受贿赂,以及其他贪利性职务犯罪行为或者与贪利性犯罪有关的行为。《刑法》分则第八章规定了贪污罪、挪用公款罪、受贿罪、利用影响力受贿罪、巨额财产来源不明罪等13个罪名。

九、渎职罪

渎职罪,是指国家机关工作人员在履行职务或者行使职权的过程中,滥用职权或者玩忽职守,妨害国家机关的正常管理活动,致使公共财产、国家与人民利益遭受重大损失或者情节严重的行为。《刑法》分则第九章规定了滥用职权罪、玩忽职守罪、徇私枉法罪、食品监管渎职罪等36个罪名。

十、军人违反职责罪

军人违反职责罪,是指军人违反职责,危害国家军事利益,依照法律应当受刑罚处罚的行为。《刑法》分则第十章规定了战时违抗命令罪、投降罪、战时自伤罪、故意泄露军事秘密罪、虐待俘虏罪等31个罪名。

思考题

1. 我国刑法对未成年人和老年人犯罪案件的特殊处理原则是什么?
2. 我国刑法对死刑适用的限制性规定有哪些?
3. 犯罪客体与犯罪对象有什么联系与区别?
4. 14岁生日当天实施抢劫行为是否应承担刑事责任?为什么?
5. 如何理解"法无明文规定不为罪"?

知识网络

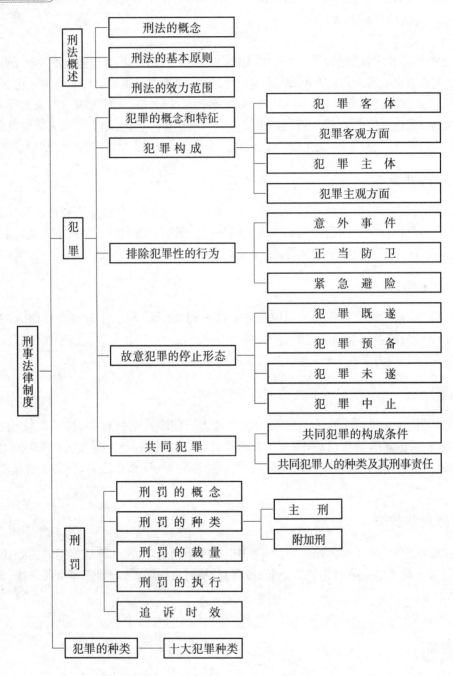

> 在由意志而不是由法律行使统治的地方没有正义可言。程序决定了法治与恣意人治之间的基本区别。
>
> ——[美]道格拉斯

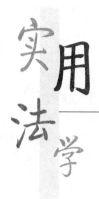

第七章　诉讼与非诉讼程序法律制度

内容提示

诉讼法又称程序法,是关于诉讼程序的法律规范的总称。我国现行诉讼法包括刑事诉讼法、民事诉讼法和行政诉讼法。除此之外,还有仲裁、人民调解等非诉讼程序法,它们共同构成了我国程序法的主要内容。本章就主要的诉讼法律制度及非诉讼程序法的内容进行阐述;同时也简要地介绍了我国的法律服务和法律援助制度。以期学习者对我国的程序法律制度有一初步的了解,认识到程序制度的重要性。

学习要求

通过本章的学习,你应理解并掌握以下内容:
1. 我国诉讼的基本制度
2. 民事诉讼的基本内容
3. 刑事强制措施
4. 刑事诉讼程序
5. 行政诉讼的受案范围
6. 仲裁协议
7. 人民调解委员会
8. 法律援助的范围

第一节 诉讼法律制度

一、诉讼法概述

(一) 诉讼法的概念

诉讼是指法庭处理案件与纠纷的活动。现代意义上的诉讼,是指国家司法机关在当事人和其他诉讼参与人参加下,依照法定的诉讼程序,解决具体争讼的全部活动。

诉讼法又称为程序法,是关于诉讼程序的法律规范的总称。我国现行诉讼法有三个,即刑事诉讼法、民事诉讼法和行政诉讼法。经济诉讼按照民事诉讼程序进行。

【观察】

为了描述程序的重要性和公正性,美国当代著名法哲学家罗尔斯在《正义论》一书中形象地把公正程序喻为"切蛋糕"的规则。蛋糕是权利和利益的象征,一个人负责分配蛋糕,如果程序性规则允许他在为别人分配蛋糕时也可以不加限制地为自己留一快,则他将有可能尽量少地分给别人,而尽可能多地留给自己;如果程序性规则规定只有在把蛋糕均等地分配给其他人以后,切蛋糕者本人才能最后领取到自己的那一份蛋糕,那么他就会尽最大努力来均分蛋糕。可见,程序性规则对于实现实体性权利是至关重要的。

(二) 我国诉讼法的基本原则

诉讼法的基本原则,是指在整个诉讼过程中起指导作用,司法机关和当事人、诉讼参与人都必须遵守的活动准则。

1. 司法机关依法独立行使职权原则

这是我国诉讼法的首要原则。司法独立能否切实得到实现,是我国实施"依法治国"方略成败的关键之一。根据宪法和法律规定确立的司法独立原则有三层含义:(1)国家司法权由司法机关统一行使;(2)司法机关独立行使职权,不受行政机关、社会团体和个人的干涉;(3)司法机关行使职权必须依法进行。

2. 以事实为根据、以法律为准绳原则

这一原则要求司法机关在诉讼过程中,必须忠于事实、忠于法律,这也是我国法律适用的基本原则。以事实为根据,要求司法机关办案从实际出发,实事求是;注重调查取证,以客观事实为基础而非主观推测或盲目臆断。以法律为准绳,要求以法律规定作为判断罪与非罪、违法与否的唯一尺度。

3. 当事人法律地位平等原则

这是宪法"公民在法律面前一律平等"原则在诉讼法中的具体体现。诉讼中的任一方当事人都平等地享有法律规定的权利和承担法律规定的义务,不因其社会地位、身份、职务等的不同而区别对待。司法机关在适用法律上对当事人双方应一视同仁、不偏不倚,切实保障当事人能够平等地行使权利。没有法律适用上的平等,也就没有司法公正可言。

4. 使用本民族语言文字原则

我国是统一的多民族国家,诉讼法规定各民族公民有权使用本民族语言文字进行诉讼。这既是民族平等原则的体现,也是实现民族平等的重要法律保障。

5. 人民检察院法律监督原则

人民检察院是我国的法律监督机关,人民检察院的法律监督,是建立诉讼法制不可缺少的一环。监督内容主要包括:(1)对人民法院等专门机关的诉讼活动是否合法进行监督。人民检察院对法院审判组织的组成、审判程序和审判结果的公正性、裁判执行情况等实施法律监督;在刑事诉讼中,还有权对公安机关、监狱等专门机关的活动进行监督。(2)对诉讼参与人的行为是否合法进行监督。如有无证人作伪证、鉴定人提供虚假鉴定结论,或当事人、辩护人隐匿、毁灭证据等情形。

二、诉讼的基本制度

(一)管辖制度

管辖是上下级人民法院及同级人民法院之间受理第一审案件的权限划分。刑事诉讼中的管辖,还包括公检法机关在刑事案件受理范围上的权限划分。管辖的确立,便于公民、法人或其他组织明确向哪一个法院提起诉讼;对司法机关而言,明确各自受案范围便于各司其职,防止相互推诿,提高诉讼效率。管辖可以分为审判管辖和职能管辖两大类。

1. 审判管辖

人民法院系统内受理第一审案件的权限划分,称为审判管辖。它解决的是某一具体案件应由哪一级、哪一个人民法院受理和审判的问题。根据我国诉讼法的规定,审判管辖包括级别管辖、地域管辖、指定管辖、移送管辖和专门管辖。

(1)级别管辖

级别管辖,是指各级人民法院在审判第一审案件上的权限划分。我国法院分四级,它们各自管辖第一审案件的范围是不同的,级别管辖所解决的就是某一具体案件应由哪一级人民法院进行一审,它属于人民法院系统内部的纵向分工。

① 基层人民法院管辖第一审普通刑事案件、第一审民事和行政案件,法律规定应由上级法院管辖的一审案件除外。

② 中级人民法院管辖的范围是:刑事案件,包括危害国家安全的案件,可能判处无期徒刑、死刑的普通刑事案件,以及外国人犯罪的案件。民事案件,包括重大涉外案件,在本辖区内有重大影响的案件,以及最高人民法院确定由中级人民法院管辖的案件。行政案件,包括确认发明专利权的案件、海关处理的案件,对国务院各部门或者省(自治区、直辖市)人民政府所作的具体行政行为提起诉讼的案件,本辖区内重大、复杂的案件。

③ 高级人民法院管辖本辖区内(即本省、自治区、直辖市范围内)的重大、复杂的第一审案件。

④ 最高人民法院管辖的第一审案件,是全国性的重大案件,以及它认为应当由其审理的第一审民事案件。

【案例】

被告人俞某,女,36岁。某夜,被告人俞某得知其丈夫与被害人汪某在某宾馆开房间同居,便将一把尖刀藏在随身带的皮包内,乘出租车赶往某宾馆。到达宾馆后,被告人俞某与被害人汪某发生了激烈的争吵导致扭打。扭打中,被告人俞某从皮包内取出尖刀,向被害人乱刺,导致被害人因心脏破裂而于第二天凌晨死亡。后被人民检察院提起公诉。

【分析】

本案虽然是一起普通的刑事案件,但因被告人可能被判处无期徒刑或死刑,因此,本案应由中级人民法院管辖。

(2) 地域管辖

地域管辖是同级人民法院在审判第一审案件上的权限划分。它属于人民法院系统内的横向分工。地域管辖与级别管辖相结合，才能最终确定某一具体案件应由哪一个法院进行一审审判。

① 刑事诉讼中的地域管辖。确定刑事案件地域管辖的原则有二：第一，以犯罪地人民法院管辖为主、被告人居住地人民法院管辖为辅。这意味着确定地域管辖时最先考虑的是犯罪地人民法院，但在实践中经常有一个犯罪涉及好几个地方的情形（如流窜作案），同时有几个人民法院有权管辖，遇此情形则依据第二个原则确定管辖，即以最初受理的人民法院管辖为主、主要犯罪地人民法院管辖为辅的原则。

② 民事诉讼和行政诉讼中的地域管辖。民事诉讼和行政诉讼中的地域管辖，分为一般地域管辖和特殊地域管辖。

第一，一般地域管辖。一般地域管辖遵循"原告就被告"原则，即由被告住所地法院管辖为原则。这样既便于被告应诉，也有利于法院采取执行措施和财产保全措施等。原告住所地法院管辖是一般地域管辖的例外，主要适用于民事诉讼中被告离开自己住所地或其人身自由受限制的情形，包括对不在我国境内居住的人或下落不明、宣告失踪的人提起的有关身份关系的诉讼，以及对被劳动教养、被监禁的人提起的诉讼，此外还包括在追索赡养费案件中，几个被告住所地不在同一辖区内的情形。

第二，特殊地域管辖。特殊地域管辖相对一般地域管辖而言，是针对特别案件由法律直接规定的管辖，优先于一般地域管辖。如因合同纠纷提起的民事诉讼，由被告住所地或者合同履行地人民法院管辖。行政诉讼中的特殊地域管辖有两种形式：一是对限制人身自由的行政强制措施不服的诉讼，由被告所在地或者原告所在地法院管辖；二是因不动产提起行政诉讼的，由不动产所在地法院管辖。

【案例】
　　美国公民梁某娶北京市东城区吴某为妻，婚后双方居住于西城区，在海淀区办了独资的电脑公司。梁某生性霸道，常在家对其妻吴某施虐。请问：(1)现吴某决定向法院起诉梁某的虐待罪，她应向哪个法院起诉？理由是什么？(2)如果吴某决定向法院起诉离婚，她应向哪个法院起诉？理由是什么？

【分析】
　　(1)应向北京市中级人民法院起诉。根据刑诉法的规定，外国人犯罪的案件，由中级人民法院管辖。
　　(2)应向西城区人民法院起诉。离婚属于民事诉讼。根据民事诉讼一般地域管辖原则：原告就被告，即由被告住所地法院管辖。

(3) 指定管辖和移送管辖

① 指定管辖。指定管辖，是指上级人民法院以裁定的形式，指定某一下级人民法院对案件进行管辖。发生指定管辖一般是因为：第一，有管辖权的人民法院由于特殊原因不能行使管辖权。如因自然灾害、战争等不可抗拒的客观事实，或受诉法院全体审判人员应回避而致其无法实际行使管辖权。第二，有管辖权的几个同级法院对管辖权起争议，或互相推诿或互相争夺管辖权。此时，争议法院首先应彼此协商，协商解决不成，则报请共同的上级法院。例如，跨省的两个

法院发生管辖权争议且协商不成,则各自上报所在省高级法院,由省高级法院上报最高人民法院予以指定。

② 移送管辖。移送管辖,是指受理案件后发现对该案无管辖权的人民法院,将之移送给有管辖权的法院的一种管辖形式。受理是移送的前提,如果尚未受理,在审查起诉时即发现不属本院管辖的,人民法院应不予受理,并告知原告向有管辖权的法院起诉。未受理则不发生移送的问题。移送在程序法上的效力是,受移送的法院不得拒收、退回或再行移送。假使受移送法院认为本院也没有管辖权的,这就属于前述管辖权争议的一种情形,应报请与移送法院共同的上一级法院决定管辖权归属。

(4) 专门管辖

专门管辖,是指法院规定特定案件由专门人民法院管辖的制度。我国专门人民法院有海事法院、铁路运输法院、军事法院、森林法院等,所管辖的主要涉及某些专门业务的案件。其中有刑事管辖权的是军事法院和铁路运输法院。

2. 职能管辖

职能管辖,是指公安机关、人民检察院和人民法院在直接受理刑事案件范围上的分工,是我国刑事诉讼特有的管辖。它所解决的是公、检、法三部门各自受案范围的问题,故又称立案管辖、部门管辖。

(1) 公安机关受理的案件。刑事案件的侦查由公安机关进行,法律另有规定的除外。国家安全机关依照法律规定,办理危害国家安全的刑事案件,行使与公安机关相同的职权。

(2) 检察院受理的案件。贪污贿赂犯罪,国家工作人员的渎职犯罪,国家机关工作人员利用职权实施的非法拘禁、刑讯逼供、报复陷害、非法搜查的侵犯公民人身权利的犯罪以及侵犯公民民主权利的犯罪,由人民检察院立案侦查。对于国家机关工作人员利用职权实施的其他重大的犯罪案件,需要由人民检察院直接受理的时候,经省级以上人民检察院决定,可以由人民检察院立案侦查。

(3) 人民法院直接受理的案件。自诉案件,由人民法院直接受理。自诉案件包括告诉才处理的案件;被害人有证据证明的轻微刑事案件以及被害人有证据证明被告人侵犯其人身、财产权利的行为应当依法追究刑事责任,而公安机关或人民检察院不予追究被告人刑事责任的案件。

【案例】

李某,男,33岁,某国家机关工作人员。李某因住在其楼上的邻居曹某装修房屋,影响了其休息,曾两次上楼要求曹某在休息时间不要施工,但曹某不听,仍然在晚上施工。李某再次上楼劝阻无效遂发生争执,争执中,李某捡起一块石头将曹某打成重伤。

【分析】

本案中虽然李某是国家工作人员,但这个案件仅仅是一起因邻里纠纷引发的普通刑事案件,不应由人民检察院立案侦查,应由公安机关立案侦查。

(二) 公开审判制度

1. 公开审判的含义

公开审判制度,是指人民法院的审判活动依法向社会公开的制度。公开审判是保障审判民主性和公正性的重要措施,有利于增强审判人员依法判案的责任心,维护诉讼参与人的合法权益,还能起到法制宣传的作用。

2. 公开审判的内容

(1)人民法院在开庭前公告当事人姓名、案由、开庭时间、地点;(2)除法律规定不公开审理的案件外,审判过程公开,允许公民到庭旁听,允许新闻记者采访和报道;(3)判决必须公开宣告。

3. 公开审判的例外

当然,公开是有限度的。根据法律规定,涉及个人隐私、国家秘密、商业秘密以及未成年人犯罪的案件,审理是不公开的。

(三)合议制度

合议制度,是指由三名以上审判人员或审判员、人民陪审员组成合议庭,对案件进行审理并作出裁判的制度。合议制有利于集思广益,避免审判人员的个人局限性和片面性,从而保证办案质量。根据我国诉讼法的规定,除适用简易程序的民、刑事案件外,一律组成合议庭审理。合议庭的组成人数为单数,评议案件实行少数服从多数的原则。

(四)回避制度

1. 回避制度的含义

回避制度,是指承办案件的有关人员因与案件、案件的当事人有利害关系或者其他可能影响案件公正处理的关系,不得参与办理该案的诉讼活动的制度。回避制度的建立,旨在防止办案人员因同案件或案件的当事人之间的某种关系,而先入为主或者徇私舞弊。符合法定情形应当回避的人员包括:侦查人员、检察人员、审判人员、书记员、翻译人员和鉴定人。

2. 回避的事由

承办案件的有关人员具有下列情形之一的,应当回避:是本案的当事人或者是当事人的近亲属;本人或其近亲属与本案有利害关系;与本案当事人有其他关系,可能影响公正审理案件的。

3. 回避的程序

回避可以由应当回避的人员主动提出(自行回避),也可以由当事人及其法定代理人在诉讼的各阶段提出(申请回避),还可以由有决定权的办案机关负责人或组织指令有关人员回避(指令回避)。

审判人员、检察人员、侦查人员的回避,分别由法院院长、检察长和公安机关负责人决定;法院院长的回避,由本院审判委员会决定;检察长和公安机关负责人的回避,由同级人民检察院检察委员会决定。

回避决定一经作出即行生效。刑事诉讼中,当事人及其法定代理人对驳回回避申请的决定不服时,可以申请复议一次。对侦查人员的回避作出决定前,侦查人员不能停止对案件的侦查,以保持侦查工作的连续性、及时性。

(五)两审终审制

两审终审制,是指一个案件经两级人民法院审判即告终结的一种审级制度。具体地说,就是当事人对一审判决、裁定不服的,有权在法定期限内向上一级人民法院提起上诉,人民检察院认为刑事案件一审裁判确有错误时,也可以在法定期限内提出抗诉。上一级人民法院按照二审程序审理后作出的判决、裁定,为终审判决、裁定。我国原则上实行两审终审制,但须注意以下两点:(1)最高人民法院是全国最高审判机关,其特殊地位决定了它的一审判决、裁定就是终局性的,不存在上诉或抗诉的问题;(2)刑事诉讼中判处死刑的案件,即使经过二审也还未生效,还必须经死刑复核程序,经该程序核准后的死刑判决才能最终生效。

(六)举证责任

1. 举证责任的含义

举证责任是法律假定的一种后果,即当事人对自己的诉讼主张,有提供证据加以证明的责任,否则将承担败诉的法律后果。

举证责任包含两层意思:一是当事人对主张的事实,负有提出证据予以证明的义务,对方当事人不负举证责任;二是如果双方当事人都提不出足够证据,则负举证责任的一方败诉。所以,举证责任是一种风险义务,与诉讼后果密切相关。

2. 刑事诉讼的举证责任分配

公诉案件的公诉人负有举证责任。公诉人应当向合议庭提出证据,证明起诉书对被告人所控诉的犯罪事实。如果公诉人不举证,或者虽然举证但达不到法律所要求的"确实、充分"的程度,法庭应对被告人作出无罪判决。

自诉案件的自诉人负有举证责任。自诉人向人民法院提出控诉时,必须提供证据;人民法院认为缺乏罪证,而自诉人又提不出补充证据时,法院应当说服自诉人撤回自诉或者裁定驳回。犯罪嫌疑人、被告人不负举证责任。[①]

3. 民事诉讼的举证责任分配

《民事诉讼法》第64条第1款规定:"当事人对自己提出的主张,有责任提供证据。"该条规定设定了民事诉讼举证责任分担的一般原则,即:第一,当事人双方都应负担举证责任;第二,"谁主张事实,谁举证。"在民事诉讼中,举证责任是可以转换的,既可能从原告转移到被告,也可能从被告转移到原告。

4. 行政诉讼的举证责任分配

行政诉讼由被告即行政主体(主要是行政机关)负举证责任。当被告不能证明具体行政行为合法而法院又无法查明案件事实真相时,由被告承担败诉后果;原告不因举不出证据来证明具体行政行为的违法性而败诉。但有关程序上的事实或有关民事上的事实,仍应遵循"谁主张、谁举证"的原则。

三、民事诉讼法律制度

(一)民事诉讼法的概念

民事诉讼是指人民法院在当事人和其他诉讼参与人的参加下,审理和解决民事案件的活动。民事诉讼法是调整人民法院、当事人及其他诉讼参与人在民事诉讼中的权利义务关系的法律规范的总称。广义的民事诉讼法包括诉讼程序和执行程序两大部分;狭义的民事诉讼法只包括诉讼程序部分。

(二)民事诉讼当事人

1. 当事人的概念和特征

民事诉讼当事人,是指以自己的名义进行诉讼,并受人民法院裁判拘束的利害关系人。当事人是民事诉讼的重要主体,没有当事人就没有民事诉讼。

[①] 这里有两个例外:巨额财产来源不明案和自诉案件的被告人提起反诉。巨额财产来源不明案中,国家工作人员的财产和支出明显超过合法收入,差额巨大的,犯罪嫌疑人必须举证差额部分的来源合法,否则以非法所得论。自诉案件的被告人提起反诉,他在反诉中即成为自诉人,因此对反诉的主张和事实负有举证责任。

民事诉讼的当事人具有以下特征：(1)以自己的名义进行诉讼；(2)与案件有直接利害关系；(3)受人民法院裁判的拘束。

狭义的当事人，指原告和被告。广义的当事人还包括共同诉讼人、诉讼代表人和第三人。当事人的称谓因诉讼阶段不同而有所变化，如一审程序中，称为原告和被告；二审称为上诉人和被上诉人；执行程序中称为申请执行人和被申请执行人。

【图例】

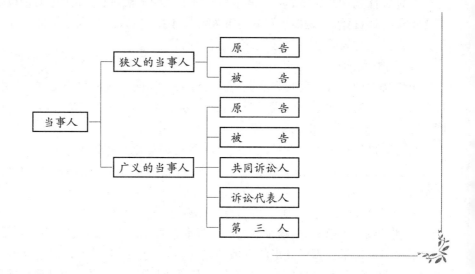

2. 共同诉讼人

当事人一方或双方为两人以上的诉讼，就是共同诉讼。其中原告为两人以上的，称为共同原告；被告为两人以上的，称为共同被告。共同原告和共同被告统称为共同诉讼人。

3. 诉讼代表人

代表人诉讼，又称群体诉讼，是指当事人一方人数众多，由其中一人或者数人作为代表人进行的诉讼。这一人或数人就是诉讼代表人。诉讼代表人应由全体共同诉讼人推选产生，并以书面形式向受诉人民法院说明。

代表人获得诉讼代表权后，就可以代表其他共同诉讼人起诉或应诉，其诉讼行为对其所代表的当事人发生效力。但是对涉及实体权利和一些重要的诉讼权利的处分权，如撤诉、和解、变更或放弃诉讼请求、承认对方诉讼请求等，法律对代表人的权限是有所限制的，代表人必须征得被代表的当事人同意，否则不对其他当事人发生效力。

4. 第三人

民事诉讼的第三人，是指对原告和被告所争议的诉讼标的有独立请求权，或者虽无独立请求权、但案件处理结果与其有法律上的利害关系，从而参加到诉讼中来的人。第三人可以是自然人也可以是法人或其他组织；可以是一人也可以是多人。

【案例】

甲村村民赵某在自家的菜地里发现他人走失的一头牛正在吃菜，便将该牛牵回家。几天后，赵某看看没有人前来认领，便将该牛以1 000元的价格卖给同村村民丁某，双方约定10天后付款。后丁某从其他村民处听说该牛是赵某捡来的，在向赵某支付了400元后不再愿意支付余款。赵某多次催讨，丁某仍拒绝支付余款。于是赵某向人民法院起诉。

在法院审理期间,走失该牛的乙村村民吴某听说后,来到法院,要求参加到赵某、丁某提起的诉讼中来。人民法院查明事实后,作出判决,判令赵某、丁某将该牛归还给吴某。请问:在民事诉讼中,哪些人为当事人?本案中的赵某、丁某、吴某各处于怎样的地位?

【分析】

在民事诉讼中当事人包括原告、被告、共同诉讼人和第三人。原告,是指为了保护自己的合法权益或受其管理的他人的合法权益而以自己的名义向人民法院提起诉讼,引发诉讼程序开始的人。被告,是指被原告起诉侵犯其合法权益或与其合法权益发生争议从而被人民法院通知应诉的人。共同诉讼人,是指当事人一方或双方为二人以上,共同起诉或共同应诉的人。第三人,是指对他人之间的案件标的有独立的请求权或虽无独立的请求权但与案件的处理结果有法律上的利害关系而请求参加或被人民法院通知参加诉讼的人。

本案中,赵某位原告、丁某为被告,吴某为有独立请求权的第三人。

(三)财产保全和先予执行

1. 财产保全

财产保全,是指人民法院根据利害关系人或当事人的申请或者依职权,对争议标的物或者当事人的其他财产采取保护性措施,以使利害关系人或当事人的合法权益免受损害,或者使将来的生效判决能顺利执行的制度。财产保全往往因一方当事人欲将有关的财产转移、隐匿、毁灭而发生,其意义在于保护利害关系人或当事人的合法权益,维护法院判决的权威性。

(1)财产保全的种类

① 诉前财产保全,是指利害关系人因情况紧急,不立即申请财产保全将令其合法权益遭受难以弥补的损害,法院根据其在起诉前提出的申请对有关财产采取保护措施。

② 诉讼中的财产保全,是指人民法院受理案件后,对于可能因当事人一方的行为或者其他原因造成判决不能执行或难以执行的情况,根据对方当事人申请或者依职权,对有关财产采取保护措施。

(2)财产保全的范围

根据民事诉讼法的规定,财产保全限于请求的范围或者与本案有关的财物。也就是说,人民法院依当事人申请或者依职权主动采取保全措施,被保全财物的价额应当限定在诉讼请求的范围之内,不应超出请求标的物的价额;被保全的应是争议法律关系所及的财产。

2. 先予执行

先予执行,是指人民法院在诉讼过程中,为解决原告在生活和生产经营上的紧迫需要,裁定被告预先给付原告一定数额的金钱或其他财物的制度。

(1)先予执行的条件。人民法院裁定先予执行,必须具备三个条件:① 当事人之间权利义务关系明确。② 有先予执行之必要。③ 被申请人有履行能力。

(2)适用先予执行的案件。根据《民事诉讼法》第106条,可以裁定先予执行的案件有:① 追索赡养费、扶养费、抚育费、抚恤金、医疗费用的;② 追索劳动报酬的;③ 因情况紧急需要先予执行的。

(四)第一审程序

我国民事诉讼实行两审终审制,审理第一审民事案件的程序称为第一审程序,它包括普通程序和简易程序。普通程序是审理一审民事案件通常所适用的程序,而简易程序则是普通程序的简化。除法律另有规定外,第一审民事案件都应当按照普通程序进行。

1. 普通程序

(1) 起诉与受理

起诉,是指当事人依法向人民法院提出请求的诉讼行为。主动提出请求的一方称为原告,被其控告的相对方称为被告。原告起诉,人民法院受理,民事诉讼程序即开始。起诉必须具备一定的实质要件和形式要件。其实质要件为:① 原告是与本案有直接利害关系的公民、法人和其他组织;② 有明确的被告;③ 有具体的诉讼请求和事实、理由;④ 属于人民法院受理民事诉讼的范围和受诉人民法院管辖。其形式要件,原则上要求书面形式。当事人向法院递交起诉状,并按照被告的人数提交副本。只有在书写起诉状确有困难的情况下,允许以口头方式起诉。

人民法院在收到起诉状或口头起诉后进行审查,符合法定受理条件的,应当在7日内立案并通知当事人;不符合的,裁定不予受理。当事人对该裁定不服的,有权提起上诉。

(2) 审理前的准备

人民法院受理案件后,还不能立即开庭审理,审判人员须为开庭审理作一些准备工作,包括:① 在法定期限内向当事人送达诉讼文书。向原告送达案件受理通知书;在立案之日起5日内,向被告送达起诉状副本和应诉通知书。② 告知当事人有关的诉讼权利和义务以及合议庭组成人员。③ 审查有关的诉讼材料,了解当事人的争议焦点。④ 调查收集应当由人民法院调查收集的证据。

(3) 开庭审理

开庭审理是整个民事诉讼程序的核心阶段,也是人民法院审理案件的中心环节。除法律另有规定外,庭审一律公开并按照以下的阶段依次进行。

【图例】

① 庭审准备。人民法院审理民事案件,应当在开庭3日前通知当事人和其他诉讼参与人,公告当事人姓名、案由和开庭时间、地点。公告一般张贴于法院门前公告栏内。开庭前,书记员应当查明当事人和其他诉讼参与人是否到庭,宣布法庭纪律。然后由审判长宣布开庭,核对当事人,宣布案由、审判人员和书记员名单,告知当事人有关的诉讼权利义务,询问当事人是否申请回避。

② 法庭调查。法庭调查是开庭审理的中心环节,它的目的和任务是听取当事人陈述,查验、核实各种与案件有关的证据。

③ 法庭辩论。法庭辩论是各方当事人在审判长主持下,就案件事实和适用法律阐明本方见解,针对对方观点展开辩论。辩论终结后,审判长按照原告、被告、第三人的顺序征询各方的最后意见。在各方都同意的前提下,可以进行调解;调解不成,及时作出判决。

④ 评议和宣判。法庭辩论终结后,合议庭全体成员退庭,对案件的处理按照少数服从多数的原则进行评议,制作为笔录并签名。合议庭评议后,应公开宣告判决。当庭宣判的,应在宣判后10内向当事人发送判决书;定期宣判的,宣告后即应发送判决书。宣判时,应告知当事人有上诉的权利、上诉期限及上诉法院。

(4) 庭审中的几种特殊情况

① 撤诉。撤诉,是原告以作为或不作为的方式,在诉讼程序开始后、判决前,向法院提出撤回诉讼请求。原告可以申请撤诉。如果不申请,但有下列情形之一的,人民法院裁定按撤诉处理:原告经传票传唤,无正当理由拒不到庭;原告经传票传唤,虽已到庭,但未经法庭许可而中途退庭;原告应当预交案件受理费而逾期未预交,又不提出缓交申请。撤诉产生结束诉讼程序、诉讼时效重新起算的法律后果。撤诉后,原告的实体权利并未消灭,撤回起诉推定为未起诉,原告可就同一诉讼标的,以同一事实和理由,针对同一被告再次提起诉讼,对此法院应予受理。

② 缺席判决。缺席判决,是指人民法院在一方或部分当事人不在场情况下依法作出的判决。适用缺席判决的情况有以下几种:原告或有独立请求权的第三人申请撤诉未获准,经传唤拒不到庭的;被告经传票传唤,无正当理由拒不到庭或中途退庭的;无独立请求权的第三人经传票传唤,无正当理由拒不到庭或中途退庭的。

③ 延期审理。延期审理,是指因某种特殊情况致使无法如期开庭审理,而推迟审理的制度。对于以下四种情况,人民法院可以决定延期审理:必须到庭的当事人和其他诉讼参与人有正当理由没有到庭的;当事人临时提出回避申请的;需要通知新的证人到庭,调取新的证据,重新鉴定、勘验或者需要补充调查的;其他应当延期的情形。

④ 诉讼中止。诉讼中止,是指在民事诉讼进行过程当中,因法定原因,人民法院暂时停止诉讼程序的制度。中止诉讼的原因消除后,诉讼程序继续进行。有下列情形之一的,可导致诉讼中止:一方当事人死亡,需要等待继承人表明是否参加诉讼的;一方当事人丧失诉讼行为能力,尚未确定法定代理人的;作为一方当事人的法人或者其他组织终止,尚未确定权利义务承受人的;一方当事人因不可抗拒的事由,不能参加诉讼的;本案必须以另一案的审理结果为依据,而另一案尚未审结的;其他应当中止诉讼的情形。

⑤ 诉讼终结。诉讼终结,是指因在诉讼过程中发生特殊情况,致使诉讼不可能继续进行或者继续进行没有意义,由人民法院裁定结束诉讼的制度。有下列情形之一的,可导致诉讼终结:原告死亡,没有继承人,或者继承人放弃诉讼权利的;被告死亡,没有遗产,也没有应当承担义务的人的;离婚案件一方当事人死亡的;追索赡养费、抚养费、抚育费以及解除收养关系案件的一方当事人死亡的。

2. 简易程序

简易程序,是基层人民法院及其派出法庭审理简单民事案件所适用的诉讼程序。对一些难度不大、争议不大的案件,适用简易程序能够迅速解决当事人之间的纷争,提高人民法院的办案效率。

适用简易程序审理民事案件的,仅限于基层人民法院和它的派出法庭。能够适用简易程序的民事案件,仅限于事实清楚、权利义务关系明确、争议不大的简单民事案件。

"简易"主要表现为以下几个方面:(1)原告可以口头起诉,或者双方当事人直接到基层法院或其派出法庭,请求解决纠纷;(2)由审判员一人独任审理;(3)可以用简便的方式随时传唤当事人和证人;(4)庭审阶段不明确划分,由审判员灵活掌握;(5)审理期限短,应当在立案之日起3个月内审结。

(五) 第二审程序

第二审程序,是上一级人民法院对当事人不服一审裁判提出的上诉案件进行重新审理的程序。又称为上诉审程序和终审程序。

1. 上诉的提起

上诉是当事人的一项重要诉讼权利。提起上诉,必须符合法定条件,否则不能引起第二审程序的发生。具体内容是:(1)有法定的上诉人和被上诉人。可以提起上诉的人,为第一审程序的原告、被告、有独立请求权的第三人。被上诉人,是第一审程序中的对方当事人。(2)有法定上诉对象。法定的上诉对象,是指依法可以上诉的判决和裁定。可以上诉的判决为:第一审判决和二审人民法院发回重审后所作判决。可以上诉的裁定为:不予受理的裁定、管辖异议裁定、驳回起诉的裁定。(3)法定上诉期限。上诉必须在法定期限内提出。对一审判决不服的,在判决书送达之日起15日内上诉;对裁定不服的,在裁定书送达之日起10日内上诉。(4)必须提交上诉状。当事人提起上诉,应当提交上诉状,不允许口头形式的上诉。

2. 上诉案件的审理

(1)上诉案件的审理范围。第二审人民法院对上诉请求的有关事实和适用法律进行审查。这就是说,我国民事诉讼的第二审既是事实审又是法律审;二审审理的事实和法律限定在上诉人的上诉请求范围之内。

(2)上诉案件的审理程序。第二审法院审理上诉案件,应当由审判员组成合议庭,不能由审判员一人独任审。合议庭审理有两种方式:其一是开庭审理,即传唤双方当事人和其他诉讼参与人到庭,进行法庭调查、辩论,在此基础上评议并宣判;其二是不开庭审理,二审法院在经过调查、询问当事人,对事实核对清楚以后,认为不需要开庭审理的,可以径行判决。

根据民事诉讼法规定,二审法院审理上诉案件,也可以进行调解。双方在二审程序中调解达成协议的,该调解协议与终审判决具有同等的法律效力,第一审法院作出的判决、裁定即视为撤销。

(六)审判监督程序

审判监督程序,又称为再审程序,是指发现已经生效的判决、裁定或调解协议确有错误,依法提起再审适用的程序。审判监督程序不是民事诉讼的第三审程序,而是纠正人民法院所作生效裁判错误的一种补救性的独立审判程序。

(七)执行程序

执行程序,是指人民法院的执行组织对不履行已发生法律效力的法律文书的当事人,依法强制其履行义务的程序。

1. 执行组织

人民法院根据需要,依据有关法律的规定,设立执行机构,专门负责执行工作。可见执行组织是法院的重要组成部分,代表国家行使执行权,而不是由审判组织代行执行权。

2. 执行根据

执行根据,即人民法院执行机构据以执行的各种生效法律文书,包括:具有给付内容的各种生效民事判决、裁定、支付令、调解书(或调解协议)、刑事判决和裁定的财产部分、仲裁裁决书等。

3. 执行措施

执行措施是人民法院行使国家执行权时所必须采取具有强制力的各种手段和方法。执行措施大致有6种:冻结、划拨、扣留和提取被执行人的存款或收入;查封、扣押、冻结、变卖、拍卖被执行人的财产;搜查;强制交付法律文书指定的财产或票证;强制被执行人迁出房屋或退出土地;强制完成法律文书指定的行为。

4. 执行程序

同时具备下列条件,人民法院就可依当事人申请而开始强制执行程序:(1)作为执行根据的法律文书已经生效；(2) 生效文书中具有给付内容；(3) 申请执行人是生效法律文书确定的权利人；(4) 执行标的和被执行人明确，且被执行人履行义务期限已满并拒绝履行或规避履行；(5) 未超过执行时效：双方当事人为公民的，执行时效为 1 年；一方是公民，一方是法人，执行时效也为 1 年；双方都是法人，执行时效为 6 个月；(6) 执行案件属于受申请的人民法院管辖。

关于执行程序，须明确的是：它不是审判程序后的必经程序，当事人正常履行了生效法律文书，就不会"启动"执行程序；另一方面，执行程序也不绝对地依赖审判程序而存在，因为其执行的依据有多种，如仲裁机构制作的仲裁裁决书等。

四、刑事诉讼法律制度

（一）刑事诉讼法的概念

刑事诉讼是指国家专门机关在当事人和其他诉讼参与人的参加下，依照法定程序，查证、核实犯罪、惩罚犯罪的活动。

刑事诉讼法是指由国家立法机关制定的关于国家专门机关与诉讼参与人进行刑事诉讼活动的法律规范的总称。刑事诉讼法有广义和狭义之分。广义的刑事诉讼法是指国家制定和认可的涉及刑事诉讼程序的全部法律规范。狭义的刑事诉讼法专指刑事诉讼法典，在我国是指《中华人民共和国刑事诉讼法》，该法于 1979 年 7 月 1 日第五届全国人民代表大会第二次会议通过，根据 1996 年 3 月 17 日第八届全国人民代表大会第四次会议《关于修改〈中华人民共和国刑事诉讼法〉的决定》第一次修订，根据 2012 年 3 月 14 日第十一届全国人民代表大会第五次会议《关于修改〈中华人民共和国刑事诉讼法〉的决定》第二次修订。

（二）刑事诉讼中的强制措施

刑事强制措施是国家为了保障侦查、起诉、审判活动的顺利进行，而授权刑事司法机关对犯罪嫌疑人、被告人采取的限制其一定程度人身自由的方法。根据刑事诉讼法的规定，强制措施有拘传、取保候审、监视居住、拘留、逮捕五种。

(1) 拘传。拘传，是司法机关对未被逮捕、拘留的犯罪嫌疑人、被告人，依法强制其到案接受讯问的一种强制方法，是强制措施中最轻的一种。

(2) 取保候审。取保候审，是指公检法机关依法责令犯罪嫌疑人、被告人提供保证人或者缴纳保证金并出具保证书，保证不逃避或妨碍侦查、起诉、审判，并随传随到的一种强制措施。取保候审最长不得超过 12 个月。

(3) 监视居住。监视居住，是指公检法机关为了防止犯罪嫌疑人、被告人逃避侦查、起诉和审判，限定其活动区域和住所，限制其行动自由的一种强制方法。监视居住的最长期限不得超过 6 个月。

(4) 拘留。拘留，是指公安机关对于现行犯或重大嫌疑分子，在法定的紧急情况下，依法采取的临时剥夺其人身自由的一种强制措施。一般案件的拘留期限最长不得超过 14 日；对于流窜作案、多次作案、结伙作案的重大嫌疑分子的拘留期限最长不得超过 37 日。

(5) 逮捕。逮捕，是指人民法院、人民检察院和公安机关，为防止犯罪嫌疑人、被告人逃避或妨碍侦查、起诉和审判进行，防止其继续发生社会危险性，依法采取的暂时剥夺其人身自由，予以羁押的强制措施。逮捕犯罪嫌疑人、被告人，必须经过人民检察院批准或人民法院决定，由公安机关执行。

（三）立案、侦查与起诉

1. 立案

立案，是指公安机关、人民检察院对于报案、控告、举报和自首的材料，以及人民法院对自诉人起诉的材料进行审查后,认为有犯罪事实,需要追究刑事责任决定作为刑事案件进行侦查或者审判的一种诉讼活动。

2. 侦查

侦查是指公安机关、人民检察院在办理案件过程中,依照法律进行的专门调查工作和有关的强制性措施。侦查的具体措施包括:讯问犯罪嫌疑人;讯问证人;勘验、检查、搜查;扣押书证、物证;鉴定;通缉。

公安机关侦查终结后,认为应当追究刑事责任的应作出移送起诉的决定;反之应作出撤销案件的决定。检察机关侦查终结后,认为应当追究刑事责任的应当作出起诉决定;反之则作出不起诉决定。

3. 起诉

起诉,是指请求人民法院对被告人进行审判的活动。起诉分为公诉和自诉两种。公诉就是人民检察院代表国家依法向人民法院提起诉讼,要求追究被告人刑事责任的诉讼活动;自诉就是被害人本人或法定代理人、近亲属依法向人民法院提起诉讼,要求追究被告人刑事责任的诉讼活动。

人民检察院对于侦查终结移送审查起诉的案件,经审查认为不应或不必对犯罪嫌疑人定罪的,可以不起诉。我国的不起诉分为三种:法定不起诉、酌定不起诉、疑案不起诉。

(1) 法定不起诉,即依法不追究刑事责任的不起诉。其条件只需符合下列情形之一:① 犯罪嫌疑人的行为不构成犯罪或者证据足以证实犯罪不是犯罪嫌疑人所为的;② 情节显著轻微、危害不大,不认为是犯罪的;③ 犯罪已过追诉时效期限的;④ 经特赦令免除刑罚的;⑤ 依照刑法告诉才处理,没有告诉或者撤回告诉的;⑥ 犯罪嫌疑人死亡的;⑦ 其他法律规定免予追究刑事责任的。

(2) 酌定不起诉,即犯罪情节轻微,依法不需要判处刑罚或者免除刑罚的,人民检察院可以作出不起诉决定。

(3) 疑案不起诉,即证据不足的不起诉。其条件是:对于补充侦查的案件,人民检察院仍然认为证据不足,不符合起诉条件的,可以作出不起诉的决定。这是无罪推定原则的具体体现。

(四) 第一审程序

第一审程序,是指人民法院对人民检察院提起公诉或自诉人自诉的刑事案件,进行初次审判的程序。

1. 公诉案件的第一审程序

公诉案件的一审程序包括审判前的审查、庭前准备、开庭、法庭调查、法庭辩论、被告人最后陈述、法庭评议和宣判等阶段。人民法院审理公诉案件,一般情况下,应该在受理后一个月内宣判,最迟不超过一个半月。遇有《刑事诉讼法》第126条规定的情形之一的,经省、自治区、直辖市高级人民法院批准或决定,可以再延长1个月。

2. 自诉案件的第一审程序

自诉案件,是指被害人或其法定代理人向人民法院起诉,要求追究被告人刑事责任,由人民法院直接受理的刑事案件。

自诉案件的特点是先起诉,后立案。人民法院对刑事自诉状或自诉人的口头控告进行审查后,对犯罪事实清楚,有足够证据的案件,应当开庭审判;对缺乏罪证的自诉案件,如果自诉人提不出补充证据,应当说服自诉人撤回自诉,或者裁定驳回。

3. 简易程序

人民法院对于下列案件,可以适用简易程序,由审判员一人独任审判:对依法可能判处三年以下有期徒刑、拘役、管制、单处罚金的公诉案件,事实清楚、证据充分,人民检察院建议或者同意适用简易程序的;告诉才处理的案件;被害人起诉的有证据证明的轻微刑事案件。适用简易程序审理的案件,人民法院应当在受理后 20 日以内审结。

（五）第二审程序

第二审程序,又称为上诉审程序,是指上一级人民法院根据当事人的上诉或人民检察院的抗诉,对第一审人民法院尚未发生法律效力的判决或裁定进行审判应遵循的步骤、方式和方法。

1. 上诉

上诉是指法定的诉讼参与人不服地方各级人民法院第一审的判决或裁定,依照法定程序要求上级人民法院重新审判的诉讼行为。

2. 抗诉

抗诉是指人民检察院认为或发现一审判决和裁定确有错误,提请人民法院重新审判并予以纠正的审判监督行为。有权提起抗诉的机关是地方各级人民检察院。

不服判决的上诉和抗诉的期限为 10 日,不服裁定的上诉和抗诉的期限为 5 日,从接到判决书或裁定书的第二天起算。

3. 上诉不加刑原则

上诉不加刑原则是指第二审人民法院审理只有被告人一方提出上诉的案件,不得以任何理由加重被告人刑罚的审判原则。但是,在人民检察院提出抗诉或自诉人提出上诉的案件中,第二审人民法院就不受上诉不加刑原则的限制。

4. 二审的处理结果

第二审人民法院对案件审理后应当按照下列情形分别处理：原判决认定事实和适用法律正确、量刑适当的,应当裁定驳回上诉或者抗诉,维持原判;原判决认定事实没有错误,但适用法律有错误,或者量刑不当的,应当改判;原判决事实不清楚或者证据不足的,可以在查清事实后改判;也可以裁定撤销原判,发回原审人民法院重新审判。

（六）死刑复核程序

死刑复核程序是指人民法院对判处死刑的案件进行审查核准的程序。《刑事诉讼法》规定,死刑由最高人民法院核准。中级人民法院判处死刑的第一审案件,被告人不上诉的,应当由高级人民法院复核后,报请最高人民法院核准。高级人民法院不同意判处死刑的,可以提审或者发回重新审判。高级人民法院判处死刑的第一审案件被告人不上诉的,和判处死刑的第二审案件,都应当报请最高人民法院核准。中级人民法院判处死刑缓期二年执行的案件,由高级人民法院核准。

（七）审判监督程序

审判监督程序是指人民法院和人民检察院对于已经发生法律效力的判决和裁定,如果发现在认定事实上或适用法律上确有错误,依法提出并由人民法院重新审判的程序。

（八）执行

刑事诉讼中的执行,是指人民法院将已经发生法律效力的判决和裁定,交付给执行机关加以实现的诉讼活动。

五、行政诉讼法律制度

（一）行政诉讼法的概念

行政诉讼是指公民、法人或其他组织认为具体行政行为侵犯了其合法权益,依法向人民法院起诉,人民法院通过法定程序审查具体行政行为的合法性,从而解决一定范围的行政争议的活动。

行政诉讼法是规范行政诉讼活动的法律规范的总称。[①] 关于行政诉讼法,可以有狭义和广义两种理解。狭义的行政诉讼法也称形式意义的行政诉讼法,特指国家专门制定的具有完整法典形式的行政诉讼法。狭义的行政诉讼法在范围上仅指我国1989年4月4日由第七届全国人民代表大会第二次会议通过的《行政诉讼法》(该法于2014年11月1日由十二届全国人大常委会第十一次会议表决通过关于修改决定),它完整系统地规定了我国行政诉讼各方面的基本问题,是我国专门形式意义的行政诉讼法典。广义的行政诉讼法也称实质意义的行政诉讼法,指不论何种形式的、一切在内容上属于规定行政诉讼问题的各种法律规范。

(二) 行政诉讼的受案范围

行政诉讼的受案范围是指人民法院受理行政案件的范围。它是解决人民法院和其他国家机关之间处理行政案件的分工和权限。

1. 人民法院受理的行政案件

人民法院受理公民、法人或者其他组织提起的下列诉讼:

(1) 对行政拘留、暂扣或者吊销许可证和执照、责令停产停业、没收违法所得、没收非法财物、罚款、警告等行政处罚不服的;

(2) 对限制人身自由或者对财产的查封、扣押、冻结等行政强制措施和行政强制执行不服的;

(3) 申请行政许可,行政机关拒绝或者在法定期限内不予答复,或者对行政机关作出的有关行政许可的其他决定不服的;

(4) 对行政机关作出的关于确认土地、矿藏、水流、森林、山岭、草原、荒地、滩涂、海域等自然资源的所有权或者使用权的决定不服的;

(5) 对征收、征用决定及其补偿决定不服的;

(6) 申请行政机关履行保护人身权、财产权等合法权益的法定职责,行政机关拒绝履行或者不予答复的;

(7) 认为行政机关侵犯其经营自主权或者农村土地承包经营权、农村土地经营权的;

(8) 认为行政机关滥用行政权力排除或者限制竞争的;

(9) 认为行政机关违法集资、摊派费用或者违法要求履行其他义务的;

(10) 认为行政机关没有依法支付抚恤金、最低生活保障待遇或者社会保险待遇的;

(11) 认为行政机关不依法履行、未按照约定履行或者违法变更、解除政府特许经营协议、土地房屋征收补偿协议等协议的;

(12) 认为行政机关侵犯其他人身权、财产权等合法权益的。

2. 人民法院不受理的行政案件

人民法院不受理公民、法人或者其他组织对下列事项提起的诉讼:

(1) 国防、外交等国家行为;

(2) 行政法规、规章或者行政机关制定、发布的具有普遍约束力的决定、命令;

(3) 行政机关对行政机关工作人员的奖惩、任免等决定;

(4) 法律规定由行政机关最终裁决的具体行政行为。

[①] 徐静林主编:《行政法与行政诉讼法学》上海大学出版社2010年版,第280页

【案例】
　　某市公安人员张强和孙坚在商店购物时,因价格问题与商店的营业员发生了争执,进而发展到动手扭打,营业员的一颗牙齿被打落,该事件在当地造成了很坏的影响。市公安局根据《治安管理处罚条例》处以张强和孙坚各200元罚款,并作出开除公职的决定。张强和孙坚为此向人民法院起诉,他们认为争执是由于营业员的恶劣态度引起的,而且营业员先动手推搡他们,事端是由商店造成的,责任不在他们。故请求法院:(1)撤销对他们的行政处罚;(2)撤销公安机关对其开除公职的决定。

【分析】
　　本案中某市公安局作出了两项决定。在第一项决定中,张强和孙坚作为行政相对的一方,对他们的罚款处罚是属于具体行政行为,依法属于行政诉讼的受案范围。但对张强和孙坚作出的撤销公职的决定属于行政机关对其内部工作人员的惩处,是内部行政行为,不属于法院的受案范围,因此对本案中市公安局的第二项决定提起的诉讼请求法院不予受理。

（三）第一审程序
　　行政诉讼的一审程序包括起诉与受理、审理前的准备、开庭审理等阶段。
　　人民法院审理行政案件一律采取合议制的形式,对行政案件审理后,根据不同的情况作出如下判决:(1)具体行政行为证据确凿,适用法律、法规正确,符合法定程序的,判决维持;(2)具有主要证据不足、适用法律、法规错误、违反法定程序、滥用职权、超越职权情形之一的,判决撤销或者部分撤销,并可以判决被告重新作出具体行政行为;(3)被告不履行或者拖延履行法定职责的,判决其在一定期限内履行;(4)行政处罚显失公正的,可以判决变更。
　　人民法院应当在立案之日起三个月内作出第一审判决。有特殊情况需要延长的,由高级人民法院批准,高级人民法院审理第一审案件需要延长的,由最高人民法院批准。

（四）第二审程序
　　当事人对一审裁判不服的,可以提起上诉。人民法院对上诉案件,认为事实清楚的,可以实行书面审理。人民法院审理上诉案件,应当在收到上诉状之日起两个月内作出终审判决。有特殊情况需要延长的,由高级人民法院批准,高级人民法院审理上诉案件需要延长的,由最高人民法院批准。

（五）再审程序
　　当事人对已经发生法律效力的判决、裁定,认为确有错误的,可以向原审人民法院或者上一级人民法院提出申诉,但判决、裁定不停止执行。
　　人民法院院长对本院已经发生法律效力的判决、裁定,发现违反法律、法规规定认为需要再审的,应当提交审判委员会决定是否再审。上级人民法院对下级人民法院已经发生法律效力的判决、裁定,发现违反法律、法规规定的,有权提审或者指令下级人民法院再审。
　　人民检察院对人民法院已经发生法律效力的判决、裁定,发现违反法律、法规规定的,有权按照审判监督程序提出抗诉。

（六）执行
　　行政诉讼的执行是指对于已经生效的判决、裁定在义务人逾期拒绝履行时,人民法院或行政机关可以依法采取强制措施使其实现。

第二节 仲裁法和人民调解法

一、仲裁法

(一) 仲裁和仲裁法

1. 仲裁

仲裁是指发生争议的双方当事人,根据其在争议发生前或争议发生后所达成的协议,自愿将该争议提交中立的第三者进行裁判的争议解决制度和方式。相比于调解和诉讼,仲裁具有自愿性、专业性、保密性、迅速性、经济性、独立性的特点。

2. 仲裁法

仲裁法是国家制定或认可的,规范仲裁法律关系主体的行为和调整仲裁法律关系的法律规范的总称。我国于1994年8月31日第八届全国人民代表大会常务委员会第九次会议通过了《中华人民共和国仲裁法》(以下简称《仲裁法》),这是我国最主要的一部仲裁法律。

(二) 仲裁法的基本原则

1. 自愿原则

仲裁的自愿原则主要体现在以下方面:(1)当事人是否将他们之间发生的争议提交仲裁,由当事人自主协商决定;(2)当事人将哪些争议提交仲裁,由双方自行约定;(3)当事人将他们之间的争议提交哪一个仲裁机构仲裁,亦由当事人协商约定;(4)仲裁庭的组成方式,仲裁员由何人担当,由当事人自主选定;(5)对于仲裁的审理方式、开庭发生等有关的仲裁程序事项,当事人仍然享有自主约定权。

2. 根据事实、符合法律规定、公平合理解决纠纷原则

仲裁要坚持以事实为依据、以法律为准绳的裁决原则,同时,在法律没有明确规定或者规定不完备的情况下,可以按照公平合理的原则来解决纠纷。

3. 独立仲裁原则

独立仲裁原则首先体现在机构独立上,仲裁委员会独立于行政机关,与行政机关没有任何隶属关系,仲裁委员会之间也没有隶属关系。仲裁庭独立处理裁决案件,仲裁委员会以及其他机关、社会团体和个人不得干预。

(三) 仲裁法的基本制度

1. 协议仲裁制度

仲裁程序启动的前提是当事人之间订有有效的仲裁协议,否则,仲裁无从谈起。当事人申请仲裁、仲裁委员会受理仲裁、甚至仲裁委员会审理案件,都要始终依据当事人之间的有效的仲裁协议。

2. 或裁或审制度

诉讼和仲裁在同一案件中是不能并存的。一旦发生争议,当事人只能选择其中一个作为争议的解决方式,或者是仲裁,或者是诉讼。也就是说,有效的仲裁协议即可排除法院的管辖,只有在没有仲裁协议或者仲裁协议违法的情况下,法院才享有管辖权。

3. 一裁终局制度

裁决作出后,当事人就同一纠纷再申请仲裁或者向人民法院起诉的,仲裁委员会或人民法院

不予受理。这一制度表明,仲裁裁决是终局裁决,裁决作出后,当事人必须立即自动履行。

(四)仲裁协议

1. 仲裁协议的概念和特征

仲裁协议是指双方当事人自愿将他们之间已经发生或者可能发生的争议提交仲裁解决的协议。仲裁协议的存在,是进行仲裁的先决条件。仲裁协议具有以下特征:(1)仲裁协议体现了双方当事人的合意。(2)仲裁协议在时间上的灵活性。(3)仲裁协议的要式性。

2. 仲裁协议的类型

(1)仲裁条款。指双方当事人在签订的合同中,在自愿的基础上所订立的将有关合同的争议提交仲裁的条款。仲裁条款是仲裁实践中最常见的仲裁协议的形式。仲裁条款订立于纠纷发生前,它虽然只是合同中的一个条款,却具有与合同其他条款不同的性质和效力,其他条款无效,并不必然引起仲裁条款的无效。除了订立于合同中的仲裁条款,双方当事人在补充合同、协议或备忘录等中对仲裁意思表示的修改或补充,也构成合同中仲裁条款的一部分。

(2)仲裁协议书。指在争议发生之前或者之后,双方当事人在自愿的基础上订立的,同意将争议提交仲裁的一种独立协议。仲裁协议书是独立于合同而存在的契约,是将订立于该仲裁协议书中特定争议事项提交仲裁的意思表示。相比于仲裁条款而言,仲裁协议书的内容可能更为详尽,也可能是仲裁条款的补充或修订。

(3)其他文件中包括的仲裁协议。在当事人之间的信函、电报、电传、传真或其他书面材料(如经确认的电话记录)中,如果包含有双方当事人同意将他们之间已经或将来可能发生的争议提交仲裁的内容,那么,这些文件即可构成仲裁协议。

3. 仲裁协议的内容

依照《仲裁法》第16条的规定,一份完整、有效的仲裁协议至少包括以下内容:
(1)请求仲裁的意思表示;(2)仲裁事项;(3)选定的仲裁委员会。

4. 仲裁协议的效力

所谓仲裁协议的效力,是指一项有效的仲裁协议在仲裁中对有关当事人和机构的作用或约束力。(1)对双方当事人的法律效力,即约束双方当事人对纠纷解决方式的选择权。(2)对仲裁机构的效力,即授予仲裁机构仲裁管辖权并限定仲裁的范围。(3)对法院的法律效力,即排除法院的司法管辖权。

关于仲裁协议的法律效力,我国《仲裁法》第20条规定,当事人对仲裁协议的效力有异议的,可以请求仲裁委员会作出决定或者请求人民法院作出裁定。一方请求仲裁委员会作出决定,另一方请求人民法院作出裁定的,由人民法院裁定。

【案例】

甲方与乙方在上海签订了一份购销合同,合同规定在南京交货。若双方因履行合同发生争议,由上海市仲裁委员会仲裁。后因乙方不支付货款,甲方向法院提起诉讼。请问:法院是否应受理?

【分析】

人民法院不应受理。我国《仲裁法》规定:当事人达成仲裁协议,一方向人民法院起诉的,人民法院不予受理。这就是仲裁协议对法院的法律效力,即排除法院的司法管辖权。

5. 仲裁协议的无效和失效

(1) 仲裁协议的无效。① 以口头的方式订立的仲裁协议无效。② 约定的仲裁事项超出法律规定的范围。根据我国《仲裁法》的规定,平等主体之间发生的合同纠纷和其他财产权益纠纷,可以仲裁,但下列纠纷不能仲裁:其一,婚姻、收养、监护、抚养、继承纠纷;其二,依法应当由行政机关处理的行政争议。③ 无民事行为能力人或者限制民事行为能力人订立的仲裁协议。④ 一方采取胁迫手段迫使对方订立的仲裁协议。

(2) 仲裁协议的失效。仲裁协议的失效是指一项有效的仲裁协议因特定事由的发生而丧失其原有的法律效力。仲裁协议在以下情形下失效:① 仲裁裁决得以履行或执行而致仲裁协议失效;② 因当事人放弃而致仲裁协议失效;③ 仲裁裁决被法院裁定撤销或者不予执行而致仲裁协议失效。

6. 仲裁条款的独立性

仲裁条款的独立性,也称仲裁条款的可分割性或可分离性,是指作为主合同的一个条款,尽管仲裁条款依附于主合同,但仍然是与主合同的其他条款可以分离而独立存在的,即仲裁条款不因主合同的无效而无效,也不因主合同的被撤销而失效,仲裁机构仍然可以依照该仲裁条款取得和行使仲裁管辖权,在该仲裁所确定的提交仲裁的争议事项范围内,解决当事人之间的纠纷。

(五) 仲裁程序

1. 仲裁当事人

仲裁当事人是指在协商一致的基础上依法以自己的名义独立地提出或参加仲裁,并接受仲裁裁决约束的地位平等的公民、法人或其他组织。仲裁当事人至少具备以下特征:(1) 当事人的法律地位是平等的。(2) 当事人之间必须订有有效的仲裁协议。(3) 当事人之间的纠纷必须具有可仲裁性。

2. 仲裁流程

【图例】

3. 仲裁中的和解、调解和裁决

仲裁和解是指仲裁当事人通过协商,自行解决已提交仲裁的争议事项的行为。仲裁和解是仲裁当事人行使处分权的表现。

仲裁调解是指在仲裁庭主持下,仲裁当事人在自愿协商、互谅互让的基础上达成协议,从而解决纠纷的一种制度。

仲裁裁决是指仲裁庭对当事人之间所争议的事项进行审理后所作出的终局权威性判定。仲裁裁决可以按照多数仲裁员的意见作出,也可以按照首席仲裁员的意见作出。

(六) 申请撤销仲裁裁决

所谓撤销仲裁裁决,是指对于有符合法律规定情况的仲裁裁决,经由当事人提出申请,人民法院组成合议庭审查核实,裁定撤销仲裁裁决的行为。我国《仲裁法》实行一裁终局的制度,仲裁裁决一经作出,即发生法律效力,当事人不能就同一纠纷向人民法院起诉或上诉。这种规定固然有利于提高效率,但一旦仲裁裁决出现错误,造成的不良后果就无法挽回。正是为了确保仲裁的公正性与合法性,《仲裁法》中设置了申请撤销仲裁裁决的监督程序。

1. 申请撤销仲裁裁决的条件

(1) 提出申请的主体必须是当事人,包括仲裁申请人和被申请人。

(2) 必须向有管辖权的法院提出申请。当事人提出撤销仲裁裁决申请的,必须向仲裁委员会所在地的中级人民法院提出。

(3) 必须在规定的期限内提出申请。当事人申请撤销仲裁裁决的,应当自收到裁决书之日起 6 个月内提出。

(4) 必须有证据证明仲裁裁决有法律规定的应予撤销的情形。没有证据,人民法院不予受理。

2. 申请撤销仲裁裁决的理由

《仲裁法》第 58 条规定,有下列情形之一的,当事人可以申请撤销仲裁裁决:(1) 没有仲裁协议;(2) 仲裁的事项不属于仲裁协议的范围,或者仲裁委员会无权仲裁;(3) 仲裁庭的组成或者仲裁的程序违反法律规定程序;(4) 裁决所依据的证据是伪造的;(5) 对方当事人隐瞒了足以影响公正裁决的证据;(6) 仲裁员在仲裁该案时有索贿受贿、徇私舞弊、枉法裁判的行为。

3. 申请撤销仲裁裁决的后果

人民法院受理当事人提出的撤销仲裁裁决的申请后,必须组成合议庭对当事人的申请及仲裁裁决进行审查。经审查,可能作出以下三种处理:通知仲裁庭重新仲裁;撤销仲裁裁决;驳回撤销仲裁裁决的申请。

(七) 仲裁裁决的执行

仲裁裁决的执行,是指人民法院经当事人申请,采取强制措施将仲裁裁决的内容付诸实施的行为和程序。

1. 执行仲裁裁决的条件

(1) 必须有当事人的申请。一方当事人不履行仲裁裁决时,另一方当事人须向人民法院提出执行申请,人民法院才可能启动执行程序。

(2) 当事人必须在法定期限内提出申请。申请执行的期限,双方或一方当事人是公民的为一年,双方是法人或者其他组织的为 6 个月。

(3) 当事人须向有管辖权的人民法院提出申请。当事人应当向被执行人住所地或者被执行人财产所在地人民法院申请执行仲裁裁决。

2. 执行仲裁裁决的程序

义务方当事人在规定的期限内不履行仲裁裁决时,权利方当事人在符合上述条件的情况下,有权向人民法院申请强制执行。当事人向人民法院申请执行时,应当递交申请书。

人民法院的执行工作由执行员进行。执行员接到申请执行书后,应当向被执行人发出执行通知。被执行人未按执行通知履行仲裁裁决确定的义务,人民法院有权采取一系列强制措施,迫使被执行人履行义务,当然,在执行程序中,双方当事人可以自行和解。

【案例】

甲方与乙方在上海签订了一份购销合同,合同规定在南京交货。若双方因履行合同发生争议,由上海市仲裁委员会仲裁。后双方因纠纷提交仲裁。经审理,仲裁委员会裁决由乙方给付甲方货款 100 万元,在裁决生效后 3 个月内分 3 次付清。在收到裁决书第 20 日,甲方要求强制执行。请问:(1) 甲方的做法是否正确?为什么?(2) 乙方提出,仲裁员王某在仲裁过程中有受贿行为,因而对仲裁裁决不服。那么,乙方能否就仲裁裁决向人民法院起诉?乙方采取何种措施、提起何种程序能保护自己的利益不受侵犯?

【分析】

(1) 甲方的做法不正确。根据《仲裁法》的规定，当事人对于已经生效的调解书和裁决书，应当按照规定期限自动履行，一方不履行的，另一方可以申请执行。在本案中，裁决书一经作出，即发生法律效力。但一方当事人申请强制执行，必须是另一方当事人未在裁决书规定的期限内自动履行义务。而本案裁决书规定乙方在裁决书生效后3个月内分3次履行，甲方在收到裁决书之日起第20日即申请强制执行是不符合法律规定的，其请求无法律根据。

(2) 乙方不能就仲裁裁决向人民法院起诉。因为我国《仲裁法》规定，仲裁实行一裁终局的制度。裁决作出后，当事人就同一纠纷再向人民法院起诉的，人民法院不予受理。

乙方可以向上海市中级人民法院申请撤销仲裁裁决，并提出证据证明王某在审理该案中有受贿、枉法裁判行为。如果甲方向人民法院申请执行，乙方可以向该法院申请裁定不予执行，并且提出证据证明该仲裁员的违法行为。这样，乙方才能维护自己的合法权益。

二、人民调解法

（一）人民调解法概述

1. 人民调解的概念和特征

人民调解，是指人民调解委员会通过说服、疏导等方法，促使当事人在平等协商基础上自愿达成调解协议，解决民间纠纷的活动。人民调解法就是规范人民调解制度的法律规范。《中华人民共和国人民调解法》由全国人大常委会于2010年8月28日通过，自2011年1月1日起施行。人民调解制度具有法律性、自治性、广泛性和民主性的特征。

2. 人民调解的原则

(1) 平等自愿原则。(2) 合法合理原则。(3) 尊重当事人诉讼权利原则。(4) 无偿调解原则。

（二）人民调解委员会

人民调解委员会是依法设立的调解民间纠纷的群众性组织。

1. 人民调解委员会的设立

根据《人民调解法》的规定，村民委员会、居民委员会设立人民调解委员会。企业事业单位根据需要设立人民调解委员会。人民调解委员会由委员三至九人组成，设主任一人，必要时，可以设副主任若干人。人民调解委员会应当有妇女成员，多民族居住的地区应当有人数较少民族的成员。

村民委员会、居民委员会的人民调解委员会委员由村民会议或者村民代表会议、居民会议推选产生；企业事业单位设立的人民调解委员会委员由职工大会、职工代表大会或者工会组织推选产生。人民调解委员会委员每届任期三年，可以连选连任。

2. 人民调解委员会的工作指导

根据《人民调解法》的规定，县级人民政府司法行政部门应当对本行政区域内人民调解委员会的设立情况进行统计，并且将人民调解委员会以及人员组成和调整情况及时通报所在地基层人民法院。

3. 人民调解员

人民调解员由人民调解委员会委员和人民调解委员会聘任的人员担任。

(1) 担任人民调解员的条件。人民调解员应当由公道正派、热心人民调解工作,并具有一定文化水平、政策水平和法律知识的成年公民担任。县级人民政府司法行政部门应当定期对人民调解员进行业务培训。

(2) 人民调解员的权利。人民调解员从事调解工作,应当给予适当的误工补贴;因从事调解工作致伤致残,生活发生困难的,当地人民政府应当提供必要的医疗、生活救助;在人民调解工作岗位上牺牲的人民调解员,其配偶、子女按照国家规定享受抚恤和优待。

(3) 人民调解员的禁止行为。根据《人民调解法》的规定,人民调解员在调解工作中有下列行为之一的,由其所在的人民调解委员会给予批评教育、责令改正,情节严重的,由推选或者聘任单位予以罢免或者解聘:偏袒一方当事人的;侮辱当事人的;索取、收受财物或者牟取其他不正当利益的;泄露当事人的个人隐私、商业秘密的。

(三) 调解程序

1. 调解的启动

基层调解委员会主要受理发生在辖区内的公民之间、公民与法人及其他组织间的民间纠纷,包括婚姻家庭、邻里、房产、债务、生产经营、赔偿等纠纷,对本辖区内有碍社会稳定的各类矛盾纠纷,与群众有切身利害关系易激化或易形成群体性闹事和上访的非民间纠纷应做好劝阻引导工作。

当事人可以向人民调解委员会申请调解;人民调解委员会也可以主动调解。

2. 人民调解员的选择

人民调解委员会根据调解纠纷的需要,可以指定一名或者数名人民调解员进行调解,也可以由当事人选择一名或者数名人民调解员进行调解。

同时,根据调解纠纷的需要,人民调解员还可以邀请当事人的亲属、邻里、同事或者邀请具有专门知识、特定经验的人员及有关社会组织、社会人士参与调解。

3. 调解的实施

人民调解员调解民间纠纷,应当坚持原则,明法析理,主持公道。调解民间纠纷,应当及时、就地进行,防止矛盾激化。人民调解员根据纠纷的不同情况,可以采取多种方式调解民间纠纷,充分听取当事人的陈述,讲解有关法律、法规和国家政策,耐心疏导,在当事人平等协商、互谅互让的基础上提出纠纷解决方案,帮助当事人自愿达成调解协议。

4. 调解的终结

(1) 调解不成。调解不成的,应当终止调解,并依据有关法律、法规的规定,告知当事人可以依法通过仲裁、行政、司法等途径维护自己的权利。

(2) 达成调解协议。经人民调解委员会调解达成调解协议的,调解活动即告终结。人民调解协议的形式,既可以是书面形式,也可以采取口头协议方式,由人民调解员记录协议内容,两者具有同等法律效力。

(四) 当事人的权利义务

当事人在人民调解活动中的权利:(1) 选择或者接受人民调解员;(2) 接受调解、拒绝调解或者要求终止调解;(3) 要求调解公开进行或者不公开进行;(4) 自主表达意愿、自愿达成调解协议。

当事人在人民调解活动中履行的义务:(1) 如实陈述纠纷事实;(2) 遵守调解现场秩序,尊重人民调解员;(3) 尊重对方当事人行使权利。

(五)调解协议

1. 调解协议的性质

经人民调解委员会调解达成调解协议的,可以制作调解协议书。当事人认为无需制作调解协议书的,可以采取口头协议方式,人民调解员应当记录协议内容。

《最高人民法院关于审理涉及人民调解协议的若干规定》指出:经人民调解委员会调解达成协议,有民事权利义务内容,并由当事人签字或盖章的调解协议,具有民事合同性质。

2. 调解协议的形式和内容

调解协议可以口头形式或书面形式达成。调解协议书可以载明下列事项:(1)当事人的基本情况;(2)纠纷的主要事实、争议事项以及各方当事人的责任;(3)当事人达成调解协议的内容、履行的方式、期限。

调解协议书自各方当事人签名、盖章或者按指印,人民调解员签名并加盖人民调解委员会印章之日起生效。调解协议书由当事人各执一份,人民调解委员会留存一份。口头调解协议自各方当事人达成协议之日起生效。

3. 调解协议的效力

经人民调解委员会调解达成的调解协议,具有法律约束力,当事人应当按照约定履行。经人民调解委员会调解达成调解协议后,当事人之间就调解协议的履行或者调解协议的内容发生争议的,一方当事人可以向人民法院提起诉讼。经人民调解委员会调解达成调解协议后,双方当事人认为有必要的,可以自调解协议生效之日起30日内共同向人民法院申请司法确认,人民法院应当及时对调解协议进行审查,依法确认调解协议的效力。

人民法院依法确认调解协议有效,一方当事人拒绝履行或者未全部履行的,对方当事人可以向人民法院申请强制执行。人民法院依法确认调解协议无效的,当事人可以通过人民调解方式变更原调解协议或者达成新的调解协议,也可以向人民法院提起诉讼。

第三节 法律服务与法律援助

一、法律服务

(一)法律服务的概念

法律服务是指律师、非律师法律工作者、法律专业人士或相关机构以其法律知识和技能为法人或自然人实现其正当权益、提高经济效益、排除不法侵害、防范法律风险、维护自身合法权益而提供的专业活动。

(二)法律服务的内容

法律服务的内容包括诉讼业务服务和非诉讼业务服务两类。诉讼业务服务指各种经济、民事、行政案件的诉讼代理,以及仲裁代理。

非诉讼业务服务包括以下三种:(1)咨询及文书服务。接受法律咨询及代写诉讼文书,包括起诉状、答辩状、上诉状、申诉状、委托书、遗嘱等。应服务对象的要求出具法律意见书。法律意见书是指律师应当事人之委托,根据委托人所提供的事实材料,正确运用法律进行分析和阐述,对相关事实及行为提出的书面法律意见。(2)专项法律服务。包括公司、建筑与房地产、金融、证券、保险、知识产权等方面的法律服务。(3)其他非诉讼法律业务。包括自然人户籍证明、婚姻状况、房产登记、船舶登记、抵押登记、工商登记、工商年检、分支机构、投资方、债权、债务、投资、资产等情况的调查;接受当事人委托或经各方当事人同意,对当事人的申请事项的真实性、合法性进行审查并予以证明;以及办理公证、代理合同的谈判、协商、草拟、审查、修改等。

(三) 基层法律服务工作者

1. 基层法律服务工作者的含义

基层法律服务工作者是符合《基层法律服务工作者管理办法》规定的执业条件,经核准执业登记,领取《法律服务工作者执业证》,在基层法律服务所中执业,为社会提供法律服务的人员。

2. 基层法律服务工作者的职责

基层法律服务工作者的职责是依据司法部规定的业务范围和执业要求,开展法律服务,维护当事人的合法权益,维护法律的正确实施,促进社会稳定、经济发展和法制建设。基层法律服务工作者依法执业,任何组织和个人不得干涉。

3. 基层法律服务工作者的职权

基层法律服务所对基层法律服务工作者应当实行聘用制。基层法律服务工作者持基层法律服务所出具的介绍信、当事人的委托书和《法律服务工作者执业证》,经有关单位或者个人同意,可以向他们调查、收集与承办法律事务有关的证据材料;可以向人民法院申请查阅有关的案卷或者庭审材料。基层法律服务工作者对侵犯其执业权利的行为,可以请求司法行政机关、有关司法机关或者基层法律服务行业协会组织依法予以保障。

二、法律援助

(一) 法律援助的含义

法律援助制度,也称法律救助,是为世界上许多国家所普遍采用的一种司法救济制度,其具体含义是:国家在司法制度运行的各个环节和各个层次上,对因经济困难及其他因素而难以通过通常意义上的法律救济手段保障自身基本社会权利的社会弱者,减免收费提供法律帮助的一项法律保障制度。它作为实现社会正义和司法公正,保障公民基本权利的国家行为,在一国的司法体系中占有十分重要的地位。

我国《法律援助条例》明确规定,法律援助是政府的责任,县级以上人民政府应当采取积极措施推动法律援助工作,为法律援助提供财政支持,保障法律援助事业与经济、社会协调发展。

(二) 法律援助的范围

(1) 公民对下列需要代理的事项,因经济困难没有委托代理人的,可以向法律援助机构申请法律援助:① 依法请求国家赔偿的;② 请求给予社会保险待遇或者最低生活保障待遇的;③ 请求发给抚恤金、救济金的;④ 请求给付赡养费、抚养费、扶养费的;⑤ 请求支付劳动报酬的;⑥ 主张因见义勇为行为产生的民事权益。省、自治区、直辖市人民政府可以对前款规定以外的法律援助事项作出补充规定。

(2) 刑事诉讼中有下列情形之一的,公民可以向法律援助机构申请法律援助:① 犯罪嫌疑人在被侦查机关第一次讯问后或者采取强制措施之日起,因经济困难没有聘请律师的;② 公诉案件中的被害人及其法定代理人或者近亲属,自案件移送审查起诉之日起,因经济困难没有委托诉讼代理人的;③ 自诉案件的自诉人及其法定代理人,自案件被人民法院受理之日起,因经济困难没有委托诉讼代理人的。

(3) 公诉人出庭公诉的案件,被告人因经济困难或者其他原因没有委托辩护人,人民法院为被告人指定辩护时,法律援助机构应当提供法律援助。

(4) 被告人是盲、聋、哑人或者未成年人而没有委托辩护人的,或者被告人可能被判处死刑而没有委托辩护人的,人民法院为被告人指定辩护时,法律援助机构应当提供法律援助,无须对被告人进行经济状况的审查。

(三) 法律援助的申请

(1) 公民就《法律援助条例》第 10 条所列事项申请法律援助,应当按照下列规定提出:

① 请求国家赔偿的,向赔偿义务机关所在地的法律援助机构提出申请;

② 请求给予社会保险待遇、最低生活保障待遇或者请求发给抚恤金、救济金的,向提供社会保险待遇、最低生活保障待遇或者发给抚恤金、救济金的义务机关所在地的法律援助机构提出申请;

③ 请求给付赡养费、抚养费、扶养费的,向给付赡养费、抚养费、扶养费的义务人住所地的法律援助机构提出申请;

④ 请求支付劳动报酬的,向支付劳动报酬的义务人住所地的法律援助机构提出申请;

⑤ 主张因见义勇为行为产生的民事权益的,向被请求人住所地的法律援助机构提出申请。

(2)《法律援助条例》第 11 条所列人员申请法律援助的,应当向审理案件的人民法院所在地的法律援助机构提出申请。被羁押的犯罪嫌疑人的申请由看守所在 24 小时内转交法律援助机构,申请法律援助所需提交的有关证件、证明材料由看守所通知申请人的法定代理人或者近亲属协助提供。

(3) 申请人为无民事行为能力人或者限制民事行为能力人的,由其法定代理人代为提出申请。无民事行为能力人或者限制民事行为能力人与其法定代理人之间发生诉讼或者因其他利益纠纷需要法律援助的,由与该争议事项无利害关系的其他法定代理人代为提出申请。

(四) 法律援助的实施

由人民法院指定辩护的案件,人民法院在开庭 10 日前将指定辩护通知书和起诉书副本或者判决书副本送交其所在地的法律援助机构;人民法院不在其所在地审判的,可以将指定辩护通知书和起诉书副本或者判决书副本送交审判地的法律援助机构。

法律援助机构可以指派律师事务所安排律师或者安排本机构的工作人员办理法律援助案件;也可以根据其他社会组织的要求,安排其所属人员办理法律援助案件。对人民法院指定辩护的案件,法律援助机构应当在开庭 3 日前,将确定的承办人员名单回复作出指定的人民法院。

受指派办理法律援助案件的律师或者接受安排办理法律援助案件的社会组织人员在案件结案时,应当向法律援助机构提交有关的法律文书副本或者复印件以及结案报告等材料。

思考题

1. 有些人认为,在诉讼过程中只要结果公正就可以了,你对此怎么看?
2. 在我国,被告人、犯罪嫌疑人有无沉默权?
3. 民事诉讼的当事人包括哪些?
4. 如何理解无罪推定原则?
5. 行政诉讼的受案范围是否可以扩大?
6. 什么情况下可以申请法律援助?

知识网络

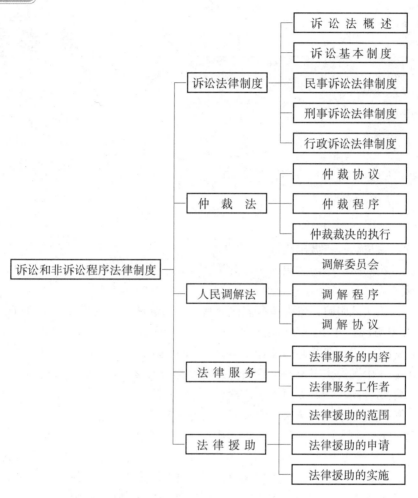

参考书目

1. 一正著：《西窗法语》，花城出版社1998年版。
2. 瞿同祖著：《瞿同祖法学论著集》，中国政法大学出版社1998年版。
3. 孙笑侠、夏立安主编：《法理学导论》，高等教育出版社2004年版。
4. 邓联繁著：《宪法的眼睛：宪法基本知识及其应用》，湖南大学出版社2010年版。
5. 甘超英、傅思明、魏定仁编著：《宪法学》，北京大学出版社2011年第3版。
6. 张建飞主编：《实用法律基础》，法律出版社2013年第2版。
7. 王利明主编：《中国民法案例与学理研究》，法律出版社2004年版。
8. 郭明瑞主编：《合同法学》，复旦大学出版社2007年版。
9. 王全弟主编：《民法总论》（第二版），复旦大学出版社2008年版。
10. 刘云生、李开国、孙鹏著：《物权法教程》，中国人民大学出版社2009年版。
11. 陈棋炎、黄宗乐、郭振恭著：《民法继承新论》（第六版），台湾三民书局2010年版。
12. 杨大文、龙翼飞、夏吟兰主编：《婚姻家庭法学》，中国人民大学出版社2013年版。
13. 杨宇澜主编：《消费者的法律盾牌》，中国国际广播出版社2003年版。
14. 潘静成、刘文华主编：《经济法》（第二版），中国人民大学出版社2005年版。
15. 徐孟洲主编：《税法原理》，中国人民大学出版社2008年版。
16. 董保华主编：《名案背后的法律思考》，法律出版社2012年版。
17. 黄乐平主编：《最新劳动法热点难点疑点问题解析》，法律出版社2012年版。
18. 黎建飞编著：《劳动与社会保障法》，中国人民大学出版社2013年版。
19. 赵秉志主编：《刑法新教程》（第四版），中国人民大学出版社2012年版。
20. 陈业宏、唐鸣著：《中外司法制度比较》，商务印书馆2004年版。
21. 徐静琳主编：《行政法与行政诉讼法》（第三版），上海大学出版社2013年版。
22. 樊崇义主编：《刑事诉讼法学》（第三版），法律出版社2013年版。
23. 江伟主编：《民事诉讼法》（第六版），中国人民大学出版社2013年版。
24. 陈一云、王新清主编：《证据学》（第五版）中国人民大学出版社2013年版。
25. ［意］贝卡利亚著：《论犯罪与刑罚》，黄风译，中国法制出版社2005年版。

图书在版编目(CIP)数据

实用法学/张志京等编著. —上海:复旦大学出版社,2015.2(2019.7重印)
初级工商管理(EBA)系列教材
ISBN 978-7-309-11230-6

Ⅰ.实… Ⅱ.张… Ⅲ.法学-高等学校-教材 Ⅳ.D90

中国版本图书馆CIP数据核字(2015)第021274号

实用法学
张志京 袁 静 编著
责任编辑/张 炼

复旦大学出版社有限公司出版发行
上海市国权路579号 邮编:200433
网址:fupnet@fudanpress.com http://www.fudanpress.com
门市零售:86-21-65642857 团体订购:86-21-65118853
外埠邮购:86-21-65109143 出版部电话:86-21-65642845
常熟市华顺印刷有限公司

开本787×1092 1/16 印张14.25 字数355千
2015年2月第1版 2019年7月第5次印刷
印数24 001—30 000

ISBN 978-7-309-11230-6/D·725
定价:20.00元

如有印装质量问题,请向复旦大学出版社有限公司出版部调换。
版权所有 侵权必究